海峡两岸暨港澳地区旅游应急合作研究

谢朝武 著

A STUDY ON TOURISM EMERGENCY COOPERATIVE
AMONG, THE MAINLAND OF CHINA,
TAIWAN, HONG KONG AND MACAO

社会科学文献出版社
SOCIAL SCIENCES ACADEMIC PRESS (CHINA)

本书受国家社科基金项目"两岸四地旅游应急合作体系建设研究"（项目编号：12CGL060）资助出版

目 录

引　言

　　港澳台自古以来就是中国领土的组成部分，与祖国有着不可分割的联系。港澳地区与中国内地、台湾地区与祖国大陆间具有地缘相近、血缘相亲、文缘相承、商缘相联、法缘相循等紧密关系，这为海峡两岸暨港澳地区的合作与发展提供了天然的纽带与基础。随着改革开放的深入和发展，中国经济体越来越繁荣，也越来越具有竞争力、吸引力和带动力，中国逐渐从受惠于海峡两岸暨港澳地区的合作发展转变为带动海峡两岸暨港澳地区的合作发展。在这个过程中，海峡两岸暨港澳地区经济贸易投资日益热络，人员往来日趋频繁，文化交流也十分密切。从 1978 年改革开放伊始，旅游产业和旅游交流在海峡两岸暨港澳地区的交流合作中就一直扮演先导性角色。中国的国内游客和出境游客规模随着经济的增长而不断扩大，中国内地①已成为香港、澳门、台湾最大的入境旅游客源市场，旅游人次也逐年增加，而自由行政策的实施更加促进了海峡两岸暨港澳地区人员的往来与交流。中国出境旅游经历过长期的发展过程，很多内地居民常将香港、澳门和台湾作为首次出境旅游的首选目的地，这不仅是因为三地具有丰富的人文与自然旅游资源，更因为港澳台三地与中国内地具有天然联系。旅游交流不仅促进了海峡两岸暨港澳地区的经济繁荣，也促进了海峡两岸暨港澳地区民众间的认知与了解，推动了文化的融合与发展。

　　安全是旅游交流与发展的基础条件，是旅游业可持续发展的前提保障。在中国内地与港澳台共同发展旅游经济、协力推动旅游交流的过程

---

　　①　在表达区域概念时，我国通常使用"中国内地"与"中国香港""中国澳门"对应称呼，使用"祖国大陆"与"中国台湾"对应称呼。为便于表达，本书在称呼"港澳台"时使用"中国内地"作为对应称呼的区域概念，下同。

中，受国际国内环境、自然环境等因素的影响，海峡两岸暨港澳地区均发生了涉及对方游客的涉旅安全事件，给海峡两岸暨港澳地区的游客造成了一定的人身财产损失，对旅游产业的交流合作造成了一定的负面影响。如台湾发生的赴台大陆游客遭遇泥石流事件、香港发生的极端分子驱赶内地游客事件、澳门发生的导游人员与内地游客冲突事件等，都对游客造成了直接的人身财产损失，部分事件还影响了民众的旅游情绪，对四地旅游业及综合关系造成了一定的负面影响。这表明海峡两岸暨港澳地区需建立有效的旅游应急合作机制来共促行业安全并推动海峡两岸暨港澳地区综合关系的良性发展。应该看到，海峡两岸暨港澳地区的产业体系既有竞争也有合作，旅游产业是最典型的合作优势大于竞争优势的产业类型。出于政治、民意等诸多因素的顾虑，中国内地与港澳台三地的产业合作经常遭遇阻碍。相反的是，旅游安全与应急领域的合作是保障游客安全的民生工程，如果将海峡两岸暨港澳地区共建旅游应急合作体系作为一个合作典范和战略工程予以推进，其获得海峡两岸暨港澳地区共同支持的概率将大大增加。

在当前阶段，海峡两岸暨港澳地区都处于战略转型期，海峡两岸暨港澳地区的关系结构和关系质量也面临转型和挑战。习近平同志在十九大报告中提出，要坚持"一国两制"，推进祖国统一，要推动两岸关系和平发展，推进祖国和平统一进程。在这种背景下，海峡两岸暨港澳地区共建稳定、有序、便捷的旅游应急合作体系具有重要的战略意义。我国正大力推动"一带一路"建设，旅游业"一带一路"建设的推行需要稳定安全的海峡两岸暨港澳地区旅游市场的支持。但产业、社会、环境等引致的安全风险愈益复杂化，传统和非传统风险因素增多，传媒运作公开化、全球化，舆情传播网络化等新特点，导致海峡两岸暨港澳地区旅游业面临的安全风险不断增大，安全治理工作难度也不断加大，海峡两岸暨港澳地区旅游业均面临严峻的旅游安全挑战。

赴港、赴澳、赴台旅游和港澳台赴内地旅游是兼具政治、经济和文化效应的重要纽带，旅游安全难题则在一定程度上成为旅游业健康发展的阻碍因素之一。因此，加强海峡两岸暨港澳地区的旅游应急合作，从官方、产业、民间团体、公益组织等多元层面共建海峡两岸暨港澳地区的旅游应急合作治理体系，对于减少因突发事件引发的旅游业损失，促进四地旅游业提升风险管理水平和协同应急能力，强化四地旅游业的安全保障，推动海峡两岸暨港澳地区的旅游交流与和谐发展具有重要的战略意义。2014 年，国务院发布《关于促进旅游业改革发展的若干意见》（〔2014〕31 号），明确提出要"推动区域旅游一体化"，"大力拓展入境旅游市场"，"优化旅游发展环境，保障旅游安全"。国家旅游局对海峡两岸暨港澳地区的旅游应急合作也给予了高度重视。国家旅游局在历年的全国旅游工作会议上多次强调要加强与港澳台的旅游安全协同处置能力，要推动建立海峡两岸暨港澳地区的旅游突发事件应急处置机制。这是现阶段我国旅游业发展的重要战略需求，是推动海峡两岸暨港澳地区旅游业协同发展的重要机制，是旅游业"一带一路"建设的重要支点。

　　本书所指的海峡两岸暨港澳地区旅游应急合作主要是以中国内地旅游业作为第一主体，探讨中国内地与港澳台地区间的旅游应急合作，以推动中国内地游客赴港澳台旅游和港澳台游客赴内地旅游的安全发展。海峡两岸暨港澳地区的旅游应急合作本质上属于区域间的应急合作。本书将对海峡两岸暨港澳地区旅游应急合作的体制、机制、法制和预案等基础要素进行系统的梳理和比较分析，并将从理论上认知海峡两岸暨港澳地区的旅游突发事件，全面探索四地旅游突发事件的表现、特征和形成机制，厘清海峡两岸暨港澳地区旅游突发事件的风险来源。毋庸讳言，海峡两岸暨港澳地区在未来发展中将面对复杂的政治经济环境和多变的战略形势与趋势，海峡两岸暨港澳地区的旅游应急合作在港澳台地区将面临立法、行政、观念等多维层面的困难与挑战。因此，笔者将基于学者的理性和理想，立足于海峡两岸暨港澳地区旅游应急合作的"应为"和"可为"，阐述旅游应急合作领域政府部门、产业组织和民间力量等利益相关者间的多元合作关系，构建转型发展期海峡两岸暨港澳地区旅游应急管理的合作体系与框架，提出旅游应急合作的政策架构与机制，以为海峡两岸暨港澳地区的旅游应急合作提供有益的参考和依据。以此为基础，本书将对区域旅游应急合作及其体系建设进行理论总结，从而为区域旅游应急合作提供理论层面的认知框架。

| 第一章 |

海峡两岸暨港澳地区旅游
应急合作的基础背景

　　旅游交流是海峡两岸暨港澳地区合作发展的重要途径，也是四地间交流规模最大、交流范围最广、涉及人员最多的民间交流活动。近年来，中国出境旅游快速发展，中国出境旅游消费规模跃居全球第一，中国游客正在成为塑造全球国际旅游格局的重要力量。中国出境旅游市场的崛起和转型对海峡两岸暨港澳地区的旅游产业是重要的战略机遇。从结构来看，中国内地和港澳台地区互为对方最主要的入境客源市场，但海峡两岸暨港澳地区在旅游发展中均面临旅游安全带来的巨大挑战。"旅游应急管理"主要以可能对各类旅游主体造成较大危害的旅游突发事件作为治理对象，它是指在旅游突发事件的事前预防、事发应对、事中处置和事后恢复等事件响应过程中所采取的各种行为活动和管理措施的总称。旅游应急管理是广义旅游安全管理的构成部分，但它不包含对伤害和影响程度较低的常规旅游安全问题的处置。① 加强海峡两岸暨港澳地区间的旅游应急合作，既要考虑合作治理的市场基础，也要厘清合作治理的既有专业条件和现状结构，它要求四地旅游业能秉持游客为重、务实合作、创新探索的理念，共同为游客的安全保障和旅游业的安全发展贡献力量。

第一节　海峡两岸暨港澳地区旅游应急
合作的市场基础

　　中国旅游业从改革开放时以入境旅游为主导，发展到积极重视国内旅

---

　　① 谢朝武. 旅游应急管理 [M]. 中国旅游出版社，2013：73 - 74.

游，再到今天已步入国内旅游和出入境旅游全面发展的新阶段。在中国旅游业不断发展和成熟的过程中，港澳台市场一直都是中国内地旅游业发展的关键市场，是推动中国内地旅游业发展成熟的重要力量。直到今天，港澳台依然是中国内地最大的入境旅游客源地，而中国内地也逐渐成长为香港、澳门和台湾三地最主要的入境旅游客源地。海峡两岸暨港澳地区旅游市场具有越来越高的依存度，海峡两岸暨港澳地区旅游业的交流、合作乃至区域一体化，是四地旅游业发展的重要趋势，这也是四地旅游业开展旅游应急合作的重要市场基础。

一　中国内地与香港旅游业实施应急合作的市场基础

香港一直都是中国内地最大的境外客源市场。2008～2016年，中国内地接待香港游客的年均人数为7851.14万人次，占中国内地入境游客的比例接近六成。总体来说，随着入境中国内地游客数量的增加，香港游客的总体占比将出现缓慢下降的趋势，但香港作为中国内地最大境外客源市场的地位在短期内不会改变。从入境方式来看，徒步和乘坐汽车一直是香港同胞入境的主要方式，分别占60%和30%以上。船舶、飞机和火车也是香港同胞入境旅游的重要交通工具（见表1-1）。

表1-1　2008～2016年中国内地接待香港入境旅游人数

单位：万人次，%

年份	合计	同比增长	入境方式				
			船舶	飞机	火车	汽车	徒步
2008	7835.01	0.51	172.40	155.78	77.65	2715.62	4713.55
2009	7733.60	-1.29	139.49	160.86	66.81	2600.15	4766.29
2010	7932.19	2.57	137.87	173.73	67.70	2598.64	4954.25
2011	7935.77	0.05	134.67	175.70	73.65	2515.97	5035.78
2012	7871.30	-0.81	123.72	174.86	76.48	2431.98	5064.26
2013	7688.46	-2.32	118.47	178.87	76.54	2389.93	4924.66
2014	7613.17	-0.98	117.78	183.98	74.03	2382.11	4855.26
2015	7944.81	4.36	112.23	188.94	73.91	2397.99	5171.74
2016	8106.00	2.02	—	—	—	—	—

注：国家旅游局的旅游统计公报一般使用"入境游客"来指代入境游客，香港、澳门和台湾地区旅游统计一般使用"入境旅客"来指代入境游客，本研究统一使用"入境游客"来指代，并根据需要使用"入境旅游人数"来表达"入境游客人数"或"入境旅客人数"，下同。

资料来源：国家旅游局，http://www.cnta.gov.cn/index.html。

香港旅游业发展起步较早，旅游业已成为其三大支柱产业之一。其旅游业的发展得到政府的大力支持，香港政府面向世界各地进行了大量的营销推广。早在 20 世纪 70 年代，香港就已经成为亚太地区的旅游中心，其入境旅游规模一直称雄亚洲市场。香港以购物天堂和美食天堂的旅游形象吸引了各地游客，1990 年以后其入境旅游就进入稳步发展阶段。1997 年香港回归祖国以后，赴香港旅游的内地游客人数增长迅速。尤其是 2003 年，"内地居民香港自由行"政策的出台，进一步推动了内地居民到香港旅游。2008～2014 年，香港接待内地游客人数从 1686.2 万人次增长到 4724.77 万人次，内地游客总体占比在 2014 年达到最高值 78.01%，达到香港总体入境游客的近八成。2015 年、2016 年两年香港接待内地游客人数有所减少，连续两年出现负增长（见表 1-2）。

表 1-2　2008～2016 年香港接待入境旅游人数

单位：万人次，%

年份 客源地	2008	2009	2010	2011	2012	2013	2014	2015	2016
中国内地	1686.2	1795.67	2268.43	2810.01	3491.14	4150.44	4724.77	4584.24	4277.81
澳门	69.68	67.13	78.03	84.33	88.35	95.82	100.17	—	—
台湾	224.04	200.96	216.47	214.87	208.87	210.01	203.19	201.58	201.14
其他地区	970.73	895.29	104.01	1082.91	1073.15	1049.52	1055.75	1144.94	1186.53
内地占比	65.69	60.69	62.95	67.03	71.81	75.41	78.01	77.30	75.51

资料来源：香港旅游发展局，http://www.discoverhongkong.com/tc/index.jsp。

香港是亚太地区最富吸引力的旅游目的地之一，香港长期致力于打造购物天堂、美食天堂等旅游品牌，形成了"汇聚中西文化"的国际都会形象。香港旅游业的发展得益于中国内地的经济增长和游客贡献，香港游客也推动了中国内地入境旅游业的稳定发展。长期以来，内地客源市场和香港客源市场互为对方最主要的入境客源市场，虽然这种依存关系和依存地位在逐步调整过程当中，但两地入境市场的依赖性短期内难以改变。从近期来看，内地赴香港旅游市场受到部分民意情绪的影响，但香港作为极富魅力的都市旅游地对内地游客依然具有较强的吸引力。这种市场结构和市场地位要求内地和香港两地的政府机构和旅游业界都应审慎思考、共谋对策，共同应对短期不利因素引发的负面情绪和负面行为，消除市场动荡的引致因素，继续推动两地旅游交流的发展。

二 中国内地与澳门旅游业实施应急合作的市场基础

澳门一直是中国内地第二大入境客源市场。2008～2016年，中国内地接待澳门游客人数平均为2238.63万人次，中国内地入境游客中澳门游客总体占比在15%～20%。具体来说，在2010年和2011年，中国内地接待的澳门游客同比增长2%和2.23%。2012～2014年，澳门入境内地游客总数同比呈下降趋势，且2012年同比下降了10.68%，下降幅度较大。2015年，中国内地接待澳门游客人数出现高达10.89%的大幅增长，达到2288.82万人次，2016年增长到2350万人次。显然，澳门作为中国内地主要的入境客源市场之一的地位短期内不会改变。在入境方式上，由于澳门与中国内地地缘相近的原因，90%以上的游客选择徒步方式；选择乘坐汽车的比例呈缓慢上升趋势，从2009年的4.8%上升到了2014年的7.4%（见表1-3）。

表1-3 2008-2016中国内地接待澳门入境旅游人数

单位：万人次，%

年份	合计	同比增长	入境方式				
			船舶	飞机	火车	汽车	徒步
2008	2296.63	-0.95	7.71	4.98	0.26	117.28	2166.39
2009	2271.84	-1.08	8.13	5.71	0.24	109.36	2148.39
2010	2317.3	2.00	8.95	6.83	0.24	115.8	2185.48
2011	2369.08	2.23	9.05	6.41	0.25	130.3	2223.07
2012	2116.06	-10.68	8.59	7.03	0.26	138.25	1961.94
2013	2074.03	-1.99	8.64	7.99	0.27	148.92	1908.21
2014	2063.99	-0.48	10.24	9.04	0.28	153.72	1890.71
2015	2288.82	10.89	10.93	9.77	0.29	153.49	2114.34
2016	2350.00	2.70	—	—	—	—	—

资料来源：国家旅游局，http://www.cnta.gov.cn/index.html。

2008～2016年，中国内地一直是澳门最大的境外旅游客源市场，澳门接待内地游客数从2008年的907.60万人次迅速增加至2014年的2049.43万人次，6年间增长了1倍多。2015年，澳门接待内地游客人数出现下降，但2016年又迅速回升至2014年的水平。具体来看，2009年，内地访澳门游客占澳门接待境外游客总数的 68.46%，呈现最高占比。2010 年，由于澳门接待的除中国内地外的境外游客人数的增加，内地游客在总体占比中有所下降，从 2011 年开始又继续增长（见表 1 - 4）。

表 1 - 4　2008 ~ 2016 年澳门接待入境旅游人数

单位：万人次，%

年份 客源地	2008	2009	2010	2011	2012	2013	2014	2015	2016
中国内地	907.60	1098.95	1322.9	1616.27	1690.25	1863.22	2049.43	1585.64	2045.41
香港	822.74	672.78	746.61	758.29	665.63	676.6	642.67	616.31	641.98
台湾	132.25	129.25	129.27	121.51	86.36	100.12	95.38	770.17	107.45
其他地区	216.38	195.22	297.75	304.14	302.67	292.54	251.10	223.76	300.19
总体占比	51.86	68.46	52.99	57.72	60.19	60.43	64.22	63.36	66.09

资料来源：澳门统计及普查局，http://www.dsec.gov.mo/default.aspx。

澳门是一个开放型的微型经济体，也是一个高度依赖旅游博彩业的旅游城市。澳门是中国人均 GDP 最高的城市，旅游博彩业是澳门的经济支柱，它在澳门经济发展中起着至关重要的作用。自澳门回归祖国以来，澳门特区政府积极采取了开放赌权、大三巴申报世界文化遗产、培育积累多元文化等多项措施，使澳门的入境游客在来源上更为广泛，其国际化的旅游目的地形象逐步确立。2003 年中国内地"港澳自由行"政策的实施则使澳门入境游客的数量急速攀升，进一步助推了澳门旅游经济的发展。如今，中国内地与澳门的入境旅游存在强烈的依存关系。但在新的形势下，澳门在博彩之外需要推出新的旅游资源和产品，以可持续地吸引来自内地的游客。中国内地也需要针对澳门民众推出更具吸引力的旅游线路产品，以持续吸引来自澳门的游客。

三　祖国大陆与台湾旅游业实施应急合作的市场基础

2008 年以来，台湾一直是祖国大陆第三大入境客源市场。台湾赴大陆游客人数总体上呈持续增长状态，但台湾游客占大陆入境旅游人数的比例呈波动状态。2008 年，大陆接待的台湾同胞入境旅游人数占大陆总体接待旅游人数的 3.68%，2009 年为 3.55%，2010 年为 3.84%，2011 年为 3.89%，2012年为 4.03%，2013 年为 4.0%，可见这一比例徘徊在 4.0% 左右。2008 ~ 2016

年，台湾赴中国大陆旅游的游客数从 438.56 万人次增加到 573 万人次。尤其是 2010 年，台湾来中国大陆旅游的人数实现了 14.64% 的同比快速增长。2013 年，台湾来中国大陆的游客数有所下降，同比下降 3.33%，下降幅度较大。从入境方式来看，由于空间关系的原因，乘坐飞机是台湾同胞主要的入境选择，且乘坐飞机入境者的比例不断上升，从 2008 年的 40.54% 上升到了 2014 年的 62.77%。部分台湾游客也通过第三地，采用乘坐火车、汽车或徒步的方式入境祖国大陆（见表 1–5）。

表 1–5　2008~2016 年祖国大陆接待台湾入境旅游人数

单位：万人次，%

年份	合计	同比增长	入境方式				
			船舶	飞机	火车	汽车	徒步
2008	438.56	− 5.24	93.07	177.80	3.23	68.08	96.37
2009	448.4	2.24	85.44	208.62	2.5	62.42	89.43
2010	514.05	14.64	83.44	277.06	2.6	62.28	88.67
2011	526.3	2.38	81.24	301.62	2.73	57.26	83.45
2012	534.02	− 0.81	78.11	322.87	2.53	55.97	74.54
2013	516.25	− 3.33	75.87	312.35	2.36	54.52	71.15
2014	536.59	3.94	79.00	336.83	2.26	49.16	69.34
2015	549.86	2.47	80.33	345.39	2.24	46.10	75.81
2016	573.00	4.20	—	—	—	—	—

资料来源：国家旅游局，http://www.cnta.gov.cn/index.html。

2008 年 6 月，祖国大陆与台湾地区签署了《海峡两岸关于大陆居民赴台湾旅游协议》，台湾地区从 2008 年开始接受中国大陆游客进入台湾地区旅游。此前由于政策限制，中国大陆和台湾尚无正式的旅游往来。2008 年以来，中国大陆赴台旅游人数呈急剧增长态势，从 2008 年的 32.92 万人次增长到 2015 年的 418.41 万人次，7 年间增长了 11 倍多。2008 年，中国大陆游客在台湾接待的入境游客总体中占比只有 8.56%。2010 年，中国大陆赴台旅游人数一跃超过日本，成为台湾第一大境外客源地。2014 年这一比例达到了 40.23%。但是，2016 年民进党在台湾地区执政后推行一系列"去中国化"的举措，两岸关系开始出现降温态势，大陆赴台旅游也呈现急速萎缩状态。2016 年大陆赴台旅游人数下降至 351.17 万人次，同比下

降 16.07%，大陆游客在台湾入境旅游市场中占比也从高峰时期的 40.23%
下降至 32.85%（见表 1 - 6）。可见，大陆赴台旅游市场是一个受政治经
济关系影响较为明显的区域旅游市场，两岸关系的和平稳定是两岸旅游市
场稳定发展的基本前提。

表 1 - 6　2008 ~ 2016 年台湾接待入境旅游人数

单位：万人次，%

客源地 \ 年份	2008	2009	2010	2011	2012	2013	2014	2015	2016
大陆	32.92	97.21	163.07	178.41	258.64	287.47	398.72	418.41	351.17
港澳	61.87	71.88	79.44	81.79	101.64	118.33	137.58	151.36	161.48
其他地区	289.73	270.41	314.22	348.54	370.87	395.82	454.73	474.21	556.37
总体占比	8.56	22.12	29.29	29.31	35.37	35.86	40.23	40.08	32.85

资料来源：台湾"观光局"，http://admin.taiwan.net.tw/public/public.aspx?no=315。

　　综上分析，中国内地的入境旅游与香港、澳门和台湾地区的入境旅游
具有高度的依存关系，对向客源市场的稳定对于海峡两岸暨港澳地区入境
旅游业的发展均具有重要作用。中国内地与港澳地区、祖国大陆与台湾地
区互为客源地，相互在对方的客源市场中占据着非常重要的地位，彼此在
旅游业的发展中形成了相互依存、发展共荣的局面。香港、澳门两地与中
国内地的旅游开放较早，接待的中国内地游客人数均达到了其总体入境旅
游人数的 60% 左右。同时，香港和澳门也是中国内地第一和第二大境外客
源市场，中国内地与港澳旅游客源市场相互依存。台湾与祖国大陆正式开
展旅游往来的时间较晚，但祖国大陆输送至台湾的客源流量增长速度惊
人。与此同时，台湾也是中国大陆重要的客源市场，台湾与中国大陆旅游
业发展的客源市场依存度较高。

　　但是，随着海峡两岸暨港澳地区旅游业的发展，海峡两岸暨港澳地区
互相输送的旅游客源规模越来越大，尤其是中国内地游客前往香港、澳门
和台湾的旅游人数持续增长，这对香港、澳门和台湾三地的旅游接待能力
造成了不小的挑战，旅游旺季时段容易引起当地居民的不满和抱怨，甚至
引发群体性冲突。在这种背景下，接待能力不足、设施设备风险、自然环
境风险等风险因素的并存导致海峡两岸暨港澳地区均有发生涉及对方游客

的旅游突发事件。[①] 因此，在海峡两岸暨港澳地区大力推动旅游业发展的时代背景下，在海峡两岸暨港澳地区入境旅游规模不断扩大的状态下，海峡两岸暨港澳地区将面对旅游市场发展与旅游安全难题带来的巨大挑战，海峡两岸暨港澳地区将面临共建旅游安全与应急合作体系、提升旅游发展和供给水平、转变旅游安全管理方式、优化旅游安全管理体系、增强旅游安全服务保障能力等一系列管理难题。深化海峡两岸暨港澳地区在旅游安全应急管理中的合作，推动海峡两岸暨港澳地区旅游业的健康持续发展，是海峡两岸暨港澳地区旅游业应共同关注的重要议题。

第二节　海峡两岸暨港澳地区旅游应急合作的体制基础

旅游应急管理的体制、机制、法制和预案是旅游应急管理体系的核心构成，部分是旅游应急管理工作得以开展的前提，也是旅游应急管理工作取得成功的保障。在既有的旅游安全事件的催化下，中国内地与港澳台三地旅游业初步建立了不同形式、不同层级的旅游应急合作关系，但完整的旅游应急合作体系的建立还需海峡两岸暨港澳地区政府、旅游相关部门及民间力量的共同努力。系统梳理海峡两岸暨港澳地区既有的旅游应急合作关系，明确海峡两岸暨港澳地区开展旅游应急合作的基础，对于推动旅游应急合作体系的成熟和完善具有重要意义。

一　中国内地出境旅游应急体制的现状基础

我国是在 2003 年的"非典"事件后才开始重视应急管理体制的建设。旅游应急管理和旅游应急体制的建设也是在这一背景下才受到重视，并逐渐从日常的旅游安全管理业务中分离出来，成为一个相对受到重视的旅游安全业务模块。我国涉外旅游应急体制建设基本上从属于涉外旅游安全体制的建设。通过体制建设可以明确涉外旅游应急机构的设置，并划定机构的权限与职责。

---

① 谢朝武，杨松华. 大陆居民赴台旅游的安全挑战及两岸的合作机制研究 [J]. 华侨大学学报，2014 (4)：38 - 47.

2006年，我国制定了《中国公民出境旅游突发事件应急预案（简本）》。预案规定，我国处置出境旅游突发事件的机构主要包括"国务院涉外突发事件应急总指挥部""部际联席会议（境外中国公民和机构安全保护工作部际联席会议）""应急领导小组（外交部及国家旅游局成立的应急领导小组）"等三个，它们分级响应不同级别的出境旅游突发事件。其具体的职责包括：第一，国务院涉外突发事件应急总指挥部负责特别重大（I级）出境旅游突发事件的响应工作；第二，部际联席会议根据需要启动，负责重大（II级）和较大（III级）出境旅游突发事件的应急处置，"主要负责统一组织、协调、指挥应急处置工作"；第三，应急领导小组在发生重大（II级）和较大（III级）出境旅游突发事件时通常需立即启动，外交部和国家旅游局各负其责，开展应急工作指导、现场救助协调、信息收集和发布、信息报告、善后工作的组织和协调等应急工作。① 此外，国务院的其他有关部门和相关联的省级人民政府也可在必要时参与组织协调，提供支持，做好保障工作。国家旅游局还下设综合业务司，专门负责旅游安全管理和协调旅游安全事故的救援、处理工作，负责旅游保险的实施、监督和检查工作。

港澳台是中国内地主要的三大境外客源市场，国家旅游局对海峡两岸暨港澳地区的旅游管理工作非常重视。国家旅游局下设港澳台旅游事务司，负责制定赴港澳台旅游政策并组织实施，开展对港澳台旅游市场推广工作，按规定承担赴港澳台旅游的有关事务，依法审批港澳台在内地设立的旅游机构，指导驻港澳台旅游办事机构的业务工作。同时，国家旅游局港澳台旅游事务司下设综合处、港澳旅游事务处、台湾旅游事务处等处室，具体负责有关港澳台的旅游事务。另外，亚洲旅游交流中心作为国家旅游局下属的独立的法人企业，一直致力于促进内地与香港、澳门旅游业界的交流与合作，不断搭建政府机构、旅游业界和游客等之间的互动平台，在推动内地与港澳开展深度旅游合作方面发挥了积极作用。国家旅游局还设置了海峡两岸旅游交流协会台北办事处和高雄办事分处，负责为到台湾观光的大陆游客提供急难救助并协助处理旅游纠纷（见表1-7）。

---

① 国家旅游局.《中国公民出境旅游突发事件应急预案（简本）》[Z].2006年4月25日.

表 1-7　我国涉外旅游应急管理体制的基本结构

旅游安全与应急管理的层级	旅游安全与应急管理的机构	应急管理职责			
		应急响应	组织指挥	预警机制	应急处置
国务院	涉外突发事件应急总指挥部	特大（Ⅰ级）突发事件响应			
	境外中国公民和机构安全保护工作部际联席会议	重大（Ⅱ级）和较大（Ⅲ级）突发事件响应	统一组织、协调、指挥应急处置工作		统一组织、协调、指挥应急处置工作
外交部和国家旅游局	应急领导小组	重大（Ⅱ级）和较大（Ⅲ级）突发事件响应	统一组织、协调、指挥应急处置工作	收集、评估和发布预警信息	接受事发报告，采取措施控制事态，向外交部和国家旅游局报告事发情况
国家旅游局	综合业务司	负责旅游安全管理和协调旅游安全事故的救援、处理工作，负责旅游保险的实施、监督和检查			
	国际联络司	承担对外合作交流事务，推进中国公民出境旅游目的地的有序开放；负责外国在我国境内设立旅游机构的审批事宜；指导驻外旅游办事机构的业务工作			
	港澳台旅游事务司（下设综合处、港澳旅游事务处、台湾旅游事务处）	制定赴港澳台旅游的相关政策并组织实施；负责港澳台旅游市场推广工作和有关事务工作；负责审批港澳台在内地设立的旅游机构；负责指导驻港澳台旅游办事机构的相关业务工作			
	亚洲旅游交流中心	促进内地与港澳旅游业界的沟通、交流、合作；促进双方旅游资讯、重大举措方面的合作共赢；搭建政府、业界、游客三者互动平台，促进内地与港澳之间的旅游深度合作			
	海峡两岸旅游交流协会（简称海旅会）	是两岸60年来首次互设"具官方性质的机构"。为到台湾观光的大陆游客提供急难救助并协助处理旅游纠纷。设有台北办事处和高雄办事分处			

资料来源：国家旅游局，http：//www. cnta. gov. cn/；亚洲旅游交流中心，http：//atec. com. hk/tc/aboutus_member. php。

二　中国内地与香港旅游业实施应急合作的体制基础

香港的应急管理组织机构是以行政长官为首的保安事务委员会，其紧急应变系统中的机构成员囊括了30多个特区政府组织，并制定了详细的包括天灾应变、空难应变、打捞失事飞机应变、海空搜索及救援应变、香港境外紧急应变等在内的应急管理计划。香港建立了三级应急措施。第一级应变措施：由消防处接听民众的求助电话并调度资源进行紧急服务，警务处设置的警总中心负责统筹调配保安力量和资源以提供援助，警总中心负责密切监察事态发展并向上汇报。第二级应变措施：当事故可能对民众生命财产及公众安全构成威胁且事态有可能恶化时启动第二级应变措施，由保安局当值主任和紧急事故支援组负责相关工作。第三级应变措施：当遇上重大事故并对民众生命财产及公众安全构成重大威胁时，由紧急监援中心启动第三级措施，以展开全面救援工作，必要时保安事务委员会也会召开相关会议来进行应急决策。①

香港涉外旅游安全管理事务由香港旅游事务署、旅游业议会、旅游业赔偿基金管理委员会和香港旅游发展局驻内地办事处（北京、上海、广州、成都）等多元机构分工负责。其中，香港旅游事务署负责制定涉港旅游政策，并负责与内地、台湾、澳门及其他地区的旅游合作及协调，负责与访港及离港旅游有关的紧急事宜等，在香港居民涉外旅游安全管理方面承担主导角色。香港旅游事务署通过对旅行社实施严格的保证金制度，打击涉及内地入境团业务的不法经营手段，维护内地游客的权益。香港旅游业议会是香港旅游行业的同业组织，在港经营旅游业务的旅行社必须是议会会员才能取得牌照，议会向访港团队游客提供购物退款保障计划，并负责协调处理团队游客的各种购物冲突、纠纷和安全事件。香港旅游发展局和旅游业议会都设有服务专线电话，为游客提供全方位咨询和帮助，以提供便利、保障安全。内地游客在香港自行消费购物如果发生纠纷冲突需要向"消费者委员会"投诉。旅游业议会和旅游业赔偿基金管理委员会是香港针对涉外旅游突发事件实施应急救援的主要机构，主要是为参加外游团遇到意外、导致伤亡的香港游客提供经济援助。另外，香港街道安排巡警进行日常巡逻，机场还特设专门的机场特警队巡逻，来排查风险、保卫安全。香港旅游发展局驻内地办事处（北京、上海、广州、成都）目前主要致力于为旅游业界、传媒、消费者提供查询服务及香港旅游的市场推广工作。应该看到，香港处理旅游投诉和纠纷的机构主要是旅游业议会，这种同业组织的管理是自我管理，其监管力度不足、治理手段有限。目前，香港正在推动建立旅游业监管局来负责旅游行政监管和执法工作。

在中国内地与香港的合作方面，广东省和香港特别行政区政府开展了

---

① 政府总部、保安局、紧急行动支援组［Z］. 香港特区紧急应变系统, 2000.5.

跨区域应急合作。2008 年，两地签署了《粤港应急管理合作协议》，协议
要求双方本着自愿、平等、互补、共赢的合作原则，在信息共享、理论研
究与科技开发、应急平台互联互通、共同应对影响两地的区域突发事件等
方面开展深入合作。同时，由广东省人民政府应急管理办公室和香港特别
行政区保安局分别作为各自牵头单位，设立了粤港应急管理联动机制专责
小组，并开启了一年一会、双方联络、专题小组、交流通报等工作机制。[①]
2017 年 8 月 9 日，国家旅游局与香港特别行政区商务及经济发展局签署了
《关于进一步深化内地与香港旅游合作协议》，双方将从"加强旅游监管合
作"及"深化粤港澳区域旅游合作"等方面加强旅游交流合作。

　　可见，香港形成了面向民众的日常安保系统和紧急应变系统，也建立
了面向外游香港游客意外与伤害的经济援助机制和不法入境旅游业务的打
击机制。目前广东省和香港明确签署了合作协议。在旅游应急合作领域，
内地与香港应以已有的粤港合作联席会议为桥梁，拓宽合作区域和合作范
畴（见表 1 - 8）。

表 1 - 8 　中国内地与香港旅游应急合作的体制基础

类别	旅游安全与应急管理的机构	旅游安全与应急管理的职责
香港	香港保安局	• 下辖的部门主要包括：香港警务处、入境事务处、香港海关、惩教署、香港消防处、政府飞行服务队、民众安全服务队和医疗辅助队等； • 专责维持治安、出入境及海关管制、提供可靠的消防及紧急救援服务等
	香港旅游事务署	• 制定访港及离港旅游政策； • 就旅游推广及发展与内地部门联系； • 与台湾、澳门及其他地区进行旅游合作，与国际及地区旅游机构联系； • 协调与访港及离港旅游有关的紧急事宜； • 监督注册处管理旅游业赔偿基金
	香港旅游发展局驻内地办事处（北京、上海、广州、成都）	• 为旅游业界、传媒、消费者提供查询服务 • 旅发局的市场推广活动主要由旅发局的全球办事处进行，香港总办事处主要负责制定及推行各种策略以及提供相关支持

---

① 广东省人民政府应急管理办公室、香港特区政府保安局 [Z].《粤港应急管理合作协议》，
2008 - 08 - 05.

续表

类别	旅游安全与应急管理的机构	旅游安全与应急管理的职责
香港	旅游业议会	• 以保障旅行社的利益为宗旨，安全职责是提高游客对旅游安全和旅游保障的认识，协助申请"旅游业赔偿基金"的特惠补偿和"旅行团意外紧急援助基金计划"的财政援助； • 在议会的倡议下，"旅行团意外紧急援助基金计划"于1996年2月开始实施，并由赔偿基金资助，根据此计划，凡是参加外游团而遇到意外、导致伤亡的游客及其家属，都可以得到财政援助，使外游客能得到更完善的保障； • 设立服务热线〔外游旅客：(852) 2969 – 8188；入境旅客：(852) 2807 – 0707〕
	旅游业赔偿基金管理委员会	• 根据《旅行代理商条例》成立的法定机构，安全职责是向已缴付外游团费却因旅行代理商不履行责任而受影响的外游游客提供特惠赔偿，并在游客参加外游旅行团或包办式旅游过程中遇到意外伤亡时，向其提供经济援助
粤港合作联席会议	下设粤港应急管理联动机制专责小组	• 双方重点在应急管理信息共享、应急管理理论研究与科技开发、专家交流、应急管理互联互通平台建设、共同应对影响两地的区域突发事件（公共卫生事件除外）等方面开展应急合作与交流

资料来源：香港保安局，http://www. sb. gov. hk/sc/about/welcome. htm；香港旅游事务署，http://www. tourism. gov. hk/；香港旅游发展局，http://www. discoverhongkong. com/tc/index. jsp；香港旅游业议会，http://www. tichk. org/。

三 中国内地与澳门旅游业实施应急合作的体制基础

澳门政府和旅游业界对于涉外旅游安全管理十分重视。澳门设有专门负责旅游危机处置的"旅游危机处理办公室"，作为一个策略性的协调机构，它由特区行政长官授权，直接隶属于社会文化司来开展业务运作，并由社会文化司司长担任主席。其主要职责是对"涉及澳门居民外游以及游客在澳门期间，因遭遇严重意外、灾祸或灾难而出现危急或紧急情况时，采取实时和有效的行动措施。"[①] 澳门旅游危机处理办公室的服务对象包括外游的澳门居民和在澳门期间的游客。此外，澳门旅游局监管处负有打击不法旅游活动、处置违法旅游行为的职责。澳门旅游局设有24小时旅游热线接受紧急情况的询问，并且在旅游旺季期间加强对旅游景点、口岸的巡查工作，以保障安全。

---

① 任务〔EB/OL〕. 澳门旅游危机处理办公室：https://www. ggct. gov. mo/zh-hant/mission。

广东省政府一贯重视与澳门特别行政区政府间的区域应急合作。2008年12月4日，广东省人民政府和澳门特区政府签署了《粤澳应急管理合作协议》。[①] 粤澳和粤港一样在信息共享、理论研究与科技创新、应急平台互联互通、共同应对影响两地的区域突发事件等方面建立了明确的合作关系与合作机制。同样，中国内地与澳门的旅游应急合作中应推广粤港应急合作的经验，扩大合作区域，建立旅游应急管理专项合作体制（见表1-9）。

表1-9　中国内地与澳门旅游应急合作的体制基础

类别	旅游安全与应急管理的机构	旅游安全与应急管理的职责
澳门	澳门特别行政区安全委员会	• 以澳门行政长官为首，由警察局、消防局、民航局、港务局等部门的领导组成，在内部保安问题上辅助行政长官制定澳门内部安保政策
	旅游危机处理办公室	• 应对澳门居民在外旅游以及外来游客在澳门期间遭遇的严重意外灾难及其出现的紧急情况； • 当发生旅游突发事件时，旅游危机处理办公室的职权包括制定一套完整有效的整体联合紧急计划； • 迅速启动行动机制，提供包括设备、设施和技术人员在内的救援及后勤资源； • 制定各种公共或私人资源的动用准则并决定财政资源的分配； • 确保与区域性和国际性的官方机构及驻外旅游组织代表合作和信息共享等
	澳门特别行政区政府旅游局	• 设游旅热线（+853）28 333 000，提供全天候24小时的专人接听服务，并提供旅游资讯的电话录音，为旅客及本澳市民提供协助、咨询及接收意见和投诉
粤澳合作联席会议	下设粤澳应急管理联动机制专责小组	• 双方重点在应急管理信息共享、理论研究与科技创新、专家交流、互联互通平台建设、共同应对区域突发事件等方面开展合作与交流

资料来源：澳门旅游危机处理办公室，http：//www.ggct.gov.mo/zh-hant/；澳门旅游业界，http：//industry.macautourism.gov.mo/gb/index.php。

四　祖国大陆与台湾旅游业实施应急合作的体制基础

大陆与台湾应急合作机构的设置是在"一国两制"的大政策指导下进行的。1988年9月9日，大陆设立国务院台湾办公室（简称国台办），负责贯彻执行中国国务院确定的对台工作的方针政策。国台办下设综合局负

---

① 广东省人民政府应急管理办公室、澳门特区政府保安司［Z］.《粤澳应急管理合作协议》，2008-08-05.

责承办海协会的日常工作，同时负责协调指导相关部门和地方处理涉台突发事件，其中自然包括涉台旅游突发事件。1991 年 11 月 28 日，台湾设立行政主管部门大陆委员会（简称陆委会），负责全盘性大陆政策及大陆工作的研究、规划、审议、协调及部分跨部会事项的执行工作。两岸官方往来渠道的开辟具有重要意义，它使大陆与台湾在各个领域合作的实施取得突破性进展。

为促进海峡两岸的密切交往，推动两岸关系的和平发展，经过大陆和台湾相关组织与力量的不断努力，两地于 1991 年分别设立了海峡两岸关系协会（简称海协会）和海峡交流基金会（简称海基会），海协会与海基会的设立为两地实施多领域的合作奠定了基石。海协会是由大陆设立的负责促进两岸交流、处理两岸同胞相关问题的机构。[①] 海基会接受台湾当局委托及授权，负责两岸间的事务性协商以及涉及两岸交流的服务性事宜。海基会设立了两岸人民急难服务中心 24 小时紧急服务专线，对于各类人身安全事件，包括在大陆发生死亡、重病、重伤、遭绑架勒索、被扣押、失踪、旅行证件遗失等事件，提供常年咨询服务与协助。[②]

2010 年 5 月 7 日，大陆针对涉台旅游应急管理工作专门设立了海峡两岸旅游交流协会（简称海旅会），并在台北设办事处，为赴台旅游的大陆游客提供急难救助并协助处理旅游纠纷。2014 年 7 月 2 日，海旅会高雄办事分处成立。而台湾方面，也相应设立了海峡两岸观光旅游协会（简称台旅会），下设北京办事处（2010 年 5 月 4 日）和上海办事分处（2012 年 11 月 15 日）。

在台湾地区，如果发生大陆游客赴台旅游安全事故，通常由台湾"观光局"（台旅会）牵头组织台湾的相关旅游行业协会（如旅行业品质保障协会、台湾观光协会）等一同处理。在祖国大陆方面，如果发生的事故较小，通常由国家旅游局驻台北、高雄办事处代表大陆方面与台湾方面进行协调处理。如果发生的事故较大，则由国家旅游局与国台办分别派人入岛协调处理。台湾"观光局"在台湾地区自身的旅游安全管理中承担监管者角色，负责旅游安全的监督、核查和奖惩，负责游客的各类纠纷投诉。根

---

① 海峡两岸关系协会. 海峡两岸关系协会简介［Z］. 海峡两岸关系协会官网，http://www.arats.com.cn.

② 海峡交流基金会. 关于本会［Z］. 海峡交流基金会官网，www.sef.org.tw.

据台湾地区颁布的"观光游乐业管理规则"，观光游乐设施的经营管理和安全维护由地方主管机关核查并报"观光局"备案，"观光局"负有督察、奖惩的职责。同时，"观光局"对旅游行业个人资料安全、旅游交易安全、无动力飞行运动游客安全维护、大陆旅游团的品质管理与检举奖惩等设有管理制度。

如表1-10所示，大陆与台湾已初步确立了多层次、多领域、多形式的应急合作体制架构。

表1-10　祖国大陆与台湾旅游应急合作的体制基础

类别	旅游安全与应急管理机构			
	名称	旅游应急管理职责	性质	设立日期
大陆	海峡两岸关系协会（海协会）	• 根据国台办授权与海基会的有关团体联系沟通并处理相关议题； • 负责与台湾的授权团体海基会进行商谈以合作打击台湾海峡的海上走私和抢劫等问题	社会团体法人	1991年12月16日
	国务院台湾办公室（国台办）	• 负责协调有关部门与台湾当局授权的有关团体和人士进行谈判协商； • 负责和归口管理与海基会的联系事宜； • 协调指导有关部门和地方处理涉台突发事件（包括旅游突发事件），处理两岸的双向遣返及有关问题； • 按照海协会章程，与台湾岛内、海外团体和人士开展联系与合作	国务院直属事业单位	1988年9月9日
	海峡两岸旅游交流协会（海旅会）	• 设台北办事处，负责为到台观光的大陆游客提供急难救助并协助处理旅游纠纷； • 2014年7月2日设立高雄办事分处。	社会团体法人	2010年5月7日
台湾	海峡交流基金会（海基会）	• 接受当局委托及授权，负责两岸事务性协商以及涉及两岸交流的服务性事宜； • 设两岸人民急难服务中心24小时紧急服务专线02-25339995，对于人身安全事件，包括在大陆发生死亡、重病、重伤、遭绑架勒索、被扣押、失踪、旅行证件遗失等事件，提供24小时全年无休的咨询服务与协助	社会团体法人	1991年11月21日
	行政主管部门大陆委员会（陆委会）	• 负责全盘性大陆政策及大陆工作的研究、规划、审议、协调及部分跨部会事项之执行工作，并对"立法院"负责	台湾行政主管部门辖属的政府机构	1991年11月28日

续表

类别	旅游安全与应急管理机构			
	名称	旅游应急管理职责	性质	设立日期
台湾	海峡两岸观光旅游协会（台旅会）	● 设北京办事处（2010年5月4日）和上海办事分处（2012年11月15日），主要负责两岸观光交流合作及联系事宜和台湾观光旅游资源和活动的推广工作	社会团体法人	2010年5月4日

资料来源：海协会，http://www.arats.com.cn/bhjs/200904/t20090417_871060.htm；国台办，http://www.gwytb.gov.cn/；海旅会，http://www.cnta.com/html/special/2011 - 05/2011hxlajlxh；海基会，http://www.sef.org.tw/ct.asp?xItem = 920109&ctNode = 4519&mp = 1；陆委会，http://www.mac.gov.tw/；台旅会：http://www.tsta-bj.org/Article.aspx?sNo = 02000056。

第三节 海峡两岸暨港澳地区旅游应急合作的机制基础

一 中国内地出境旅游应急机制的现状基础

旅游应急管理机制是指各类旅游应急主体在应对和处置旅游突发事件的过程中所采取的各种程序化、制度化、规范化的应急管理方法与措施，是对旅游应急主体及其工作关系、工作流程和工作方法的有序规范。在我国，行业性的应急管理体制机制从属国家总体的应急管理体制机制。2003年的"非典"事件促使我国开始构建应急管理的体制机制。2006年，国务院发布《国家突发公共事件总体应急预案》，预案提出了"预测与预警、应急处置、恢复与重建、信息发布"等运行机制。2007年，我国《中华人民共和国突发事件应对法》正式颁布实施，该法对"突发事件的预防与应急准备、监测与预警、应急处置与救援、事后恢复与重建等应对活动"进行了法律上的安排，事实上建立起了突发事件的核心工作机制。2005年，国家旅游局发布了《旅游突发公共事件应急预案（简本）》，预案包括预警发布、救援机制、信息报告和应急演练等机制内容。2006年，国家旅游局颁布了《中国公民出境旅游突发事件应急预案（简本）》，预案包括预警机制、应急响应、后期处置、信息报告和发布、应急保障和培训演练等机制内容。

2008年，汶川地震重创灾区和灾区旅游业，但这一重大自然灾害全面检验了我国的应急管理机制，并推动了包括旅游应急机制在内的各类应急机制的成熟。国家旅游局对灾区恢复重建工作给予了高度重视，这一实践工作事实上构建和验证了灾后旅游业的恢复重建机制。由此，我国旅游应急管理机制不断成熟、不断系统化。从我国近年来的旅游应急实践来看，我国旅游业已经基本建立起包括旅游突发事件的事前预防与预备机制、事发监测与预警机制、事中处置与救援机制、事后恢复与重建机制等在内的核心过程机制。旅游突发事件处置过程中的社会动员机制、应急保障机制、部门协作机制是旅游应急管理的重要辅助机制，在汶川灾后旅游业恢复重建中日趋成熟。① 应该看到，我国旅游应急工作的部分核心机制还有待成熟，旅游应急合作机制应该成为一种新的、引起旅游应急主体重视的工作机制。这一机制在广东等地引起了重视，广东和香港、澳门分别签署了应急合作协议，这为区域间的旅游应急合作提供了初步经验。

二　中国内地与香港旅游业实施应急合作的机制基础

香港的综合应急管理体系比较完善，已建立了应对突发事件的各项基本应急机制和辅助应急管理机制。就旅游领域而言，香港旅游业善后恢复机制比较完善。香港商务及经济发展局旅游事务署设有专门的旅游业赔偿基金管理委员会，向已缴付外游费却因旅行代理商不履行责任而受到影响的外游旅客提供特惠赔偿，并针对参加外游旅行团或包办式旅游人士在旅游过程中遇到意外伤亡的情况提供经济援助。另外，香港旅游业议会推行的"旅行团意外紧急援助基金计划"由赔偿基金资助，根据这项计划，凡是参加外游团而遇到意外、导致伤亡的游客及其家属，都可以得到财政援助。

在区域应急合作方面，广东省和香港特区政府通过开展应急管理区域合作建立了协调共赢的应急管理联动机制。2008 年，广东省人民政府应急管理办公室和香港特别行政区保安局共同签订《粤港应急管理合作协议》，协议决定设立粤港应急管理联动机制专责小组，双方通过网站建立日常应急管理信息定期通报和交流机制；通过每年举行一次应急管理合作事项研究会议，建立专家信息交流机制，促进应急管理理论研究和科技开发；通过建立专题工作小组及其联络制度，促进粤港专项应急管理能力的提升。

---

① 谢朝武．旅游应急管理［M］．北京：中国旅游出版社，2013，25-26.

从旅游应急管理专项合作来看，香港旅游事务署与广东深圳建立黄金周信息交流和紧急联络机制①，这是内地与香港合作处置突发事件的重要辅助机制，是推动两地旅游应急合作顺利开展的重要前提。综上所述，广东与香港已建立了优势互补、互利共赢的区域性综合应急管理合作机制，为内地和香港的旅游应急合作提供了机制基础（见表1－11）。

表1－11　中国内地与香港旅游应急合作机制

机制类型	机制内容	典型案例与做法
预防与预备机制	旅游突发事件的事前预防与治理	• 香港定期举行相关应急预案演练，整合应急资源； • 香港非常重视对相关应急管理人员的应急宣教和培训工作
监测与预警机制	旅游突发事件的事发监测与预警	• 香港入境事务处、警务处及相关部门成立的跨部门联合指挥中心监控陆路管制站情况
处置与救援机制	旅游突发事件的事中响应与救援	• 2007年，香港制定了《香港境外紧急应变行动计划》，对涉外突发事件的应急响应与救援做了具体部署； • 香港旅游业赔偿基金管理委员会为外游游客意外伤亡提供经济援助； • 1996年12月，香港旅游业议会推行"旅行团意外紧急援助基金计划"
恢复与重建机制	旅游突发事件的事后恢复与重建	• 2000年，香港制定的《紧急应变系统》包含了应对重大突发事件的救援、善后及复原机制； • 2009年7月，香港制定了《天灾应变计划》，计划确立了香港应对天灾突发事件的灾后恢复重建管理机制
社会动员机制	社会资源的组织与调配	• 香港已建立包括民众安全服务队、医疗辅助队、圣约翰救护队等民间力量的搜救网络
应急保障机制	旅游应急资源的筹集、储备与配置	• 为应对重大突发事件，香港警务处3个指挥控制中心24小时接收紧急事故报告；圣约翰救护队24小时提供免费紧急救护；飞行服务队24小时搜救遇险人员；香港红十字会24小时紧急供应血浆； • 2011年6月24日，经粤港应急管理联动机制专责小组第三次会议磋商，双方就建立应急救援队伍和应急物资"绿色通道"达成一致
部门协作机制	与相关部门协调、联络、联合应急	• 香港应急管理机构由警务处、消防处、保安局、医疗辅助队、运输署、政府新闻处等32个部门组成，突发事件发生后，各部门依照香港制定的三级制应急系统迅速启动，并根据电台、网络等发布的即时信息有序开展救助工作

---

① 香港制订多项措施应对春节客流高潮［N］. 人民日报（海外版），2015－02－17：03.

续表

机制类型	机制内容	典型案例与做法
粤港应急管理联动机制	信息共享、专家交流、应急平台互联互通	● 黄金周香港旅游事务署与广东深圳旅游部门设立信息交流和紧急联络机制； ● 粤港合作联席会议下设粤港应急管理联动机制专责小组，建立专题工作小组负责具体领域的专项合作工作，通过双方网站建设、专家交流和建立专家数据库实现应急管理信息共享、应急平台互联互通，并定期交流应急管理工作情况①

资料来源：职能范围 ［EB/OL］. 广东省人民政府应急管理办公室. 粤港签署应急管理合作协议：/zt/yjld/sgjz/200808/t20080805_60837. htm.

三　中国内地与澳门旅游业实施应急合作的机制基础

澳门设有专门的旅游安全应急处置机构旅游危机处理办公室，它遵循两项基本宗旨："第一，当澳门居民在外旅游遇上危机或灾难时，采取实时和有效的措施予以应对；第二，当访澳游客在澳门地区旅游遇上危机或灾难后提供协调和支援。"① 澳门旅游危机处理办公室的基本职能包括制定应对旅游突发事件的一般行动方针、迅速启动行动机制、提供支援及后勤资源、决定所需财政资源的分配、与本地社团及实体代表开展合作、与区域性和国际性官方机构及驻外旅游组织代表进行合作与信息共享等。② 可见，澳门已建立了常态化旅游安全管理工作机制，形成了比较健全的旅游安全处置机制。

在与内地的应急合作方面，澳门特区政府与广东省政府之间签订了《粤澳应急管理合作协议》和《粤澳紧急医疗和消防救援合作机制协议》，双方建立起粤澳应急管理联动机制，建立了两地跨区域突发事件的信息通报制度，建立了应急物资和救援队伍"绿色通道"，推动了区域应急资源共享，实现了跨区域突发事件的联合应急处置（见表 1 – 12）。粤澳应急管理合作模式为中国内地与香港之间的旅游应急管理合作提供了经验。2017 年 8 月23 日，澳门遭遇台风"天鸽"正面袭击造成重大损失，澳门特区行政长官依据相关法规提请中央政府批准澳门驻军协助澳门救灾，澳门驻军迅速开展协助救灾工作并获得澳门民众好评。

---

① 职能范围 ［EB/OL］. 澳门旅游危机处理办公室：https：//www. ggct. gov. mo/zh-hant/scope.
② 组织法 ［EB/OL］. 澳门旅游危机处理办公室：https：//www. ggct. gov. mo/zh-hant/law.

表 1 - 12　中国内地与澳门旅游应急合作的机制基础

机制类型	机制内容	典型案例与做法
预防与预备机制	旅游突发事件的事前预防与预备	• 澳门旅游危机处理办公室制定了旅游突发事件的一般行动方针
监测与预警机制	旅游突发事件的事发监测与预警	• 2012 年，经澳门保安司司长批示，澳门在海关大楼、海上监察厅等处装设及使用录像监视系统； • 2009 年，澳门发布的《澳门特别行政区突发公共事件之预警及警报系统》要求 27 个具体部门做好各自管辖范围内的突发公共事件预测与预警工作
处置与救援机制	旅游突发事件的事中响应与救援	• 当澳门特别行政区居民在外旅游或外地游客在澳门旅游期间遇到严重意外、灾祸和灾难时，由旅游危机处理办公室迅速启动行动机制
应急保障机制	应急资源的组织、储备与配置	• 由旅游危机处理办公室提供支援及后勤资源； • 决定所需财政资源的分配； • 2011 年 6 月 28 日，经粤澳应急管理联动机制专责小组第三次会议磋商，双方就建立应急救援队伍和应急物资"绿色通道"达成一致
部门协作机制	与相关部门的协调、联络、联合应急	• 由旅游危机处理办公室与本地社团及实体代表开展合作； • 与区域性和国际性官方机构及驻外旅游组织代表进行合作与信息共享
粤港应急管理联动机制	信息共享、专家交流、应急平台互联互通	• 粤澳合作联席会议下设粤澳应急管理联动机制专责小组，建立专题工作小组负责具体领域的专项合作工作，通过双方网站建设、专家交流、建立专家数据库实现应急管理信息共享、应急平台互联互通，并定期交流应急管理工作情况[①] • 2007 年 12 月，澳门特区政府与广东省人民政府签订了《粤澳紧急医疗和消防救援合作机制协议》，在对方区域发生重大突发事故，造成大量人员受伤，即可启动该机制，另一方则为其提供医院救援协助

注：职能范围 [EB/OL]. 广东省人民政府应急管理办公室. 粤澳签署应急管理合作协议：http://www.gdemo.gov.cn/zt/yga/jinzhang/200903/t20090320_87953.htm

四　大陆与台湾旅游业实施应急合作的机制基础

海峡两岸关系协会和海峡交流基金会是负责两岸旅游应急合作的重要机构，两会在海峡两岸旅游突发事件应急合作处置工作中发挥了重要的作用。两会在地震监测和气象预警方面合作建立了海峡两岸应对地震、台风等重大自然灾害的监测预警机制。双方达成了《海峡两岸海关合作协议》，两岸在人员交往和物流运输方面可以通过海关这一关键节点加强安全保障。另外，台湾财团法人海峡交流基金会还设立了应对两岸突发事件的专门机构——两岸人民急难服务中心，该中心在应对两岸突发事件中发挥着对外联系大陆海协会、对内协调各有关部门共同参与应急救援处置工作的重要作用。海协会和海基会的工作为大陆和台湾的旅游应急合作奠定了良好的基础，双方应不断推进海峡两岸应急管理合作，进一步促进海峡两岸应急救援队伍互救通道建设、应急资源储备和共享、重大突发事件灾后恢复重建机制建设等工作。

2013 年 7 月，海峡两岸旅游交流协会和台湾海峡两岸观光旅游协会在海峡两岸旅游交流圆桌会议上达成了《海峡两岸旅游安全突发事件合作处理共识》，形成了大陆与台湾应对旅游安全突发事件的应急工作机制。《海峡两岸旅游安全突发事件合作处理共识》对重视旅游安全工作和事件通报、旅游安全预防、旅游应急响应、成立应急小组、应急联络协调与安抚、应急沟通与舆论引导、保险理赔与善后处置、遵守法律法规等进行了约定。[①] 这些约定成为海峡两岸处理旅游突发事件的工作机制，在之后涉及海峡两岸的旅游突发事件时均依照《海峡两岸旅游安全突发事件合作处理共识》启动旅游应急工作机制（见表 1 - 13）。

表 1 - 13 祖国大陆与台湾旅游业应急合作机制

机制类型	机制内容	典型案例与做法
预防与预备机制	旅游突发事件的事前预防与预备	• 台湾"旅游安全维护及紧急意外事故处理作业手册"明确规定了导游人员应提醒游客的职责、旅行社安全准备工作职责和安全资讯收集职责； • 海协会与海基会在 2013 年海峡两岸旅游交流圆桌会议上达成《海峡两岸旅游安全突发事件合作处理共识》，规定双方协调旅游主管部门监督、指导旅行社及旅游业从业人员，加强相关旅游突发事件的预防措施
监测与预警机制	旅游突发事件的事发监测与预警	• 海协会与海基会就两岸地震活动监测、地震应用技术交流、地震宣教合作等事宜达成《海峡两岸地震监测合作协议》； • 海协会与海基会就两岸台风、暴雨、寒潮等灾害性天气的监测、预报与预警，相关气象信息交换业务合作，相关气象技术交流与开发合作业务等事宜达成《海峡两岸气象合作协议》
处置与救援机制	旅游突发事件的事中响应与救援	• 《海峡两岸旅游安全突发事件合作处理共识》规定，一旦双方在接待团体游客时发生突发事件，应立即协调相关部门，启动旅游突发事件应急处理机制

① 海协会，海旅会. 海峡两岸旅游安全突发事件合作处理共识［Z］. 2013 - 07.

续表

机制类型	机制内容	典型案例与做法
恢复与重建机制	旅游突发事件的事后恢复与重建	● 双方在发生旅游突发事故后，立即责成设立办事处，协助联系、协调、慰问、安抚受害游客和家属，协助安排善后事宜和保险理赔
社会动员机制	旅游应急过程中社会资源的组织与调配	● 台湾海基会下设两岸人民急难服务中心，一旦两岸人民在对方区域发生突发事件，便由急难服务中心对外协调大陆海协会及各省市相关机构，对内协调台湾"旅行公署"、相关协会、航空公司、医疗机构等民间机构共同应对突发事件，启动应急救援、处置和善后等工作
应急保障机制	应急资源的组织、储备与配置	● 缺失
部门协作机制	与相关部门的协调、联络、联合应急	● 海协会和海基会就促进两岸海关程序简化与协调、双方贸易和人员往来及安全达成《海峡两岸海关合作协议》

第四节　海峡两岸暨港澳地区旅游应急合作的法制基础

一　中国内地出境旅游应急法制的现状基础

我国针对出境旅游安全与应急管理的法制建设经历了不断完善和发展的过程。2002 年 7 月 1 日，经国务院批准的《中国公民出国旅游管理办法》正式施行，同时废止了 1997 年 7 月发布的《中国公民自费出国旅游管理暂行办法》。2002 年 10 月 28 日，为了加强对出境旅游领队人员的管理，国家旅游局制定的《边境旅游暂行管理办法》正式发布并施行。2005年 6 月 1 日，为防范利用旅游渠道组织或参与境外赌博活动，国家旅游局和国家工商行政管理总局联合发布了《关于禁止出境旅游团队参与境外赌博活动的规定》。

2005 年 8 月，国务院颁布《国家涉外突发事件应急预案》，为我国涉外突发事件应急治理工作奠定了法律基础。2005 年起，国务院相继颁布了《国家突发公共事件总体应急预案》和 25 件专项预案、80 多件部门预案，逐步形成了适合我国国情的综合性和专项性相结合的突发事件应急预案体系。同时，国家旅游局也开启了旅游业应急预案的建设工作。

2005 年 7 月，《旅游突发公共事件应急预案（简本）》正式发布。2006 年 4 月，国家旅游局发布了《中国公民出境旅游突发事件应急预案（简本）》，为我国涉外旅游应急管理工作提供了重要的指导方向和预案依据。2007 年 11 月 1 日，全国人大常务委员会颁布了《中华人民共和国突发事件应对法》。

作为我国旅游法治建设的里程碑事件，《中华人民共和国旅游法》于 2013 年 10 月 1 日正式实施，其中第六章是"旅游安全"专章，对旅游安全的事前预防机制、事中安全管理机制和事后应急处置机制等都进行了规定。《中华人民共和国旅游法》明确了政府的旅游安全责任，提出要建立旅游目的地安全风险提示制度，规定景区的流量控制，对旅游过程中突发事件的响应处置提出了要求，并且对旅游经营者的安全警示、安全保障、事故救援处置作出了规定。我国逐渐形成了一套较完善的旅游安全法律体系。此外，国家旅游局针对出境旅游领队人员、导游人员和旅行社等的管理工作颁布了一系列的部门规章和规范性文件，用以规范出境旅游领队、导游人员和旅行社在出境旅游工作中的安全管理职责。

2016 年 12 月 1 日，国家旅游局颁布的《旅游安全管理办法》开始施行。《旅游安全管理办法》对旅游经营者的安全生产、旅游主管部门的安全监督管理、旅游突发事件的应对等进行了详细的规范，并要求"旅游突发事件发生在境外的，旅行社及其领队应当在中国驻当地使领馆或者政府派出机构的指导下，全力做好突发事件应对处置工作"。对于旅游安全风险提示，"国家旅游局负责发布境外旅游目的地国家（地区），以及风险区域范围覆盖全国或者跨省级行政区域的风险提示。发布一级风险提示的，需经国务院批准；发布境外旅游目的地国家（地区）风险提示的，需经外交部门同意"。这些部门规章和规范性文件的颁布，为我国出境旅游安全管理工作打下了重要的法制基础（见表 1 – 14）。

表 1 – 14　我国有关出境旅游安全与应急管理的主要法律和预案文件

类别	颁发机构	名称及实行日期
法律	全国人大常务委员会	《中华人民共和国海关法》（1987 – 07 – 01）
		《中华人民共和国突发事件应对法》（2007 – 11 – 01）
		《中华人民共和国旅游法》（2013 – 10 – 01）

续表

类别	颁发机构	名称及实行日期
行政法规	国务院	《中国公民出国旅游管理办法》（2002 – 07 – 01）
		《导游人员管理条例》（1999 – 10 – 01）
		《旅行社条例》（2009 – 05 – 01）
部门规章	国家旅游局	《旅行社条例实施细则》（2009 – 05 – 03）
		《边境旅游暂行管理办法》（2010 – 12 – 15）
		《旅游行政处罚办法》（2013 – 10 – 01）
		《出境旅游领队人员管理办法》（2002 – 10 – 28）
	国家旅游局、中国保监会	《旅行社责任保险管理办法》（2012 – 02 – 01）
规范性文件	国家旅游局	《关于出境旅游领队证管理有关事项的通知》（2010 – 01 – 08）
		《关于启用出境旅游组团社签证专办员互联网审批管理系统及更换签证专办员卡的通知》（2010 – 05 – 14）
		《关于禁止出境旅游团队参与境外赌博活动的规定》（2005 – 06 – 01）
	国家旅游局、国家工商行政管理总局	《团队出境旅游合同》（GF – 2014 – 2402）
预案	国务院	《国家突发公共事件总体应急预案》（2006 – 01 – 08）
		《国家自然灾害救助应急预案》（2006 – 01 – 11）
		《国家安全生产事故灾难应急预案》（2006 – 01 – 22）
		《国家突发公共卫生事件应急预案》（2006 – 02 – 26）
		《国家涉外突发事件应急预案》（2005 – 08 – 08）
	国家旅游局	《旅游突发公共事件应急预案》（2005 – 07）
		《中国公民出境旅游突发事件应急预案》（2006 – 04 – 26）

资料来源：中华人民共和国政府网站，http：//www. gov. cn/zhengce/zc_flfg. htm；中华人民共和国国家旅游局网站，http：//www. cnta. gov. cn/html/fl/index. html。

二　中国内地与香港旅游业实施应急合作的法制基础

香港没有制定专门的旅游安全与应急法规，但香港建立了基础性的应急管理系统，同时在行业性的法规体系中对所涉及的旅游安全事务或业务进行了规范和规定。涉及旅游安全与应急的法律文件主要由法规、预案和标准等组成，基本上覆盖了食、住、行、游、购、娱等旅游六要素。1997 年，香港颁布施行了《紧急救援基金条例》《海上保险条例》等法规文件。2000 年，香港特别行政区保安局紧急事故支持组印发《紧急应变系统》，2007年又发布了包括《香港境外紧急应变行动计划》在内的五类专项应急预案，并形成了适应香港社会发展的综合性和专项应急预案体系。1997~2003年，香港特别行政区政府律政司印发了一系列覆盖娱乐、渡轮、航空、旅行社、旅馆业和林业等的行业性法规文件。2007年10月，香港旅游业议会发布《外游领队作业守则》，制定了外游领队人员作业标准。2010年7月，香港旅游业议会又发布了《导游作业守则》，制定了导游人员作业标准。这些文件大体上对所涉及的旅游安全与应急业务进行了规定，如《外游领队作业守则》规定要"注意团队安全"，"凡事必须以团队安全为先"，"若不幸发生意外，必须尽快安排受伤的团员接受专业治疗……安排紧急救援服务"等等。

中国内地与香港的旅游应急合作有一定的法律基础。早在2003年，国家旅游局和香港特别行政区政府经济发展及劳工局签署了《加强内地与香港更紧密旅游合作协议书》，协定"双方采取有效措施，维护良好的市场秩序，保障旅游消费者的合法权益"，遭遇"突发事件要及时通报，积极协调，共同应对"。在双方应急合作方面，2008年，由广东省和香港特别行政区政府联合发布的《粤港应急管理合作协议》规定，粤港联席会议下设粤港应急管理联动机制专责小组负责双方联络，建立了由相关业务单位负责人组成的专项工作合作小组，负责相关领域的应急合作事宜，为加强粤港区域突发事件的应急治理工作奠定了法律基础。面向未来，中国内地与香港应加强旅游应急专项合作领域的法制建设，针对旅游突发事件风险制定区域联动的应急监测、预警预防和应急救援的制度性文件。具体法律及预案文件见表1-15。

表1-15　香港旅游业安全与应急管理相关法律和预案文件

类别	发布机构	名称和实施时间
行政法规	香港特别行政区立法会	《紧急救援基金条例》（1997-06-30）
		《架空缆车（安全）条例》（1997-06-30）
		《危险品（航空托运）（安全）条例》（1997-06-30）
		《香港机场（障碍管制）条例》（1997-06-30）
		《旅行代理商条例》（2002-11-01）
		《旅馆业条例》（1997-06-30）

续表

类别	发布机构	名称和实施时间
行政法规	香港特别行政区立法会	《郊野公园条例》（1997 – 06 – 30）
		《海洋公园公司条例》（2003 – 08 – 01）
		《船舶及港口管制条例》（2007 – 01 – 02）
		《海上保险条例》（1997 – 06 – 30）
		《渡轮服务规例》（1997 – 06 – 30）
		《香港油蔴地小轮船公司附例》（1997 – 06 – 30）
		《赌博条例》（1997 – 06 – 30）
		《公众娱乐场所条例》（1997 – 06 – 30）
		《林区及郊区条例》（1997 – 06 – 30）
		《卡拉 OK 场所条例》（2003 – 01 – 08）
预案	香港特别行政区保安局紧急事故支持组	《紧急应变系统》（2000 – 05）
		《天灾应变计划》（2009 – 07）
		《香港空难应变计划》（2001 – 12）
		《打捞失事飞机应变计划》（2002 – 11）
		《海空搜索及救援应变计划 》（2009 – 07）
		《香港境外紧急应变行动计划》（2007 – 11）
标准	香港旅游业议会	《外游领队作业守则》（2007 – 10）
		《导游作业守则》（2010 – 07 – 15）
两地协议	国家旅游局和香港特别行政区政府经济发展及劳工局	《加强内地与香港更紧密旅游合作协议书》（2003 – 12 – 19）
	广东省和香港特别行政区政府	《粤港应急管理合作协议》（2008 – 08 – 05）

资料来源：香港特别行政区政府律政司双语法例资料系统，http://translate. legislation. gov. hk/gb/www. legislation. gov. hk/blis/chi/index. html；广东省人民政府应急管理办公室，http://www. gdemo. gov. cn/zt/yga/wenjian/200906/t20090616_95273. htm。

三　中国内地与澳门旅游业实施应急合作的法制基础

澳门旅游业发展起步较早，旅游博彩业是澳门的龙头产业，澳门特区政府等相关部门对博彩业的管理非常重视。2001 年 9 月，澳门颁布了《娱乐场幸运博彩经营法律制度》，对澳门博彩业的竞投、规范经营、人员准入等制度作出了严格规定，这为澳门博彩业的持续合法经营和有序管理提供了法律保障。此外，澳门旅游局通过一系列法令的颁布与修改，对旅游公司章程、旅行社及导游职业的若干规定等进行了优化。2009 年 3 月，澳门颁布《澳门特别行政区突发公共事件之预警及警报系统》，该规定将澳门的紧急状态明确为"一般、预防、实时预防、抢救（紧急状态之前）、灾害或灾难（紧急状态）"等五种，将突发公共事件定义为自然灾害、事故灾难、公共卫生事件和社会安全事件，将预警级别确立为 I（特别重大，红色）、II（重大，橙色）、III（较大，黄色）、IV（一般，蓝色）、V（政策，绿色）等五级。《澳门特别行政区突发公共事件之预警及警报系统》为澳门旅游突发事件的应急预警工作打下了重要基础。

中国内地与澳门的应急管理合作也不断加强。2003 年，国家旅游局与澳门特区政府签署了《加强内地与澳门更紧密旅游合作协议书》。广东省与澳门地缘相近，广东省政府与澳门特区政府签署了一系列合作协议，推动了两地应急合作的开展。2007 年 12 月，双方政府联合发布了《粤澳食品安全工作交流与合作框架协议》和《粤澳紧急医疗和消防救援合作机制协议》两个专项性合作协议；2008 年 12 月，粤澳政府联合发布了综合性应急管理合作协议《粤澳应急管理合作协议》；2011 年 3 月，粤澳政府又进一步签署了《粤澳合作框架协议》。这些法规文件的发布为中国内地与澳门的旅游应急合作建立了一定基础。具体法律和预案文件见表 1-16。

表 1-16　澳门旅游业安全与应急管理有关法律和预案文件

类别	发布机构	名称和实施时间
法律	澳门特别行政区政府行政长官保安司司长	《娱乐场幸运博彩经营法律制度》（2001-09-19）
		《道路交通法》（2007-10-01）
		第 14/2014 号行政法规修改《入境、逗留及居留许可规章》关于逾期逗留的规定（2014-06-13）
		《第 297/2012 号行政长官批示》设立突发事件委员会（2012-11-05）
		《民航意外事故调查及航空安全资料保护法》（2013-01-21）
预案	澳门特别行政区政府行政长官	《澳门特别行政区突发公共事件之预警及警报系统》（2009-03-02）
两地协议	广东省和澳门特别行政区政府	《粤澳食品安全工作交流与合作框架协议》（2007-12-13）

续表

类别	发布机构	名称和实施时间
两地协议	广东省和澳门特别行政区政府	《粤澳紧急医疗和消防救援合作机制协议》（2007 - 12 - 13）
	广东省和澳门特别行政区政府	《粤澳应急管理合作协议》（2008 - 12 - 04）
	广东省和澳门特别行政区政府	《粤澳合作框架协议》（2011 - 03 - 21）

资料来源：澳门特别行政区印务局，http://cn.io.gov.mo/Legis/record/2400.aspx；澳门法律网，http://www.macaolaw.gov.mo/cn/index2.asp；广东省人民政府应急管理办公室，http://www.gd-emo.gov.cn/zt/yga/wenjian/200906/t20090616_95273.htm。

四 大陆与台湾旅游业实施应急合作的法制和预案基础

两岸的旅游交流与发展具有重要的政治、经济和文化意义，祖国大陆一直不遗余力地推动两岸的旅游交流与合作。1992 年，国务院颁布的《中国公民往来台湾地区管理办法》开始施行。2006 年 4 月，国家旅游局、公安部、国务院台湾事务办公室共同发布了《大陆居民赴台湾地区旅游管理办法》。2008 年 6 月，海协会和海基会签署了《海峡两岸关于大陆居民赴台湾旅游协议》。2008 年 7 月 18 日，大陆居民赴台旅游正式启动。2008 年 7 月，国家旅游局又颁布了《赴台游在台逾期停留处理办法》。2009 年 4 月海协会和海基会达成了《海峡两岸空运补充协议》。2011 年 6 月，国家旅游局、公安部、国务院台湾事务办公室又修订发布了《大陆居民赴台湾地区旅游管理办法》。这一系列文件的发布为两岸的旅游合作提供了制度基础。

海峡两岸关系协会和海峡交流基金会一直致力于促进两岸交流与合作、推动两岸关系和平发展。经过不懈努力，两会达成了海峡两岸在农产品检疫检验合作、渔船船员劳务合作、海关合作、地震监测合作、气象合作、食品安全与金融合作等相关领域的一系列合作协议。这些协议的顺利实施及双方合作取得的成果必将为大陆与台湾旅游安全与应急合作提供各领域的支持与保障，具有非常重要的意义。海峡两岸旅游交流协会和台湾海峡两岸观光旅游协会则一直在旅游领域务实推动各项合作机制。2011 年 4 月，海旅会和台旅会同时发出通知实施《大陆居民赴台湾旅游团队组接社合作合同要点》。2012 年 12 月，海旅会和台旅会达成了《海峡两岸旅游安全突发事件合作处理共识》，这为两岸合作处置两地的旅游突发事件提供了认识基础。此外，海旅会还发布了《大陆居民赴台湾地区旅游注意事项》《大陆居民赴台湾地区旅游领队人员管理办法》等文件。

现阶段大陆与台湾虽然在旅游、交通、海关、地震、气象等专业领域签署了数量丰富的合作协议，但是旅游安全与应急领域的合作尚停留在"共识倡议"层次，缺乏机制性的法律文件，同时大陆与台湾在政治体制、意识形态、行为习惯及区域环境等方面等存在一定程度的差异，这给两地的旅游应急合作带来了巨大的挑战。具体法律和预案文件见表 1 – 17。

表 1 – 17　大陆与台湾旅游实施应急合作的法制和预案基础

法律层次	颁发机构	名称及实行日期
行政法规	公安部	《台湾渔船停泊点边防治安管理办法》（2002 – 03 – 01）
	国务院	《中国公民往来台湾地区管理办法》（1992 – 05 – 01）
		《台湾海峡两岸直航船舶监督管理暂行办法》（2008 – 12 – 15）
部门规章	国家旅游局、公安部、国台办	《大陆居民赴台湾地区旅游管理办法》（2011 – 06 – 21）（2006 年颁布，2011 年修订）
	国家旅游局	《赴台游在台逾期停留处理办法》（2008 – 07 – 01）
地方性法规	福建省公安厅	《台湾地区临时入闽机动车和驾驶人交通管理规定（试行）》（2009 – 12 – 04）
两岸协议	海协会、海基会	《海峡两岸关于大陆居民赴台湾旅游协议》（2008 – 06 – 13）
		《海峡两岸食品安全协议》（2008 – 11 – 04）
		《海峡两岸空运补充协议》（2009 – 04 – 26）
		《海峡两岸金融合作协议》（2009 – 04 – 26）
		《海峡两岸农产品检疫检验合作协议》（2009 – 12 – 22）
		《海峡两岸渔船船员劳务合作协议》（2009 – 12 – 22）
		《海峡两岸医药卫生合作协议》（2010 – 12 – 21）
		《海峡两岸气象合作协议》（2014 – 02 – 27）
		《海峡两岸地震监测合作协议》（2014 – 02 – 27）
		《海峡两岸海关合作协议》（2012 – 08 – 09）
		《大陆居民赴台湾旅游团队组接社合作合同要点》（2011 – 04 – 20）
		《海峡两岸旅游安全突发事件合作处理共识》（2013 – 07 – 21）

资料来源：海协会，http://www.arats.com.cn/flgf/xieyi/；海旅会，http://www.cnta.gov.cn/zt-wz/hxlajlxh/。

第二章

转型发展对海峡两岸暨港澳地区
旅游应急合作的挑战

海峡两岸暨港澳地区都处于战略性的转型发展期。中国正大力推动"一带一路"倡议，并投入大量战略资源加强"一带一路"沿线国家的互联互通，推动"一带一路"地区实现经济共荣、贸易互补和民心相通。中国的出境旅游业也成长为影响全球的力量，提升出境旅游的发展质量和综合实力成为中国旅游产业战略转型的重要导向。与此同时，中国香港和澳门也在寻求改善客源结构、提升客源质量和产业竞争力，并力争让旅游发展更好地惠及港澳民生。台湾地区则面临大陆赴台旅游市场的动荡和下滑局面，这对台湾旅游业的经营者造成了较大的市场冲击。海峡两岸暨港澳地区的宏观转型是海峡两岸暨港澳地区旅游应急合作的客观背景，与此同时，海峡两岸暨港澳地区应急管理还受到当前社会公共安全形势、旅游业态格局、旅游安全应急机制等综合因素的影响，这使海峡两岸暨港澳地区在旅游应急管理方面的合作仍面临着严峻的挑战。从维护游客人身财产安全的角度而言，强化旅游应急管理合作是海峡两岸暨港澳地区的重大民生议题，海峡两岸暨港澳地区应从战略层面重视和推动旅游应急合作的开展。

第一节　社会转型对旅游应急合作的挑战

近几年，国际政治、经济和军事环境不断变迁，全球范围内的民族、宗教矛盾凸显，国家间冲突时有发生，区域性反恐压力加大。同时，美国推出重返亚太战略以应对中国的崛起和影响，中国则推出"一带一路"倡议并主导组建亚洲基础设施投资银行以突破美国的战略围堵。这些宏微观国际环境的变化必然给海峡两岸暨港澳地区与周边经济体、欧美经济体的交流带来冲击，并最终影响和冲击海峡两岸暨港澳地区的政治形势、经济形势和民众心态。海峡两岸暨港澳地区在社会形势上的新变化、新调整必然影响到四地的旅游应急合作。①

一　政治环境转型及其挑战

香港是一个中西文化融汇的现代都市，经济自由开放，民众思想活跃。中国内地为促进香港经济的发展不时释放红利。但近年来，由于新加坡、上海等邻近城市的竞争，香港经济体的相对优势部分丧失，同时香港经济增长乏力、生活成本高涨，"香港社会贫富差距加大、草根阶层人数增加"②，这种环境导致香港民粹意识的形成和蔓延。2012 年以来，部分港人与内地游客之间发生了多起冲突事件，对香港与内地关系及"一国两制"的实施产生了不利影响。从发生这些冲突事件的原因来看，除了因地域不同导致的偏见外，香港部分民众对内地民众的负面情绪还包含了政治因素。③ 2014 年 9 月 28 日，部分香港民众和许多香港青年学生开始了持续79 天的非法"占中"行动，并提出诸多有悖于"一国两制"主旨要义的不现实的政治诉求，这一规模性的社会运动不仅对香港今后的法制治理带来新的挑战和难题④，也使香港与内地之间的互信与合作的深化受到影响。香港规模性社会运动的再现既与香港自身治理矛盾有关，也有来自内地崛起的影响和冲击。香港系列社会运动中民众的话语诉求折射出香港本土民众对"一国两制"现状与前景的焦虑与不安。⑤ "一国两制"的顺利实施是保障中国内地和香港继续深化合作的基础，如何处理好中央与特区政府

① 谢朝武，陈岩英，李月调．海峡两岸暨港澳地区旅游业融合发展研究 [J]．西南民族大学学报（人文社科版），2016（10）：124 – 129.
② 朱世海．香港社会中民粹主义的影响、成因及消解 [M]．中国社会主义学院学报，2011（3）：62 – 66.
③ 孟庆顺．内地、香港民众冲突与"一国两制"实施中的问题 [J]．当代港澳研究，2013（1）：97 – 105.
④ 李晓兵．2014 香港重大法治事件：曲折中前行 [N]．法制日报，2015 – 01 – 20.
⑤ 李敢．如何化解香港规模性社会运动难题：国家与社会关系的分析视角 [J]．华侨大学学报（哲学社会科学版），2014（3）126 – 128.

间的关系、特区政府与香港民众的关系、中央政府与香港民众的关系、内地民众与香港民众的关系，如何使国家和地区在基本价值观一致基础上在未来发展方向方面达成共识，这是内地与香港在合作发展中面临的重要挑战，也是两地旅游应急合作必须面对的政治环境。

澳门自回归后，全面贯彻实施"一国两制"的治理精神。根据《中华人民共和国澳门特别行政区基本法》，澳门的"行政主导体制"得到较好的实施，立法与行政间的配合度较高。澳门虽然存在少量的反对派议员，但极端和激进的政治理念在澳门缺乏民意土壤，因此澳门拥有较为稳定的政治环境。① 此外，爱国社团在澳门社会治理和政治稳定中发挥了重要作用。② 这些都为中国内地和澳门旅游业的交流发展提供了良好的政治环境，内地也一再为澳门输送经济红利，支持澳门旅游经济的发展。总体上，中国内地和澳门的旅游应急合作具有较好的背景条件。但是，香港的部分激进分子和激进媒体一直试图影响澳门的政治生态，试图推动澳门反对派的成长，如何应对这些可能的变化应该纳入两地的战略考量。

台湾与祖国大陆存有复杂的政治关系。台湾是实行多党政治的地区，以国民党为首的蓝营和以民进党为首的绿营多年来纷争不休。一方面，国民党坚持以"九二共识"为基础来处理台湾与祖国大陆的关系，民进党则在2016年总统大选前刻意模糊两岸政策，但两党均无法回避两岸议题。2016年，民进党击败国民党获得执政地位，民进党回避"九二共识"议题，并采取了一系列"去中国化"的举措，对两岸努力已久的旅游交流带来严重的负面影响，大陆赴台旅游人数急速下滑，这也将对两地旅游突发事件的应急处置工作带来挑战。

二 经济发展转型及其挑战

香港受经济危机、邻近城市竞争等各种因素的影响，其经济总量优势趋于下降，原有的全球经济、金融、航运中心地位也有所弱化。而中国内地近年经济高速发展，与全球的资金交流更加畅通、商品贸易更加自由化，对香港的经济、金融、航运和制造业都造成了一定的冲击。在这种背

① 郝建臻. 港澳政治生态比较研究 [J]. 中国政法大学学报, 2013 (5): 95-103.
② 林伟. 澳门社团政治功能研究 [J]. 岭南学刊, 2012 (4): 121-124.

景下，香港的经济结构将面临越发单一的发展趋势，而香港金融地产主导经济体系使香港的物价和房价不断攀高，加大了港人的生活经济负担。按照香港特别行政区政府统计处 2017 年 6 月公布的信息，香港的基尼系数达到了 0.539，是过去 46 年来的最高水平，香港贫富差距进一步拉大。一段时间以来，香港经济的年度增长率仅为 2% 左右。[①] 香港的地产霸权也使香港难有创业空间，而内地新移民、内地人士在港投资（投机）炒房，内地游客大量涌入香港，都使香港的房价和物价继续高涨，进而引起了部分香港民众的仇视。香港经济转型中的这些矛盾将给内地与香港的旅游市场带来负面影响。如何充分利用旅游业振兴香港经济，改善内地赴港游客面临的冲突环境和降低风险，成为内地与香港旅游合作的主要挑战。

澳门的产业结构经历了 20 世纪 90 年代的房地产泡沫、制造业竞争优势丧失、2008 年亚洲金融危机等因素的冲击，其本来的四元经济产业结构转变为现在以旅游博彩业为主导的单一经济产业结构，这种过于单一的产业结构加大了澳门经济发展的不稳定性和脆弱性，澳门抵抗经济波动和风险的能力大大降低，这无疑成为澳门经济可持续发展的最大隐忧。[②] 同时，澳门经济对外依存度很高：一方面，其作为龙头产业的旅游博彩业有 80% 以上的客源来自内地和香港，单一的客源结构给澳门旅游博彩业的成长带来了较高的不确定性；另一方面，澳门物流和航空业过于倚重台湾。但在 2008 年，海协会和台湾海基会签订了海峡两岸"海运直航、空运直航、直接通邮"协议，这使澳门失去了作为海峡两岸客货中转地的地位，给澳门的物流业和航空运输业造成了很大的冲击。[③] 在这种背景下，内地旅游政策的稍加变化、其他国家或地区的竞争、新一代游客出游意愿的改变等，都可能会使澳门经济发展受到巨大影响。同时，伴随着澳门博彩业的兴旺，伴生的社会治安问题也给澳门的旅游安全带来一定挑战。

台湾近年来的经济状况在岛内饱受诟病，台湾社会面临贫富差距扩大、房价高涨、青年就业困难等重重社会矛盾。民进党执政后强行推动"一例一

[①]　施济津等 . 2017，香港沦为"二线城市"？[J]. 产业，2014（09）：52.

[②]　杨骏，查方勇，陈志钢 . 澳门旅游业适度多元化发展途径探析 [J]. 乐山师范学院学报，2011，（1）：78.

[③]　付金梅，刘超 . 两岸大三通背景下澳门的挑战与对策 [J]. 华东经济管理，2014（4）：40 – 41.

休"政策，造成劳资双方的不满并间接导致物价上涨。民进党当局推动的"年金改革"也引起军公教团体的强烈不满，从而造成严重的社会纷争。2016 年，由于大陆赴台游客人数急速下滑，台湾旅游经营者的业务状况受到较大影响，部分景区出现门可罗雀的现象，有媒体将台湾观光产业形容为"观光惨业"。由此可见，两岸关系的波动和台湾岛内社会矛盾的激化将不仅使两岸经济的制度化合作受到负面影响，也会给两岸旅游领域的合作带来一定的挑战。

三 民意观念转型及其挑战

自 2003 年"内地居民赴香港自由行"政策实施以来，内地访港游客从 2004 年的 1120 万人次增加到 2014 年的 4724.77 万人次。其中，2013 年内地赴港自由行的人数达到 2746 万人次，是 2004 年的 6.4 倍。[①] 但内地游客剧增在给香港旅游外汇收入做出巨大贡献的同时，也对香港物价、城市环境等造成了一定压力，部分香港民众认为内地民众占用了香港公共资源，产生不满情绪甚至仇视心理，并对内地游客进行语言和暴力攻击。2012 年 1 月，一内地儿童在东铁进食引起"火车内骂战"，随后北京大学教授孔庆东差评港人素质等事件引燃香港与内地民众间的对立情绪，部分香港民众对内地游客的不满情绪开始集中爆发。部分港人在内地游客集中区域高唱《蝗虫天下》的歌曲并进行"快闪演出"，并在报纸上刊登反"蝗"、反"双非"的广告。[②] 这种冲突情绪在网络平台和现实世界中交互影响、交互升腾，无疑将会影响到香港在内地游客心中的形象，加剧两地的民意冲突，更会增加内地游客赴港旅游时的心理负担。

相比之下，澳门的民意环境更为温和。澳门自回归祖国后，按照《中华人民共和国澳门特别行政区基本法》进行社会治理，中国内地和澳门两地关系从"一国两制"的政治和解延伸到文化认同，两地民众的社会认同度也比较高。在网络平台、报纸媒体、口碑传播中，中国内地和澳门民众均具有较为稳定和缓的舆论情绪。中国内地和澳门的旅游合作既有经济成效，也具有较好的民意基础，两地并不存在过激的冲突情绪和民意挑战。

---

① 环球网评论：http://opinion.huanqiu.com/opinion_china/2015 - 03/5865856.html
② 孟庆顺.内地、香港民众冲突与"一国两制"实施中的问题 [EB/OL]. 中国政宪网，ht-tp://www.calaw.cn/article/default.asp?id=9448，2015 - 06 - 10

台湾的多党政治和规模庞大的电视媒体对台湾的民意和舆情具有重大影响。台湾地区的党派纠纷、政治游行、言论攻击等行为较为常见，各政党为了自身的利益经常相互批判。电视媒体开设了大量政论节目，电视评论员习惯于以"语不惊人死不休"的态度来发表言论，以提升个人知名度和电视收视率，而负面情绪、负面解读、负面评价等民粹主义说法更容易获得认同，这对民意舆情具有广泛的影响。其中，针对陆客赴台及其影响进行的政策辩论和党派攻讦也曾出现，台湾的"公投护台湾联盟"甚至直接到台北故宫围攻大陆游客以彰显自己的政治主张。2016 年 7 月 19 日，因司机故意纵火，一大陆旅游团乘坐的汽车发生严重的火烧车事故，造成包括 24 名大陆游客在内的 26 人死亡。① 应该看到，大陆赴台自由行的开放对台湾地区的社会安全管理提出了更高的要求。大量自由行游客深入台湾的各大景区和乡村旅游点，对台湾地区的社会治安管理将形成挑战。② 同时，"非传统安全问题"也随大陆居民赴台游的发展而不断出现，这都需要台湾和大陆有关部门共同协商应对。③ 从民意态度来看，一般民众和旅游业的从业人员对开放大陆居民赴台旅游持正面态度。但是，相当部分的台湾民众尤其是新生代台湾民众对近在咫尺的大陆并不了解，而大陆日益增强的经济实力和产业竞争力对台湾造成了不小的压力，因此引起了部分台湾民众的防备心态。

第二节　旅游产业转型对旅游应急合作的挑战

中国出境旅游的快速发展是中国旅游业近年来的重要趋势，中国内地出境旅游市场逐渐成为全球出境旅游市场中的重要板块。在中国出境旅游市场的发展过程中，中国出境游客的规模不断攀升，中国出境游客的旅游要求越来越高，维权意识越来越强。这些新形势、新现象不仅改变了世界各国对中国游客的传统观念，也冲击和影响着香港、澳门、台湾等三地的

① 凤凰网. 台湾旅游大巴火灾系司机纵火. http://news.ifeng.com/a/20160911/49951002_0.shtml，2016 – 09 – 11
② 杨松华. 客流规模急剧增长背景下的赴台旅游安全管理研究［D］. 华侨大学硕士学位论文，2013.
③ 王鸿志. 台湾开放大陆居民赴台旅游政策演变评析［J］. 两岸关系，2008（4）. 12 – 16.

旅游产业，并给海峡两岸暨港澳地区的旅游应急合作带来挑战。

一 产业阶段的转型及其挑战

中国政府大力推动旅游产业向全域旅游和大众旅游转型发展，旅游活动日常化、旅游活动参与全民化是大众旅游与全域旅游时代的重要标签，它意味着旅游市场将空前扩大、旅游范围将空前扩展、参与主体将空前多元化，同时旅游风险环境也将更为复杂，发生旅游突发事件的压力将不断增加。在大众旅游和全域旅游时代，人人都是旅游者、人人都可能是旅游服务者、人人都有可能成为旅游管理者，整个旅游系统被空前扩展，这不仅要求增加各类服务设施，更要求各类服务与保障能力从体系上系统增强。面对持续扩大的市场与不断增加的旅游风险，强化旅游安全保障工作、建设旅游安全保障体系成为大众旅游和全域旅游顺利推进的必要举措。建立有效的旅游安全保障体系是旅游业安全发展的基础。强化旅游安全保障工作、促进旅游安全保障体系建设是我国大众旅游时代和全域旅游时代对旅游业提出的新要求与新期望，也是海峡两岸暨港澳地区旅游业都需要引起重视的战略议题。

从现实来看，我国当前的旅游安全保障要素与大众旅游时代和全域旅游时代的发展要求还存在差距。我国旅游安全保障服务的发展观念、保障要素类型数量及质量水平和供给模式等还存在需要提升的地方，我们还不能满足全域旅游时代游客的多层次安全需求，从国家到地方的旅游安全保障体系还需要更新和升级。在港澳台等地区，中国内地游客是其主要的入境旅游客源地，但港澳台三地并没有完全建立起服务中国内地游客的旅游安全保障要素体系，旅游安全保障的语言、要素、理念、方式等没有根据主要客源地的需求进行结构性的改革。因此，推动海峡两岸暨港澳地区的旅游应急合作，强化旅游安全保障要素的体系化建设，是海峡两岸暨港澳地区应对旅游产业客源体系转型的重要基础工作。

二 产业规模的转型及其挑战

中国内地游客出境旅游市场的成长是港澳台三地旅游业的福音，但游客规模短期内的过快扩大可能使港澳台三地缺乏缓冲调整的时间，当旅游业的某些环节并不能承载该数量规模的游客时，可能使整个旅游供给和接待系统面临巨大压力。通常健全而稳定的旅游供给系统是保障游客安全的基础，它直接关系到旅游业的安全发展和健康运行。脆弱的供给能力则可能隐藏风险因素，并有可能在最薄弱的供给环节爆发安全事故，危害游客人身财产安全。

港澳台同为海岛型旅游地，三地都面临着生态环境脆弱、水体污染、交通瓶颈、旅游用水供需矛盾、人员设施供需矛盾等典型的发展海岛旅游的制约因素。[①] 作为岛屿型旅游目的地，港澳台三地的旅游供给的有限性比一般旅游目的地更为突出。而近年来，港澳台一方面逐步开放内地游客自由行，另一方面还不断开拓国际旅游市场，因此不仅内地游客急剧增长，其他地区的游客也呈增长态势。在这种背景下，港澳台的旅游供给和接待能力都受到了不小的冲击，并短期内造成了突出的供需矛盾。

反观中国内地，在主要黄金周和节假日，游客集中出游导致一些景区游客爆满，从而引起交通事故、拥挤和踩踏挤压事故等突发事件的情况也不鲜见。旺季旅游时段的超负荷接待可能导致旅游设施设备长时间疲劳运作，缺乏相应的安全检修与保养；旅游从业人员的高强度工作也经常导致各种人员安全事故。可以说，海峡两岸暨港澳地区的旅游业都存在供给和需求不能完全匹配的矛盾，这种求大于供的矛盾在旅游旺季尤其突出，这对海峡两岸暨港澳地区的旅游安全管理提出了严峻的挑战。

总体上，海峡两岸暨港澳地区都采取了积极的管控措施以应对剧增的旅游客流，并在局部地区取得了切实的成效。但由于各地的旅游客流经常在短期内集中释放，它所形成的集中压力常导致各种旅游突发事件，给海峡两岸暨港澳地区的旅游应急形势带来了较大的挑战。因此，海峡两岸暨港澳地区旅游业应该共同化解旅游供需矛盾，提升各自旅游业的旅游供给水平。一方面，内地应该与港澳台旅游部门做好政策协调工作，推动游客休假制度改革，合理调节旅游客流规模和客流走向，促进赴港澳台客流结构与客流层次的优化。另一方面，港澳台方面应该实实在在地加强旅游业的供给能力，既要保障旅游业的有效接待水平，也要推动旅游资源的合理开发和建设，避免超负荷接待、过度开发和不合理开发等导致的安全隐患和事故。

---

① 陆林. 国内外海岛旅游研究进展及启示 [J]. 地理科学，2007 (4) 579–585.

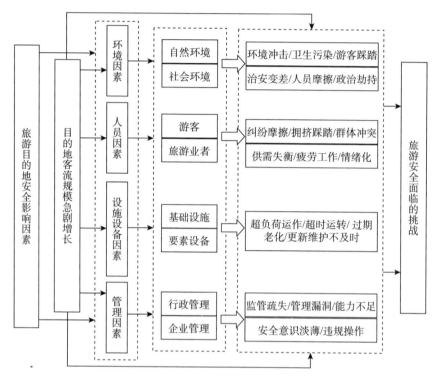

图 2 - 1　客流剧增对旅游安全形成的影响结构

资料来源：谢朝武，杨松华. 大陆居民赴台旅游的安全挑战及两岸的合作机制研究 [J]. 华侨大学学报，2014（4）：38 - 47.

三　产业需求的转型及其挑战

中国经济的增长和民众收入水平的提高推动了中国旅游业的高速发展，中国的出境旅游也进入快速发展轨道。根据世界旅游组织的统计数据，中国的出境旅游消费规模在 2012 年就已经位居世界第一，这使中国游客成为世界各国和各地区争相抢夺的重要客源市场。目前，全世界共有 50多个国家和地区对中国给予免签待遇，澳大利亚、新西兰、韩国、新加坡等国家对中国游客开放在线申请签证，英国向中国游客推出了两年多次入境签证，许多欧洲国家也简化中国游客的签证程序。在这种背景下，中国出境旅游目的地的版图不断扩大，出境范围不断拓展，中国游客在大规模的出境旅游潮中不断走向成熟，他们对旅游地的资源质量、服务质量、综合氛围、好客程度有了越来越高的要求。在前往香港、澳门、台湾三地的中国内地游客中，很多游客是多次前往，他们对港澳台三地旅游业的服务与接待质量也有较高的期望。中国内地游客旅游要求的持续提升对港澳台三地旅游业将是持续的压力与挑战。

与此同时，随着青年游客群体的崛起，游客的旅游偏好也在逐渐发生转型。例如，受益于大众旅游的兴起，中国探险旅游的发展速度越来越快，项目类型越来越丰富，参与者规模越来越大。但是，广大探险旅游者的探险素质没有跟上产业发展的步伐。这突出表现为探险参与者安全意识薄弱、探险素质不高。探险游客的盲目自信与侥幸心理一直都广泛存在，这是诱发事故的个体因素。部分游客群体普遍存在对探险路线及周边风险缺乏系统认知、没有学习和掌握必备的生存知识和技能、对于医疗包等基本应急物资储备不全的问题。在旅游过程中，忽视风险提示和工作人员的提醒，为了盲目追求刺激，甚至采取鲁莽的举动，以致事故面前无能为力，只能等待救援。与有计划、有组织、有保障、有能力的旅游探险活动相反，部分参与者将探险旅游作为勇敢者肆意妄为，无组织、无纪律的冒险游戏，他们提倡"不走寻常路"，"明知山有虎，偏向虎山行"，由此引发的探险旅游事故频频发生，并常引发网络热议。可以说，探险旅游参与者的安全意识薄弱、安全技能不足和违规探险行为，是导致各类探险旅游安全事故发生的主要原因。[①]

四　游客观念的转型及其挑战

中国游客走出国门是中国发展水平提高的标志，也是提升中国民众软实力的重要途径。由于"零负团费"的现象难以杜绝，组团旅行社在组团时给予游客较高标准的承诺，但地接旅行社往往无法兑现，甚至一定比例的旅游团需要增加自费旅游项目和购物项目，来维持和平衡地接社和导游人员的收益水平。这种结构性硬伤的存在导致大量出境游客不满地接社的接待服务，在旅游过程中常常发生游客与导游服务人员的摩擦、纠纷、冲突。例如，2010 年 5 月 22 日，一湖南游客在香港旅游时因强迫购物发生争执导致心脏病发猝死；[②] 2015 年 10 月 20 日，一黑龙江男性客人在香港

---

① 谢朝武，张江驰. 探险旅游应强化综合管理［N］. 中国旅游报，2017 - 10 - 16.
② 旅游局：严查游客香港购物猝死事件［N］. 新京报，2010 - 06 - 04：A04.

随团旅游时因调停购物冲突被围殴致死。[①]

面对各种不合理现象，中国内地游客的维权意识不断增强，维权的手段和方式也五花八门，个别激进的游客和旅游团常采取一些过激的行为方式，以争取自己的权益。如游客感觉旅游达不到组团社承诺要求退钱、在飞机上拒下飞机、因等候时间过长拒上飞机、因天气调整航程拒绝下船等，"旅闹"现象层出不穷。"旅闹"等过度维权现象在出境旅游中甚至成为一种"文化"，这不仅与游客行为有关，更与旅游团的组团机制和利益分配机制有关。中国内地游客不断提高的维权意识应该引起四地旅游业界的反思，四地旅游业界应该积极改变行业习惯和组团运作机制，将维权冲突消灭在萌芽状态，这是海峡两岸暨港澳地区旅游业面临的共同挑战。

第三节　旅游应急治理转型对旅游应急合作的挑战

海峡两岸暨港澳地区的旅游应急合作由于跨境的特殊性，组织管理难度比较大。不同的地区、不同的体制可能会导致合作双方的思路、观点不一致。在应急合作中，海峡两岸暨港澳地区旅游业还面临受害游客群体化、风险来源复杂化、安全形势国际化、应急舆情网络化等新形势。海峡两岸暨港澳地区旅游业必须因应旅游应急形势的变化趋势，以保障游客安全为导向，协商确定更符合当前形势的旅游应急合作机制和模式。

一　旅游安全格局的转型及其挑战

在全球化时代，区域旅游的安全与应急形势广泛地受到国际安全形势的影响。疾病疫情的传播、恐怖分子的恐怖袭击活动、自然灾害的跨区域影响、经济危机对旅游意愿的影响等，都越来越具有国际性，很多重大涉旅突发事件的发生都产生了国际性影响，并导致国际旅游路线产生综合改变。例如，韩国的中东呼吸综合征（MERS）疫情属于国际输入性疫情，该疫情从 2015 年 6 月开始暴发，一直到 10 月都没有完全结束，重创了韩国旅游业，中国和周边国家赴韩国游客数量迅速减少。同时，近年来国际

---

① 游客被殴致死　港警拘捕 4 人［N］. 新京报，2015 - 10 - 21：A17.

恐怖主义活动频繁发生，对旅游业产生了极为恶劣的影响。2015 年 8 月 17 日，泰国曼谷商业中心拉差巴颂路口发生爆炸，导致 22 人死亡、百余人受伤①，遇难人员中包含 3 名中国游客，这一事件对中国游客赴泰旅游和出境旅游均造成了不小的冲击，影响了中国游客的旅游意愿。可见，旅游安全形势的变化，会加剧海峡两岸暨港澳地区旅游风险的复杂程度，给四地旅游业的风险与应急管理带来挑战。

在旅游风险全球化的时代背景下，海峡两岸暨港澳地区应该建立全方位的旅游应急合作机制。但从海峡两岸暨港澳地区旅游应急合作的现有架构来看，中国内地与香港、澳门仅达成了粤港、粤澳间的应急合作协议，大陆与台湾间只形成了《海峡两岸旅游安全突发事件合作处理共识》，这种现状显示出海峡两岸暨港澳地区的旅游应急合作存在下列局限。第一，海峡两岸暨港澳地区的基础性应急体系还处在发展过程中，四地都没有形成系统化、现代化的旅游应急工作体系，没有形成应急预防预备、应急监测预警、应急处置救援和应急恢复与重建等完整的应急机制和工作体系。第二，中国内地与港澳间缺乏正式的面向旅游安全与应急工作的合作协议，中国内地与港澳旅游业在应急预警、应急响应、应急处置、应急沟通和信息共享等方面还缺乏完整的法律与机制基础。第三，祖国大陆与台湾间缺乏旅游应急合作的正式协议，两岸的旅游应急工作还停留在共识或倡议层次，应急合作的法律与机制基础有待夯实。第四，缺乏整合海峡两岸暨港澳地区的共同的旅游应急合作政策。海峡两岸暨港澳地区旅游业其实是一个整体，四地需要有更稳固、更协调、更顺畅、更统一的旅游应急合作机制，这对于四地旅游业的共同发展具有重要意义。同时，海峡两岸暨港澳地区民众在中国以外区域遭遇旅游突发事件时，也需要合作应对，以共同保障海峡两岸暨港澳地区游客的生命财产安全。第五，海峡两岸暨港澳地区缺乏政府层面以外的旅游应急合作机制，海峡两岸暨港澳地区应该在学界、民间团体、志愿者组织等层面加强合作，并且努力推动商业化旅游应急工作的开展。显然，海峡两岸暨港澳地区在旅游应急合作方面的既有局限层面多，事务复杂，其处理是一个系统工程，需要海峡两岸暨港澳地区各层面机构共同努力。

---

① 盘点泰国爆炸事件：近期发生"六连炸"恐怖袭击 ［EB/OL］. 人民网，http://world.peo-ple.com.cn/n/2015/0818/c1002 - 27478486. html，2015 - 08 - 19.

二 旅游安全风险结构的转型及其挑战

从海峡两岸暨港澳地区发生的旅游突发事件来看，旅游安全风险主要为环境风险、人员风险、设备风险和管理风险，各类风险因素均有复杂的表现和结构，也都造成过重大突发事件。其中，环境风险是海峡两岸暨港澳地区都面临的成因结构最复杂的风险类型。中国内地地域广阔，旅游资源丰富，旅游环境复杂。从旅游突发事件承载环境来看，道路环境风险、水体环境风险表现突出，触发和导致的旅游突发事件较多。此外，由高原气候引起的旅游突发事件占比也较高。由于发展历程还不长，中国内地游客安全意识较弱、文明素质整体有待提升、出游群体日显差异化，这些特点使内地游客赴港澳台旅游发生突发事件的风险增加。港澳台游客赴内地旅游也面临复杂的风险因素，部分游客对内地旅游服务质量的满意度和信任度较低，部分旅游地的基础设施还不完善，这些因素使港澳台游客赴内地旅游发生突发事件的风险增加。具体风险因素见表 2 - 1。

表 2 - 1　海峡两岸暨港澳地区旅游应急合作面临的结构性风险

地区	类型	具体表现
中国内地	游客行为差异引致风险	中国内地游客安全意识相对较弱，游客群体中普遍存在出游前安全准备不足、忽视风险警示、忽视工作人员提醒、盲目单独行动、安全自救能力缺乏等问题。在赴台旅游中，曾有大陆游客不顾风险提示穿越警戒线拍照而被海浪卷走。[①] 赴港澳台旅游的内地游客文明素质良莠不齐，部分游客在港澳台的不文明行为引起了当地民众的反感。2011 年 2 月 8 日，台湾阿里山景区发生大陆游客因不排队抢占小火车座位打架事件，两人受伤，台湾导游头部被热水瓶砸中。[②] 散客化、小规模化、个性化和行为差异化是内地赴港澳台游客的发展趋势，游客群体类型各异、安全偏好迥然、旅游成熟度各不相同，这些特点增加了当地的旅游安全管理难度
	旅游业发展条件局限引致风险	旅游业是综合性产业，旅游产品涉及餐饮、住宿、交通、游览、购物、娱乐等众多领域，各行业存在假冒伪劣、欺客诈骗、罔顾安全、不守诚信等现象，加大了旅游业的消费矛盾和消费冲突等社会风险，使国内民众和境外游客对我国各类产品的满意度和信任度普遍较低。这种社会风险是影响大陆旅游发展和旅游安全管理的重要因素，也将给海峡两岸暨港澳地区旅游应急管理合作带来一定的挑战。 内地旅游基础设施建设还不完善，连接主要景区的交通干线还有待进一步优化；一些县市之间、城乡之间、乡村旅游地区的旅游道路建设水平较低，旅游道路风险较高；中西部旅游城市航空支线缺乏，旅游航线网络还不完善等

续表

地区	类型	具体表现
香港、澳门、台湾三地	旅游市场乱象引致风险	港澳台旅游业在接待内地游客时的"零负团费"现象持续存在，这既跟内地旅行社的组团习惯有关，也跟三地旅游企业的恶性竞争有关。由此导致的市场乱象包括强迫购物、诱导购物、假货欺诈、价格虚高等。台湾甚至出现餐厅回收剩食卖给大陆游客的现象③，香港"反水货客"现象也影响内地客赴港旅游。港澳台三地均面临着整治市场乱象的责任
	旅游业发展条件局限引致风险	香港主要以"购物天堂"的形象定位吸引各地游客，但香港旅游业发展已进入生命周期的"成熟期"，加之香港整体经济低迷、部分港人对内地游客存在不满情绪、旅游景点不足等限制，内地赴港游客人数出现下降趋势。 澳门旅游产业结构单一，旅游博彩业是澳门的龙头产业，澳门多元文化的开发和景点配套一直没有起色，入境客源没有实现多元化。澳门填海造地也有导致澳门海域污染加剧、沿岸滨海湿地防灾减灾能力降低等环境隐忧。 中国大陆赴台旅游人数从 2008 年的 32.92 万人次增长到 2014 年的 398.72 万人次。赴台旅游突发事件发生频率也较港澳两地更高，造成的人员伤亡和游客财产损失更加严重。大陆游客赴台旅游面临的安全形势更为严峻

　　资料来源："帕布"台湾掀大浪　重庆十八中一教师被卷走［N］. 2007 - 08 - 09. 大陆游客抢乘台湾阿里山小火车大打出手［N］. 重庆晚报，2011 - 02 - 10. 台湾知名餐厅回收剩菜卖给陆客. 文汇网：http：//news. wenweipo. com/2013/01/09/IN13010 90031. htm，2015 - 06 - 10.

　　从本书的统计数据来看，在赴港澳台旅游活动中，雨、雾、台风等引发的大气环境风险占据高达七成的比例，其中台风的分布占比达五成；道路环境风险的触发比例位居第二。以台湾为例，台湾作为海岛型旅游地有着异常优美的自然风光，但台湾处于地震多发地带，许多环海盘山公路容易塌方，部分山地景区的通行道路路窄、坡陡、弯急，极易发生交通安全事故。受台风和地震等多重因素的影响，台湾的山地景区和山地道路容易发生山体滑坡、泥石流等自然灾害。因此，自然灾害发生时游客群一旦受困就易造成较大的伤亡。在环境风险的影响下，港澳台三地的旅游安全预警与救援都是需引起重视的管理难题。①

　　从港澳台方面的市场风险来看，随着内地赴港澳台旅游人数呈几何倍数的增长，港澳台旅游市场出现一些乱象，由于当地民众在旅游业发展中的经济收益出现不均衡现象，内地游客赴港澳台旅游从侧面激化了港澳台的社会矛盾。同时，港澳台三地为加强旅游接待能力，不断推动旅游地的

---

　　① 谢朝武，杨松华. 大陆居民赴台旅游的安全挑战及两岸的合作机制研究［J］. 华侨大学学报，2014（4）：38 - 47.

开发建设，但三地在旅游客源上又过度依赖内地市场，内地出境旅游的波动会对三地旅游业造成影响，这对港澳台三地旅游业的发展无疑是一个隐忧。这些因素是海峡两岸暨港澳地区旅游安全应急合作中面临的重大挑战。

三 旅游突发事件伤害结果的转型及其挑战

旅游突发事件高发已经成为四地旅游业发展中的新常态，不仅有大量旅游突发事件影响个体游客，也有大量旅游突发事件影响群体性游客，造成游客的群死群伤，从而使旅游突发事件伤害结果呈现群体化现象。2010 年 10 月 21 日，台风"鲇鱼"导致苏花公路塌方，30 多辆旅游车、249 名大陆游客遭到围困，最终造成 2 名大陆领队和 18 名大陆游客不幸罹难。[①] 2011 年 4 月 27 日，台湾嘉义阿里山小火车翻车事件，致使 5 名大陆游客死亡、100 多名游客受伤。[②] 2011 年 8 月 15 日，台湾旅游团在吉林发生交通事故，造成台湾游客 4 死 5 伤。[③] 2012 年 2 月 17 日，因为司机超速驾驶，大陆京剧交流团游览车在花莲遭遇翻车事故，造成 32 名大陆旅客受伤。[④] 2014 年 5 月 23 日，一台湾旅游团在福建漳州市发生交通事故坠入九龙江，造成台湾游客 7 人死亡、11 人受伤。[⑤] 2016 年 7 月 19 日，台湾桃园的游览车失火案造成 24 名大陆游客、1 名导游和 1 名司机死亡。[⑥]

需要引起重视的是，旅游突发事件不仅可能造成群体性伤害，部分事件还可能对群体性游客的旅游意愿造成整体抑制。例如，从 2015 年 5 月开始，台湾的台南市暴发登革热疫情，随后疫情不断发展，台湾本地游客和大陆游客均不愿前往台南旅游。香港近年来发生的赶客事件也具有群体性，并同样对群体性游客的旅游意愿造成了不良影响。

四 旅游应急舆情的转型及其挑战

网络新媒体打破了传统媒体"一对多"的传播方式，形成了受众与传媒之间"多对多"的传播格局，即时性和互动性成为新媒体时代舆情传播

① 国台办.2010 年处理两岸突发事件的主要情况［R］.2011 年 1 月.
② 王健民."不可抗力"的旅游事故亦需旅企事先警觉［N］.新京报，2011－05－04：A7.
③ 国家旅游局综合司.2011 年旅游突发事件情况［Z］.工作文件，2011.
④ 吴亭.大陆京剧交流团台湾遇车祸 32 伤［N］.北京晨报，2012－02－18：A9.
⑤ 国家旅游局综合司.2014 年旅游突发事件情况［Z］.工作文件，2014.
⑥ 7·19 台湾游览车火灾事故.百度百科，2016－09－11.

两大特性。但是，海峡两岸暨港澳地区的新媒体发展还不规范，一些新闻媒体因缺乏专业精神而作出倾斜报道，突发事件带来的危机感和紧迫感易引发公众的非理性情绪，并借助网络媒介匿名发布讨论和评价，致使网民社会责任感弱化，在高度同质化的网络空间易形成网民群体极化效应。此外，一些标新立异者可能将网络造谣当成言论自由，甚至一些不法分子利用网络新媒体散布谣言，刻意激化社会矛盾。在当下这种复杂的网络舆情环境中，一旦发生舆情危机事件，旅游主管部门和旅游行业将面临巨大的挑战，此前就有有关地方和部门在应对舆情危机时出现应对办法捉襟见肘、面对公众屡屡犯错、回应效果适得其反等现象。[①]

从技术基础来看，互联网技术的发展和移动手机平台的应用彻底改变了信息与舆情传播机制。在移动互联网时代，民众可以借助手机平台迅速地发布自己想发布的各类信息。所传播的网络信息借助微博、微信等传播媒介可以迅速接入大众传播平台，如果该信息具有引起民众关注的痛点，就极有可能在很短的时间内发酵放大，并借由大众的关注改变突发事件的处置背景。[②] 例如，2015年国庆黄金周的"青岛大虾"事件，借助微博平台迅速传遍各类网络媒介，这一天价宰客事件重创青岛的旅游形象，山东省的"好客山东"形象也近于崩解。旅游应急舆情与传播的网络化改变了旅游突发事件处置的舆情环境，也影响到利益相关者的力量格局。在这样的传播环境中，突发事件的来龙去脉、事件成因、涉及人员、危害结果、赔偿方案等，都会在网络世界的群体关注中被放大观察，因此也容易引起民粹式的激烈情绪。例如，2012年1月，北京大学教授孔庆东在网络电视台《孔和尚有话说》中说"香港人是中国素质最差的人"，这一言论引起了港人的公愤，也引燃了香港与内地民众间的对立情绪。[③]

随着移动互联网技术的进一步发展，网络舆情的传播速度进一步加快，传播模式和机制也将不断衍生变化。由于信息的进一步透明化，社会大众不仅可以更为快速和清晰地了解事件的原委，舆情事件所反映的问题

① 谢朝武，李月调. 做好政务舆情回应是管理部门的必修课 [N]. 中国旅游报，2016 – 09 – 02.

② 谢朝武. 旅游应急管理 [M]. 北京：中国旅游出版社，2013：36.

③ 孟庆顺. 内地、香港民众冲突与"一国两制"实施中的问题 [EB/OL]. 中国政宪网，ht-tp://www. calaw. cn/article/default. asp?id = 9448，2015 – 06 – 10

结构也会影响游客的出游意愿和旅游行为。例如，香港 2014～2015 年发生的部分港人冲击内地游客事件、台湾 2016 年发生的游览车火烧车事件，在一定程度上影响了内地、（大陆）游客的旅游意愿。在现有的技术条件下，海峡两岸暨港澳地区任何的风吹草动都可能引起四地民众的围观，这要求海峡两岸暨港澳地区都能建立起迅速、透明、有效的舆情沟通机制。

第三章

海峡两岸暨港澳地区旅游突发事件的特征机理

我国地理范围十分广阔，各地旅游突发事件的风险成因具有复杂性和特殊性。为科学认知我国海峡两岸暨港澳地区的旅游突发事件风险，本书对我国海峡两岸暨港澳地区旅游突发事件的伤亡规模、成因结构及其地理表现进行了机理分析，同时按照港澳台游客赴内地旅游、内地游客赴港澳台旅游等旅游形式，分别探索海峡两岸暨港澳地区旅游突发事件的发生特征。我国从2010年开始推广旅行社责任保险统保示范项目，该项目的出险案例数据基本上代表了我国旅游安全事故和旅游突发事件的发生水平。因此，本书从旅行社责任保险统保示范项目出险案例数据中分离出其中达到旅游突发事件标准的案例数据，用以统计分析港澳台游客赴内地旅游、内地游客赴香港旅游、内地游客赴澳门旅游、大陆游客赴台湾旅游的旅游突发事件发生特征。由于港澳台游客赴内地旅游的突发事件数量较少，因此本书还根据《旅游突发公共事件应急预案（简本）》的标准，基于百度、谷歌等网络搜索平台搜集了部分案例数据，对案例数据进行了信息解构和编码转换。本书根据《中华人民共和国突发事件应对法》，将旅游突发事件分为事故灾难、公共卫生事件、自然灾害和社会安全事件四类，并参考国家旅游局发布的《旅游突发公共事件应急预案（简本）》，将旅游突发事件级别分为重大（Ⅰ级）、较大（Ⅱ级）和一般（Ⅲ级）三个等级。

第一节 港澳台游客赴内地旅游突发事件的发生特征与机理

香港、澳门和台湾是中国内地重要的入境客源市场，对中国内地入境旅游业的发展具有重要意义。本节基于港澳台游客赴内地旅游突发事件案例，通过对案例的分解、编码和数据统计，来阐明港澳台游客赴内地旅游突发事件的发生特征，为认知港澳台游客赴内地旅游的突发事件状态提供依据。

一 数据来源与研究方法

（一）数据来源

本书根据《旅游突发公共事件应急预案（简本）》的标准，依托国家旅游局的旅游突发事件年报数据、旅行社责任保险统保示范项目的出险案例数据和从百度、谷歌等搜索引擎中提取的突发事件案例数据，共提取2008年至2014年间港澳台游客赴内地旅游的突发事件51起。其中，网络数据来自纸质媒体的网络版本，或者该案例经过两家以上主流网站发布。本书基于这51个案例数据构建了港澳台游客赴内地旅游突发事件案例信息数据库。

（二）数据编码

本书对案例数据进行了信息解构和编码转换，信息分解和统计分析所涉及的变量主要包括事件类型、事件级别、时空因素、人员因素、伤亡规模等。其中，根据《中华人民共和国突发事件应对法》将事件类型分为事故灾难、公共卫生事件、社会安全事件和自然灾害四类；参考《旅游突发公共事件应急预案（简本）》将事件级别分为重大旅游突发事件（Ⅰ级）、较大旅游突发事件（Ⅱ级）和一般旅游突发事件（Ⅲ级）三个级别；将事件所造成的死伤人数合并作为伤亡规模进行分析。①

（三）研究方法

本书主要采用了列联表卡方检验方法来开展研究。该方法常用来检验离散变量的名义变量和有序变量间是否存在相关关系，是以卡方（χ^2）分布作为基础的一种非参数检验方法。卡方检验通常会与残差分析结合进行，在卡方值具有统计显著性的前提下，再通过残差分析来检验各单元

---

① 谢朝武，申世飞. 旅游地环境风险对中国旅游突发事件的影响及区域分布研究 [J]. 地理科学进展，2013（3）：455 - 464.

格的状况。通常，如果调整后残差（Adjusted Residual，AR）的绝对值大于 1.96 时，表明该分类在 P < 0.05 的显著水平上具有显著差异。[1] 卡方检验常用于检验一定显著水平上多个样本之间的差异度，其 χ^2 值的计算公式为[2]：

$$\chi^2 = \sum \sum \frac{(f_0 - f_e)^2}{f_e} \tag{1}$$

式中：f_0 为观察次数，f_e 为期望次数。若样本含量小于 40 或单元格的理论频数 T < 1 或 T < 5 的格子数超过 25% 时，则应考虑使用 Fisher 精确概率法。

二　港澳台游客赴内地旅游突发事件的类型结构与分布

通过对 2008 ~ 2014 年港澳台游客赴内地旅游突发事件进行统计分析发现，共有 51 起事件达到旅游突发事件标准，每起事件造成至少 1 人重伤或 10000 元以上财产损失。为了具体了解港澳台游客赴内地旅游突发事件的类型结构，本书对这些事件的主要类型和级别类型进行统计分析。

1. 港澳台游客赴内地旅游突发事件的类型分布

本书首先对各类旅游突发事件的主要类型分布进行描述性统计。研究中调用了 SPSS 19.0 中的频数统计模块，经统计分析发现：事故灾难发生 38 起，占比 74.5%；公共卫生事件发生 10 起，占比 19.6%；自然灾害发生 2 起，占比 3.9%；社会安全事件发生 1 起，占比 2.0%。可见，事故灾难占据绝对比重。统计数据表明，港澳台游客赴内地旅游的事故灾难呈现较多样的分布类型，其分布依次表现为交通安全事故、意外摔倒、涉水事故、踩踏挤压事故、坠落事故和动物袭击等类型。其中，交通安全事故高达 24 起，占比 47.1%，所占比例最高，意外摔倒居次占比 6 起，占比 11.8%。公共卫生事件的事件亚类主要由猝死、个人疾病和其他卫生事件构成，分布特征相对简单，猝死和个人疾病是较为常见的表现类型，它们合计占比 14.7%。自然灾害的常见事件亚类为冰雪灾害和其他自然灾害，分别发生

①　Haberman，S. J.，The analysis of residuals in cross-classified tables. *Biometrics*，1973，29（1）：205 - 220.

②　邱皓政. 量化研究与统计分析——SPSS（PASW）数据分析范例解析 [M]. 重庆：重庆大学出版社，2013.

1起。社会安全事件只表现为抢劫这一个类型，发生1起，占比2.0%（见表3-1）。

表3-1 港澳台游客赴内地旅游突发事件的主要类型分布

单位：起，%

事件类型	事件亚类	事件频数	事件占比	事件类型	事件亚类	事件频数	事件占比
事故灾难	交通安全事故	24	47.1	公共卫生事件	猝死	4	7.8
	意外摔倒	6	11.8		个人疾病	3	5.9
	涉水事故	3	5.9		其他卫生事件	1	2.0
	踩踏挤压事故	2	3.9	自然灾害	冰雪灾害	1	2.0
	坠落事故	1	2.0		其他自然灾害	1	2.0
	动物袭击	1	2.0	社会安全事件	抢劫	1	2.0

本书尝试用以上12种事件亚类的频率进行聚类分析，调用了SPSS 19.0的快速聚类法（K-Means）模块，将聚类划分为高频、中频和低频三个类别，经过二次迭代后，由聚类分析的ANOVA检验结果发现，此次聚类的F值为249.446，Sig.值为0.000，表明其在P<0.001的置信水平下达到显著，具有统计意义（见表3-2）。

表3-2 港澳台游客赴内地旅游突发事件主要类型的ANOVA分析表

	聚类		误差		F	Sig.
	均方	df	均方	df		
事件频率	227.889	2	0.914	9	249.446	0.000

聚类结果表明，在2008~2014年的51起港澳台游客赴内地旅游突发事件中，交通安全事故（47.1%）属于高频事件；意外摔倒（11.8%）和猝死（7.8%）属于中频事件；其余类别的旅游突发事件亚类属于低频事件，在这些低频事件中，涉水事故（5.9%）和个人疾病（5.9%）的发生频率相对偏高。

2. 港澳台游客赴内地旅游突发事件的级别分布

根据国家旅游局发布的《旅游突发公共事件应急预案（简本）》，旅游突发事件的级别被划分为重大旅游突发事件、较大旅游突发事件和一般旅游突发事件。统计发现，在 2008～2014 年 51 起港澳台游客赴内地旅游突发事件中，重大事件、较大事件和一般事件的分布频数分别为 3 起、27 起、21 起，分别占比 5.9%、52.9%、41.2%，可见较大级别事件的分布比例最高，一般级别事件的分布比例居次，重大级别事件的分布比例最低。

从不同级别事件的分布类型来看，当旅游突发事件的严重程度越高，也就是风险等级越高的时候，分布类型表现得越集中化和简单化。在重大级别事件中，事故灾难是唯一的事件类型，发生 3 起，占事件总数的 5.9%；在较大级别事件中，事故灾难和公共卫生事件是两大分布类型，集中表现为事故灾难，达到 21 起，占事件总数的 41.2%；在一般级别事件中，事件分布更具多样化，在四大事件类型中都有突发事件的身影，分布比例最高的依然是事故灾难，公共卫生事件位居第二（见表 3 - 3）。

表 3 - 3　港澳台游客赴内地旅游突发事件的级别类型分布

单位：起

事件类型	事件级别			合计
	重大（Ⅰ级）	较大（Ⅱ级）	一般（Ⅲ级）	
事故灾难	3	21	14	38
公共卫生事件	0	6	4	10
社会安全事件	0	0	1	1
自然灾害	0	0	2	2
合计	3	27	21	51

3. 港澳台游客赴内地旅游突发事件的伤亡分布

根据旅游突发事件导致的最终后果，港澳台游客赴内地旅游突发事件的伤害类型可以分为致死型和致伤型两大类别。本书尝试用以上 51 起旅游突发事件的伤亡规模进行聚类分析，调用了 SPSS 19.0 的快速聚类法模块，将聚类划分为大规模、中等规模和小规模三个类别，经过两次迭代后，由聚类分析的 ANOVA 检验结果发现，此次聚类的 F 值为 217.984，Sig. 值为 0.000，表明其在 $P < 0.001$ 的置信水平下达到显著，具有统计意义（见表 3 - 4）。

表 3 - 4   港澳台游客赴内地旅游突发事件伤害类型的 ANOVA 分析表

	聚类		误差		F	Sig.
	均方	df	均方	df		
伤亡规模	1405.879	2	6.449	48	217.984	0.000

聚类结果表明，在 2008～2014 年的 51 起港澳台游客赴内地旅游突发事件中，有 2 起旅游突发事件属于大规模伤亡事件，具体表现为交通安全事故；有 10 起旅游突发事件属于中等规模伤亡事件，具体表现为交通安全事故；有 39 起旅游突发事件属于小规模伤亡事件，具体表现为比较多样化的事件亚类，都是导致 8 名以下游客伤亡。由此可见，港澳台游客赴内地旅游突发事件游客伤亡数量大部分在 10 名游客以下，只有个别案例出现了 20 名以上的游客伤亡。

（1）致死型旅游突发事件的类型分布

在 2008～2014 年 51 起港澳台游客赴内地旅游突发事件中，事故灾难造成的死亡规模最大，达到 34 人，其中有 9 起造成 1 人死亡、1 起造成 2 人死亡、5 起造成 3 人死亡、2 起造成 4 人死亡，很多事件都是由大巴车司机缺乏专业技能追尾其他车辆、高速公路侧翻、普通公路翻入深沟等原因导致的，具体表现为交通安全事故；公共卫生事件造成的伤亡规模较小，均处于 1 名游客的水平，多是由游客在住宿场所或游览场所突发个人疾病等原因导致的；社会安全事件和自然灾害并未造成致死后果（见表 3 - 5）。

表 3 - 5   港澳台游客赴内地旅游致死型突发事件的类型分布

单位：起，人

事件类型	致死案例频数	规模均值	极小值	极大值	死亡总计
事故灾难	17	2.00	1	4	34
公共卫生事件	6	1.00	1	1	6
自然灾害	0	0	0	0	0
社会安全事件	0	0	0	0	0
总计	23	1.74	0	4	40

（2）致伤型旅游突发事件的类型分布

在 2008～2014 年 51 起港澳台游客赴内地旅游突发事件中，受伤规模巨大且具有高度的集中性，绝对规模的受伤人数集聚在事故灾难上，高达225 人，平均每起事故灾难造成 7.5 人受伤，其中有一起事件造成 38 人受伤，可见还是存在非常大的安全隐患；公共卫生事件受伤人数并不多，只有 4 人，平均每起致伤 1 人；自然灾害受伤人数很少，只有 3 人，平均每起致伤 1.5 人；社会安全事件不存在明显的游客或从业人员受伤情形（见表 3 - 6）。

表 3 - 6　港澳台游客赴内地旅游致伤型突发事件的类型分布

单位：起，人

事件类型	致伤案例频数	规模均值	极小值	极大值	受伤总计
事故灾难	30	7.50	1	38	225
公共卫生事件	4	1.00	1	1	4
自然灾害	2	1.50	0	0	3
社会安全事件	0	0	0	0	0
总计	36	6.44	0	38	232

三　港澳台游客赴内地旅游突发事件的触发因素及其关联关系

　　游客的旅游活动具有异地特征、流动特征和复杂特征，旅游活动的进行涉及时间因素、空间因素、个体因素、环境因素等多种因素。旅游突发事件的发生原因是复杂的，其发生时通常承载于特定的时间、空间、个体和环境，因而与特定的时间因素、空间因素、个体因素和环境因素存在关联性。本书基于 51 起具有典型性的港澳台游客赴内地旅游突发事件，对其触发因素及其关联关系进行统计和检验。

（一）港澳台游客赴内地旅游突发事件的时间特征及其关联关系

　　时间因素具体包括季度、月份等宏观时间和时段、时刻等微观时间。大气环境和景观形态呈现不同的季节变化，使得旅游活动表现出淡旺季差异，这两者相互影响形成游客面临的风险结构，导致旅游突发事件表现出时间节点的差异化分布特征，因此时间因素是引发港澳台游客赴内地旅游突发事件的重要因素。

1. 港澳台游客赴内地旅游突发事件的时间分布特征

在季度分布上，港澳台游客赴内地旅游突发事件主要发生在第二季度、第三季度和第四季度，原因在于这些季度涵盖了较长的公共假期。其中，第二季度的发生频率最高，事件占比达到41.18%；第四季度的发生频率居次，事件占比达29.41%；第三季度的发生频率也较高，事件占比达到21.57%（见图3-1）。在月度分布上，各月旅游突发事件的发生频率存在较为明显的差异。4月、5月和10月分布有小长假和黄金周，旅游突发事件占比分别达到17.65%、13.73%和11.76%，属于事件高发月份；于是12月份正值冬季，但港澳台地区冬季基本不会出现下雪、雾凇和冰冻等气候景观，港澳台游客集中赴内地旅游，而冬季气候环境存在多样的风险结构和潜在的安全隐患，因此12月份成为旅游突发事件高发月份，事件占比高达13.73%；8月、9月正值暑假，游客的扎堆出行导致旅游突发事件的发生频率也较高，事件占比分别达到7.84%和9.80%（见图3-2）。

在微观时段分布上，有41.18%的旅游突发事件发生在下午（12:00~18:00），33.33%的旅游突发事件发生在上午（6:00~12:00）。晚上（18:00~24:00）和凌晨（0:00~6:00）的事件较少，分别占15.69%和9.80%。上午和下午是旅游活动的活跃时期，因此事件分布比例会更高，晚上和凌晨是旅游活动的沉寂时期，因而事件分布率较低（见图3-3）。

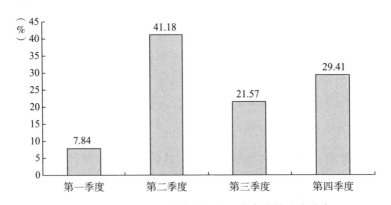

图3-1 港澳台游客赴内地旅游突发事件的季度分布

2. 港澳台游客赴内地旅游突发事件发生类型与时间因素的关联关系

本书对突发事件发生类型与时段变量进行列联表卡方检验，统计数据显示显著性指标不达标，因此事件类型与事件发生时段并没有显著的相关

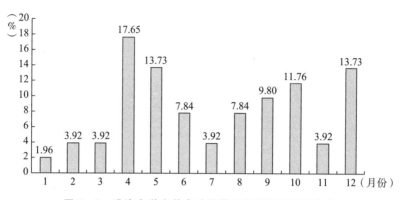

图 3-2 港澳台游客赴内地旅游突发事件的月份分布

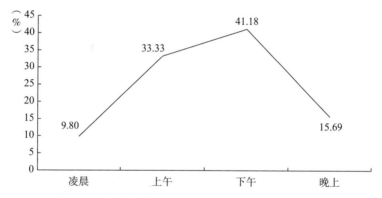

图 3-3 港澳台游客赴内地旅游突发事件的时段分布

性。从描述性统计来看，在微观时段上，上午和下午的事件分布比例更高且事件类型也趋于多样化，晚上和凌晨的事件分布比例比较低。具体来看，在上午时段，事故灾难的发生率居首，达到25.5%；公共卫生事件居次，占比3.9%；社会安全事件和自然灾害的发生率并列最末，均为2.0%。在下午时段，事故灾难的发生率依然最高，达到35.3%；公共卫生事件发生率居次，占比3.9%；自然灾害的发生率最低，占比2.0%。在晚上时段，事故灾难和公共卫生事件发生率分别位居第一和第二，分别为9.8%和5.9%其他类型事件没有分布。在凌晨，事件发生频率在整体上都处于较低水平。在这一时段，公共卫生事件的发生率（5.9%）相比于事故灾难（3.9%）略高（见表3-7）。

表 3 - 7　港澳台游客赴内地旅游突发事件发生类型与时段因素的关联关系

事件类型		时段				合计
		凌晨	上午	下午	晚上	
事故灾难	计数	2	13	18	5	38
	占事件总数的比例（%）	3.9	25.5	35.3	9.8	74.5
公共卫生事件	计数	3	2	2	3	10
	占事件总数的比例（%）	5.9	3.9	3.9	5.9	19.6
社会安全事件	计数	0	1	0	0	1
	占事件总数的比例（%）	0	2.0	0	0	2.0
自然灾害	计数	0	1	1	0	2
	占事件总数的比例（%）	0	2.0	2.0	0	3.9
合计	计数	5	17	21	8	51
	占事件总数的比例（%）	9.8	33.3	41.2	15.7	100.0

（二）　港澳台游客赴内地旅游突发事件的要素空间特征及其关联关系

游客的旅游活动由食、住、行、游、购、娱等六大成分要素组成，它对应着承载旅游活动的六大空间场所。本研究对这六大承载空间的突发事件分布特征以及事件类型与要素空间因素的关联关系进行了统计分析和检验。

1. 港澳台游客赴内地旅游突发事件的要素空间分布特征

从要素空间的事件发生频率来看（见图 3 - 4），旅游交通场所的事件发生频率最高，事件占比达到 52.94%；旅游住宿场所和游览场所的事件发生频率相对偏低，事件占比位居第二，均为 19.61%；旅游餐饮场所和旅游娱乐场所的事件发生频率非常低，发生的事件分别占 5.88% 和 1.96%。可见，交通场所存在较大的安全风险。

2. 港澳台游客赴内地旅游突发事件发生类型与要素空间的关联关系

本研究调用 SPSS 19.0 的交叉列联表模块，对旅游突发事件发生类型与空间因素之间的相关性进行统计检验，由于期望频数 T < 5 的格子数超过了 25%，因此采用 Fisher 检验对其相关性进行检定。统计结果显示，Fisher 值 = 22.490（精确检验 P 值 = 0.010），Cramer's V = 0.483（精确 P 值 = 0.038），表明事件发生类型与空间因素的相关性在 P < 0.05 的水平下达到显著。

在旅游餐饮场所、旅游住宿场所和旅游游览场所内，各类旅游突发事

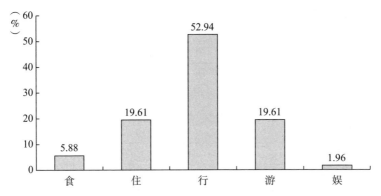

图 3-4　港澳台游客赴内地旅游突发事件的要素空间分布

件的发生频率不存在显著偏高或偏低的情况；在旅游交通场所，事故灾难
（48.9%，AR=2.4）的发生频率显著高于公共卫生事件（0，AR=-2.4）、
社会安全事件（2.2%，AR=1.0）、自然灾害（0，AR=-1.5），其中公共
卫生事件的发生频率显著偏低；在旅游娱乐场所，自然灾害（2.2%，AR=
4.7）的发生频率显著高于事故灾难（0，AR=-2.2）、公共卫生事件（0，
AR=-0.4）、社会安全事件（0，AR=-0.2），其中事故灾难的发生频率显
著偏低（见表3-8）。

表 3-8　港澳台游客赴内地旅游突发事件发生类型与要素空间因素的关联关系

事件类型		旅游五要素					合计
		食	住	行	游	娱	
事故灾难	计数	2 (2.5)	6 (6.6)	22 (18.9)	7 (8.2)	0 (0.8)	37 (37.0)
	占事件总数的比例（%）	4.4	13.3	48.9	15.6	0	82.2
	调整残差	-0.7	-0.6	2.4	-1.1	-2.2	
公共卫生事件	计数	1 (0.3)	2 (0.9)	0 (2.6)	2 (1.1)	0 (0.1)	5 (5)
	占事件总数的比例（%）	2.2	4.4	0	4.4	0	11.1
	调整残差	1.3	1.4	-2.4	1.0	-0.4	
社会安全事件	计数	0 (0.1)	0 (0.2)	1 (0.5)	0 (0.2)	0 (0)	1 (1.0)
	占事件总数的比例（%）	0	0	2.2	0	0	2.2
	调整残差	-0.3	-0.5	1.0	-0.5	-0.2	

续表

事件类型		旅游五要素					合计
		食	住	行	游	娱	
自然灾害	计数	0 (0.1)	0 (0.4)	0 (1)	1 (0.4)	1 (0)	2 (2.0)
	占事件总数的比例（%）	0	0	0	2.2	2.2	4.4
	调整残差	-0.4	-0.7	-1.5	1.0	4.7	
合计	计数	3 (3.0)	8 (8.0)	23 (23.0)	10 (10.0)	1 (1.0)	45 (45.0)
	占事件总数的比例（%）	6.7	17.8	51.1	22.2	2.2	100.0
卡方		Pearson χ^2 = 31.454（df = 12, P = 0.038）；Fisher 值 = 22.490（精确检验 P 值 = 0.010）					
对称度量		Cramer's V = 0.483（精确 P 值 = 0.038）					

（三）港澳台游客赴内地旅游突发事件的个人风险因素及其关联关系

个人风险因素主要指各种可能导致旅游突发事件的、与个体有关的因素，主要包括缺乏安全常识、缺乏专业技能、个人体质问题、个人疾病、个人主观故意类型，部分因素属于个人无法驾驭的意外。

1. 港澳台游客赴内地旅游突发事件个人风险因素的分布特征

在 51 起案例数据中，每起旅游突发事件的发生都与个人因素有关或有个人因素的存在（见图 3 – 5）。其中，旅游大巴车司机和导游等相关从业人员缺乏专业技能引致的事件最多，占比 31.37%；个人无法驾驭的意外导致的事件居次，占比 29.41%；游客或从业人员缺乏安全常识引发的事件也占据一定比例，达到 21.57%；由个人疾病和个人体质问题引发的事件较少，分别占 13.73% 和 3.92%。不存在由个人主观故意导致的旅游突发事件。

2. 港澳台游客赴内地旅游突发事件发生类型与个人风险因素的关联关系

本书调用 SPSS 19.0 的交叉列联表模块，对旅游突发事件发生类型与个人风险因素的相关性进行统计检验。由于数据表格中期望频数 T < 5 的格子数超过了 25%，因此本书采用 Fisher 检验对其相关性进行检定。统计结果显示，Fisher 值 = 40.817（精确检验 P 值 = 0.000），Cramer's V = 0.565（精确 P 值 = 0.001），表明旅游突发事件发生类型与个人因素的相关性在 P < 0.01 的水平下显著成立。

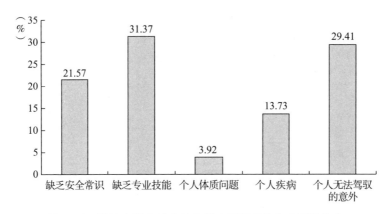

图3－5　港澳台游客赴内地旅游突发事件的个人因素分布

在事故灾难方面，缺乏专业技能的触发率（29.4%，AR＝2.1）显著高于缺乏安全常识（19.6%，AR＝1.4）、个人体质问题（0，AR＝－2.5）、个人疾病（0，AR＝－4.9）、个人无法驾驭的意外（25.5%，AR＝1.3）的触发率，其中个人疾病和个人体质问题的触发率显著偏低；在公共卫生事件方面，个人疾病（13.7%，AR＝5.8）、个人体质问题（3.9%，AR＝2.9）的触发率显著高于缺乏安全常识（0，AR＝－1.8）、缺乏专业技能（2.0%，AR＝－1.6）、个人无法驾驭的意外（0，AR＝－2.3）的触发率，其中个人无法驾驭的意外的触发率显著偏低；在自然灾害和社会安全事件方面，各类个人因素的触发率不存在显著偏高或偏低的情况（见表3－9）。

表3－9　港澳台游客赴内地旅游突发事件发生类型与个人因素的关联关系

事件类型		个人因素					合计
		缺乏安全常识	缺乏专业技能	个人体质问题	个人疾病	个人无法驾驭的意外	
事故灾难	计数	10（8.2）	15（11.9）	0（1.5）	0（5.2）	13（11.2）	38（38.0）
	占事件总数的比例（%）	19.6	29.4	0	0	25.5	74.5
	调整残差	1.4	2.1	－2.5	－4.9	1.3	
公共卫生事件	计数	0（2.2）	1（3.1）	2（0.4）	7（1.4）	0（2.9）	10（10.0）
	占事件总数的比例（%）	0	2.0	3.9	13.7	0	19.6
	调整残差	－1.8	－1.6	2.9	5.8	－2.3	

续表

事件类型		个人因素					合计
		缺乏安全常识	缺乏专业技能	个人体质问题	个人疾病	个人无法驾驭的意外	
社会安全事件	计数	0（0.2）	0（0.3）	0（0）	0（0.1）	1（0.3）	1（1.0）
	占事件总数的比例（%）	0	0	0	0	2.0	2.0
	调整残差	−0.5	−0.7	−0.2	−0.4	1.6	
自然灾害	计数	1（0.4）	0（0.6）	0（0.1）	0（0.3）	1（0.6）	2（2.0）
	占事件总数的比例（%）	2.0	0	0	0	2.0	3.9
	调整残差	1.0	−1.0	−0.3	−0.6	0.7	
合计	计数	11（11.0）	16（16.0）	2（2.0）	7（7.0）	15（15.0）	51（51.0）
	占事件总数的比例（%）	21.6	31.4	3.9	13.7	29.4	100.0
卡方	Pearson χ² = 48.832df = 12，P = 0.001）；Fisher 值 = 40.817（精确检验 P 值 = 0.000）						
对称度量	Cramer's V = 0.565（精确 P 值 = 0.001）						

（四）港澳台游客赴内地旅游突发事件的环境风险因素及其关联关系

根据对案例样本分解编码的结果，本书将环境风险因素分为大气环境风险、道路环境风险和游览环境风险三大类，以涵盖案例所涉及的环境风险类型。

1. 港澳台游客赴内地旅游突发事件环境风险因素的分布特征

在 51 起案例事件中，共有 33 起事件是由环境风险引起或有环境风险因素的存在。道路环境风险的触发率最高，总共达到 75.8%。其中，由路况差或紧邻深沟等导致的旅游突发事件最多，共 16 起，占比 48.5%。高速公路风险的触发率位居第二，共 8 起，占比 24.2%。由盘山公路风险而导致的旅游突发事件也发生了 1 起，占比 3%。由高原气候、雷电等大气环境风险触发的旅游突发事件共 3 起，合计占比 9.1%。在游览环境风险中，由水体环境风险导致的溺水事件最多，共发生 3 起，占比 9.1%。地貌环境风险和高空环境风险触发的事件各 1 起，合计占比 6%（见表 3 - 10）。

表 3-10 港澳台赴游客内地旅游突发事件的环境风险因素分类

单位：起，%

环境风险大类	环境风险亚类	频次	事件占比	环境风险大类	环境风险亚类	频次	事件占比
大气环境风险	高原气候风险	2	6.1	游览环境风险	水体环境风险	3	9.1
	雷电环境风险	1	3.0		地貌环境风险	1	3.0
道路环境风险	普通道路风险	16	48.5		高空环境风险	1	3.0
	高速公路风险	8	24.2		合计	33	100.0
	盘山公路风险	1	3.0				

2. 港澳台游客赴内地旅游突发事件发生类型与环境风险因素的关联关系

本书调用 SPSS 19.0 的交叉列联表模块，对港澳台游客赴内地旅游突发事件发生类型与环境风险因素的关联关系进行描述性统计分析，由于期望频数 T<5 的格子数超过了 25%，因此采用 Fisher 检验对其相关性进行检定。统计结果显示，Fisher 值 =42.105（精确检验 P 值 =0.009），Cramer's V = 0.823（精确 P 值 =0.014），表明旅游突发事件发生类型与环境风险因素的相关性在 P<0.05 的水平下显著成立。

统计结果表明，在事故灾难方面，高原气候风险（0，AR = -3.9）和雷电环境风险（0，AR = -2.7）的触发率显著低于普通道路环境风险（45.5%，AR =1.0）、高速公路环境风险（24.2%，AR =1.2）、盘山公路环境风险（3.0%，AR =0.4）、水体环境风险（9.1%，AR =0.7）、地貌环境风险（3.0%，AR =0.4）、高空环境风险（3.0%，AR =0.4）的触发率；在公共卫生事件方面，高原气候风险（6.1%，AR =5.7）的触发率显著高于雷电环境风险（0，AR = -0.3）、普通道路环境风险（0，AR = -1.4）、高速公路环境风险（0，AR = -0.8）、盘山公路环境风险（0，AR = -0.3）、水体环境风险（0，AR = -0.5）、地貌环境风险（0，AR = -0.3）、高空环境风险（0，AR = -0.3）的触发率；在社会安全事件方面，各类环境风险不存在显著偏高或偏低的情况；在自然灾害方面，雷电环境风险（3.0%，AR =5.7）的触发率显著高于高原气候风险（0，AR = -0.3）、普通道路环境风险（0，AR = -1.0）、高速公路环境风险（0，AR = -0.6）、盘山公路环境风险（0，AR = -0.2）、水体环境风险（0，AR = -

0.3)、地貌环境风险（0，AR = −0.2）、高空环境风险（0，AR = −0.2）的触发率（见表3−11）。

表3−11　港澳台游客赴内地旅游突发事件发生类型与环境风险因素的关联关系

环境风险		事故大类				合计
		事故灾难	公共卫生事件	社会安全事件	自然灾害	
高原气候风险	计数	0 (1.8)	2 (0.1)	0 (0.1)	0 (0.1)	2 (2.0)
	占事件总数的比例（%）	0	6.1	0	0	6.1
	调整残差	− 3.9	5.7	− 0.3	− 0.3	
雷电环境风险	计数	0 (0.9)	0 (0.1)	0 (0)	1 (0)	1 (1.0)
	占事件总数的比例（%）	0	0	0	3.0	3.0
	调整残差	− 2.7	− 0.3	− 0.2	5.7	
普通道路环境风险	计数	15 (14.1)	0 (1.0)	1 (0.5)	0 (0.5)	16 (16.0)
	占事件总数的比例（%）	45.5	0	3.0	0	48.5
	调整残差	1.0	− 1.4	1.0	− 1.0	
高速公路环境风险	计数	8 (7.0)	0 (0.5)	0 (0.2)	0 (0.2)	8 (8.0)
	占事件总数的比例（%）	24.2	0	0	0	24.2
	调整残差	1.2	− 0.8	− 0.6	− 0.6	
盘山公路环境风险	计数	1 (0.9)	0 (0.1)	0 (0)	0 (0)	1 (1.0)
	占事件总数的比例（%）	3.0	0	0	0	3.0
	调整残差	0.4	− 0.3	− 0.2	− 0.2	
水体环境风险	计数	3 (2.6)	0 (0.2)	0 (0.1)	0 (0.1)	3 (3.0)
	占事件总数的比例（%）	9.1	0	0	0	9.1
	调整残差	0.7	− 0.5	− 0.3	− 0.3	
地貌环境风险	计数	1 (0.9)	0 (0.1)	0 (0)	0 (0)	1 (1.0)
	占事件总数的比例（%）	3.0	0	0	0	3.0
	调整残差	0.4	− 0.3	− 0.2	− 0.2	

续表

环境风险		事故大类				合计
		事故灾难	公共卫生事件	社会安全事件	自然灾害	
高空环境风险	计数	1 (0.9)	0 (0.1)	0 (0)	0 (0)	1 (1.0)
	占事件总数的比例（%）	3.0	0	0	0	3.0
	调整残差	0.4	-0.3	-0.2	-0.2	
合计	计数	29 (29.0)	2 (2.0)	1 (1.0)	1 (1.0)	33 (33.0)
	占事件总数的比例（%）	87.9	6.1	3.0	3.0	100.0
卡方	Pearson χ^2 = 66.996（df = 21，P = 0.014）；Fisher 值 = 42.105（精确检验 P 值 = 0.009）					
对称度量	Cramer's V = 0.823（精确 P 值 = 0.014）					

四　本节研究结论

（一）港澳台游客赴内地旅游突发事件类型结构特征

第一，在 2008～2014 年的 51 起港澳台游客赴内地旅游突发事件中，事件类型主要表现为事故灾难、公共卫生事件、自然灾害和社会安全事件。其中，事故灾难占据绝对比例，交通安全事故属于高频事件。

第二，在港澳台游客赴内地旅游突发事件的级别分布方面，较大级别事件的分布比例最高，一般级别事件的分布比例居次，重大级别事件的分布比例最低。当旅游突发事件的严重程度越高（亦即风险等级越高）的时候，分布类型呈现集中化趋势。

第三，在港澳台游客赴内地旅游突发事件的伤害类型方面，大规模伤亡事件分布较少，主要为小规模伤亡事件，中等规模伤亡事件有所分布。伤亡数量主要表现为 10 名以下游客伤亡事件，只有极个别案例导致 20 名以上游客伤亡。其中，事故灾难造成的伤亡规模最大，突出表现为交通安全事故这一事件类型。

（二）港澳台游客赴内地旅游突发事件的触发因素及其关联关系

第一，从时间因素来看，旅游突发事件具有宏观与微观时间上的分布差异。在季度分布上，第二季度的分布率最高，第四季度的分布率居次，第三季度的分布率位居第三；在月份分布上，有公共假期的 4 月、5 月、10 月的事件发生频率最高，此外，正值冬季的 12 月份也是事件的高发月份；在时段分布上，白天是旅游行程的主要承载时段，因此事件发生频率较高，其中上午的事件发生频率略高于下午，凌晨和晚上是旅游活动的沉寂期，因此事件发生频率较低。

第二，从空间因素来看，旅游突发事件在旅游交通场所的分布率最高，在旅游住宿场所和游览场所的分布率居次，在旅游餐饮场所和旅游娱乐场所的分布率非常低。在旅游交通场所，事件分布类型主要集中表现为事故灾难。

第三，从个人因素来看，旅游大巴车司机、旅行社计调与导游等从业人员缺乏专业技能导致的事故灾难发生频率最高；个人无法驾驭的意外引致的旅游突发事件也占比较高的比例；游客自身缺乏安全常识导致的事故灾难、公共卫生事件、业务安全事件等也占一定的比例；由个人疾病和个人体质问题导致的旅游突发事件分布率整体较低。

第四，从环境风险因素来看，道路环境风险触发了绝大部分旅游突发事件，其中普通道路风险的触发率最高，高速公路风险的触发率居次，盘山公路风险的触发率极低；此外，由高原气候、雷电环境等大气环境风险因素和水体环境、地貌环境等游览环境风险因素触发的旅游突发事件时有发生。

第二节　内地游客赴港澳旅游突发事件的发生特征与机理[①]

香港和澳门是中国内地游客重要的出境旅游目的地。本节通过解构内地游客赴香港和澳门旅游突发事件的类型结构、发生特征及其关联关系，以期为内地与港澳地区合作建设旅游应急体系提供认知基础。

一　内地游客赴港澳旅游突发事件的类型结构与分布

本书以 2010～2013 年全国旅行社企业上报的旅行社责任险统保示范产

---

① 沈阳，谢朝武. 内地游客赴港澳旅游突发事件的时空分布及引致因素研究 [J]. 旅游论坛，2016，9（3）：50－58.

品出险案例作为数据基础，遴选了其中收录的内地游客赴港澳旅游突发事件 201 起，其中赴香港的旅游突发事件案例数为 148 起，赴澳门的旅游突发事件案例数为 53 起。本书基于这 201 起案例构建了内地游客赴港澳旅游突发事件案例信息数据库，并对案例数据进行了信息分解、编码和统计分析。编码方式和研究方法见第二章第二节。

（一）内地游客赴港澳旅游突发事件的分布类型

通过对 2010 ~ 2013 年内地游客赴港澳旅游突发事件进行统计分析发现，共有 201 起事件达到旅游突发事件标准，每起事件造成至少 1 人重伤或 10000 元财产损失。为了具体了解内地游客赴港澳旅游突发事件的类型结构，本书对这些事件的主要类型和级别类型进行了统计分析。

1. 内地游客赴港澳旅游突发事件的主要类型

本书调用了 SPSS 19.0 的频数分析模块，对 2010 ~ 2013 年的 201 起内地赴港澳旅游突发事件主要类型进行描述性统计分析，分析结果显示，自然灾害占据绝对地位，发生 104 起，占比 51.7%；事故灾难发生 61 起，占比 30.3%，位居第二；公共卫生事件发生 30 起，占比 14.9%，位居第三；社会安全事件发生频率相对较低，仅发生 6 次，占比 3.0%。

具体来看（见表 3 - 12），事故灾难的表现类型最为复杂，共计 7 种类型。意外摔倒和交通安全事故是主要的分布类型，分别占比 12.4%、9.0%。自然灾害的表现类型总共有 5 种，其中台风是最为常见的事件类型，占比 35.8%，其次是其他自然灾害，占比 10.9%。公共卫生事件主要表现为 4 种类型，个人疾病和猝死的发生概率偏高，合计占比 11%。社会安全事件的表现类型最为简单，只包括盗窃和抢劫两种类型，两者发生频率也不高。从香港和澳门的比较来看，两地旅游突发事件的分布类型较为一致，其发生频率的排序都是自然灾害、事故灾难、公共卫生事件和社会安全事件，这说明两地的风险结构和突发事件分布结构都较为趋同。为简化分析，本节对港澳的旅游突发事件数据进行整合分析。

表 3 - 12　内地游客赴港澳旅游突发事件的主要类型分布

单位：起，%

事件类型	事件亚类	事件频数			事件占比	事件类型	事件亚类	事件频数			事件占比
		香港	澳门	总计				香港	澳门	总计	
事故灾难	交通安全事故	10	8	18	9.0	公共卫生事件	个人疾病	12	3	15	7.5
	意外摔倒	16	9	25	12.4		猝死	5	2	7	3.5
	设备事故	7		7	3.5		食物中毒	3	1	4	2.0
	其他意外事故	4	2	6	3.0		其他卫生事件	1	3	4	2.0
	交通场所意外		3	3	1.5	自然灾害	台风	57	15	72	35.8
	坠落事故		1	1	0.5		其他自然灾害	20	2	22	10.9
	涉水事故		1	1	0.5		浓雾	6		6	3.0
社会安全事件	盗窃	2	2	4	2.0		地质灾害	2		2	1.0
	抢劫	1	1	2	1.0		暴雨	1		1	0.5

本书尝试对以上 18 种事件亚类的频率进行聚类分析，调用了 SPSS 19.0 的快速聚类法（K-Means）模块，将聚类划分为高频、中频和低频三个类别，经过二次迭代后，由聚类分析的 ANOVA 检验结果发现，此次聚类的 F 值为 299.257，Sig. 值为 0.000，表明其在 $P < 0.001$ 的置信水平下显著成立，具有统计意义（见表 3 - 13）。

表 3 - 13　内地游客赴港澳旅游突发事件主要类型的 ANOVA 分析表

	聚类		误差		F	Sig.
	均方	df	均方	df		
事件频率	2369.504	2	7.918	15	299.257	0.000

聚类结果显示，高频事件有 1 类，中频事件有 4 类，低频事件有 13 类。台风（35.8%）属于高频事件；交通安全事故（9.0%）、意外摔倒（12.4%）、个人疾病（7.5%）和其他自然灾害（10.9%）属于中频事件；其余类别的事件属于低频事件，其中设备事故（3.5%）和猝死（3.5%）的发生频率稍高。

2. 内地游客赴港澳旅游突发事件的级别分布

根据国家旅游局发布的《旅游突发公共事件应急预案（简本）》，事件的级别被划分为重大旅游突发事件、较大旅游突发事件和一般旅游突发事件，据此事件级别划分标准，本研究尝试对各类旅游突发事件的级别类型分布进行描述性统计分析。统计发现，在 2010 ~ 2013 年 201 起内地游客赴港澳旅游突发事件中，重大事件、较大事件和一般事件的分布频数分别为 1 起、26 起、174 起，分别占比 0.5%、12.9%、86.6%，可见事件级别越低，其事件发生频率越高，呈现典型的金字塔形分布。

从重大级别事件来看，其事件分布类型只表现为事故灾难，发生频率非常低，仅占事件总数的 0.5%。从较大级别事件来看，其事件分布类型比较多样化，四大旅游突发事件均有分布，自然灾害是最为常见的旅游突发事件类型，发生 15 起，占事件总数的 7.5%。事故灾难居次，发生 6 起，占事件总数的 3.0%。从一般级别事件来看，其事件分布类型也呈现多样化，自然灾害占据绝对地位，发生 89 起，占事件总数的 44.3%；事故灾难，发生 54 起，占事件总数的 26.9%；公共卫生事件的发生频率也不低，发生 27 起，占事件总数的 13.4%（见表 3 - 14）。

表 3 - 14　内地游客赴港澳旅游突发事件的级别类型分布

单位：起

事件类型	事件级别			合计
	重大（Ⅰ级）	较大（Ⅱ级）	一般（Ⅲ级）	
事故灾难	1	6	54	61
公共卫生事件	0	3	27	30
社会安全事件	0	2	4	6
自然灾害	0	15	89	104
合计	1	26	174	201

（二）内地游客赴港澳旅游突发事件的伤亡分布

根据旅游突发事件导致的最终后果，内地游客赴港澳旅游突发事件的伤害类型可以分为致死型和致伤型两大类别。本研究尝试用以上 201 起旅游突发事件的伤亡规模进行聚类分析，调用了 SPSS 19.0 的快速聚类法（K-Means）模块，将聚类划分为大规模、中等规模和小规模三个类别，经过二次迭代后，由聚类分析的 ANOVA 检验结果发现，此次聚类的 F 值为 423.468，Sig. 值为 0.000，表明其在 $P < 0.001$ 的置信水平下达到显著，

具有统计意义（见表 3 - 15）。

表 3 - 15　内地游客赴港澳旅游突发事件伤害类型的 ANOVA 分析表

	聚类		误差		F	Sig.
	均方	df	均方	df		
伤亡规模	20. 545	2	0. 049	73	423. 468	0. 000

聚类结果表明，在 2010 ~ 2013 年的 201 起内地游客赴港澳旅游突发事件中，有 3 起旅游突发事件属于大规模伤亡事件，具体表现为食物中毒、个人疾病，均是导致 5 人伤亡；有 1 起旅游突发事件属于中等规模伤亡事件，具体表现为交通安全事故，导致 4 人伤亡；有 72 起旅游突发事件属于小规模伤亡事件，具体表现为比较多样化的事件亚类，都是导致 3 名以下游客伤亡；有 125 起旅游突发事件并未出现人员伤亡情况。可见，2010 ~ 2013 年内地游客赴港澳旅游突发事件造成的人员伤亡规模并不大。

1. 致死型旅游突发事件的类型分布

在 2010 ~ 2013 年 201 起内地游客赴港澳旅游突发事件中，事件造成的死亡规模都不大，平均每起事件维持在 1 人死亡的水平。事故灾难总共造成 2 人死亡，具体表现为出车祸死亡；公共卫生事件共造成 6 人死亡，具体表现为游客中风、心脏病等原有疾病突发而猝死；自然灾害和社会安全事件没有造成人员死亡事件（见表 3 - 16）。总体上，旅游活动造成大规模死亡严重后果的事件并不多见。

表 3 - 16　内地游客赴港澳致死型旅游突发事件的类型分布

单位：起，人

事件类型	致死案例频数	规模均值	极小值	极大值	死亡总计
事故灾难	2	1. 00	1	1	2
公共卫生事件	6	1. 00	1	1	6
自然灾害	0	0	0	0	0
社会安全事件	0	0	0	0	0
总数	8	1. 00	0	1	8

2. 致伤型旅游突发事件的类型分布

在 2010 ~ 2013 年 201 起内地游客赴港澳旅游突发事件中，总共有 68

起致伤事件，总共造成受伤人数达到 84 人。事故灾难致伤规模远远高于其他类型，致伤案例共 47 起，平均每起造成 1.13 人受伤，最高致伤 4 人，致伤人数总计 53 人；公共卫生事件致伤规模位居第二，致伤案例共 21 起，平均每起造成 1.48 人受伤，最高致伤 5 人，致伤人数总计 31 人；自然灾害和社会安全事件致伤人数较少（见表 3-17）。

表 3-17 内地游客赴港澳致伤型旅游突发事件的类型分布

单位：起，人

事件类型	致伤案例频数	规模均值	极小值	极大值	受伤总计
事故灾难	47	1.13	1	4	53
公共卫生事件	21	1.48	1	5	31
自然灾害	0	0	0	0	0
社会安全事件	0	0	0	0	0
总数	68	1.24	0	5	84

二 内地游客赴港澳旅游突发事件的触发因素及其关联关系

(一) 内地游客赴港澳旅游突发事件发生类型与时间因素的关联关系

时间因素具体包括季度、月份等宏观时间和时段等微观时间。大气环境和景观形态呈现不同的季节变化，使得旅游活动表现出淡旺季差异，这两者相互影响形成游客面临的风险结构，导致旅游突发事件表现出时间节点的差异化分布，因此时间因素是承载综合风险因素的、影响港澳台游客赴内地旅游安全的重要因素。

1. 内地游客赴港澳旅游突发事件时间因素的分布特征

在宏观季度分布上，2010~2013 年的内地游客赴港澳旅游突发事件主要集中在第三季度爆发，原因在于第三季度涵盖暑假这个较长的公共假期，游客扎推开展旅游活动势必会造成旅游地的接待压力，安全风险在这时显现，旅游突发事件的发生率随之增加，达到 51.74%，位居第一；第二季度和第四季度的事件分布比例分别为 21.39% 和 16.92%，占据第二位；第一季度的事件分布水平较低，只有 9.95%（见图 3-6）。

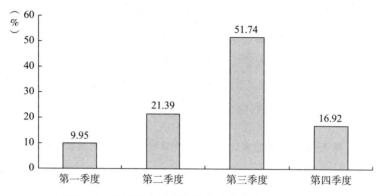

图 3 - 6   内地游客赴港澳旅游突发事件的季度分布

在宏观月份分布上，暑假中后期的 8 月和 9 月是旅游突发事件的高发时期，合计占比达到 41.79%。此外，5 月的黄金周和 7 月的事件发生率也较高，分别占 8.46% 和 9.95%。4 月、6 月、10 月、11 月也分布有一部分旅游突发事件，分别占比 6.47%、6.47%、5.47%、5.97%（见图 3 - 7）。可见 2010 ~ 2013 年的内地游客赴港澳旅游突发事件表现出明显的淡旺季分布，集中在假期较多的月份发生，原因在于旺季猛增的客流量会增加旅游地人员和设施的负荷，在长时间超负荷运转的情况下，安全隐患加速显现，导致各类旅游突发事件的发生更加频繁。

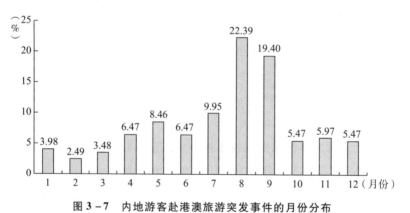

图 3 - 7   内地游客赴港澳旅游突发事件的月份分布

在微观时段分布上，有 35.32% 的旅游突发事件发生在下午（12:00 ~ 18:00），32.34% 的旅游突发事件发生在上午（6:00 ~ 12:00），这两个时间段作为旅游活动的主要承载时段，其事件分布率远远高于其他时间段；有 26.37% 的旅游突发事件发生在晚上（18:00 ~ 24:00），表明这个时间段的事件分布率也占据一定地位；凌晨（0:00~6:00）属于旅游活动的沉寂期，因而其事件发生率较低，占比5.97%（见图3-8）。

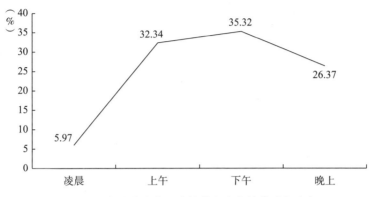

图3-8 内地游客赴港澳旅游突发事件的时段分布

2. 内地游客赴港澳旅游突发事件发生类型与时间因素的关联关系

本书调用了 SPSS 19.0 的交叉列联表分析模块，对内地游客赴港澳旅游突发事件发生类型与微观时段因素的关联关系进行统计分析，分析结果显示，Fisher 值 = 17.219（精确检验 P 值 = 0.030），Cramer's V = 0.186（精确 P 值 = 0.038），表明旅游突发事件发生类型与时间因素的相关性在 $P < 0.05$ 的水平下显著成立。

在凌晨，公共卫生事件的发生率（3.0%，AR = 3.5）显著高于其他类型事件；在上午，事故灾难（25.5%，AR = -2.2）的发生率显著低于期望水平；在下午，四大类型旅游突发事件均有分布，不存在哪种类型事件的分布率显著偏高或偏低的情况；在晚上，事故灾难的发生率（9.8%，AR = 2.0）显著高于其他类型事件（见表3-18）。

表3-18 内地游客赴港澳旅游突发事件发生类型与时段因素的关联关系

事件类型		时段				合计
		凌晨	上午	下午	晚上	
事故灾难	计数	2 (3.5)	12 (18.8)	23 (20.5)	21 (15.3)	58 (58.0)
	占事件总数的比例（%）	3.9	25.5	35.3	9.8	74.5
	调整残差	-1.0	-2.2	0.8	2.0	

续表

事件类型		时段				合计
		凌晨	上午	下午	晚上	
公共卫生事件	计数	6（1.8）	11（9.7）	6（10.6）	7（7.9）	30（30.0）
	占事件总数的比例（%）	3.0	5.5	3.0	3.5	14.9
	调整残差	3.5	0.5	-1.9	-0.4	
社会安全事件	计数	0（0.5）	3（2.9）	4（3.2）	2（2.4）	9（9.0）
	占事件总数的比例（%）	0	1.5	2.0	1.0	4.5
	调整残差	-0.8	0.1	0.6	-0.3	
自然灾害	计数	4（6.2）	39（33.6）	38（36.7）	23（27.4）	104（104.0）
	占事件总数的比例（%）	2.0	19.4	18.9	11.4	51.7
	调整残差	-1.3	1.6	0.4	-1.4	
合计	计数	12（12）	65（65）	71（71）	53（53）	201（201）
	占事件总数的比例（%）	6.0	32.3	35.3	26.4	100.0
卡方	Pearson χ^2 = 20.863（df = 9，P = 0.013）；Fisher 值 = 17.219（精确检验值 P 值 = 0.030）					
对称度量	Cramer's V = 0.186（精确 P 值 = 0.013）					

（二）内地游客赴港澳旅游突发事件发生类型与空间因素的关联关系

1. 内地游客赴港澳旅游突发事件空间因素的分布特征

从要素空间的事件发生频率来看，旅游交通场所发生的事件占比较高，高达84.83%，其他5个场所的事件分布率相对都比较低，合计占比仅为15.17%，其中旅游住宿场所的事件分布率相比其他场所显得略高一些，占比6.74%。可见在六大要素场所中，旅游交通场所的安全风险最大（见图3-9）。

2. 内地游客赴港澳旅游突发事件发生类型与空间因素的关联关系

本书调用了 SPSS 19.0 的交叉列联表模块，对内地游客赴港澳旅游突发事件发生类型与要素空间因素的关联关系进行统计分析，分析结果显示，Fisher 值 = 74.812（精确检验 P 值 = 0.000），Cramer's V = 0.449（精确 P 值 = 0.000），表明旅游突发事件发生类型与空间因素的相关性在 P <

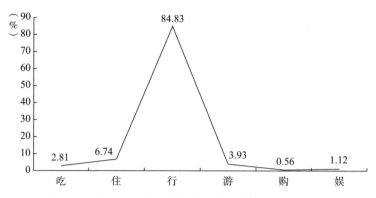

图 3 - 9　内地游客赴港澳旅游突发事件的要素空间分布

0.01 的水平下达到显著。

残差检验结果显示，在旅游餐饮场所，公共卫生事件的分布率（2.2%，AR = 5.4）显著高于期望水平；在旅游住宿场所，事故灾难的分布率（4.5%，AR = 3.0）显著高于期望水平，自然灾害的分布率（0，AR = -4.3）显著低于期望水平；在旅游交通场所，自然灾害的分布率（58.4%，AR = 6.7）显著高于期望水平，公共卫生事件的分布率（3.9%，AR = -5.3）显著低于期望水平；在旅游游览场所，公共卫生事件的分布率（1.7%，AR = 3.1）显著高于期望水平，自然灾难的分布率（0，AR = -3.2）显著低于期望水平；在旅游购物场所，社会安全事件的分布率（0.6%，AR = 5.4）显著高于期望水平；旅游娱乐场所不存在哪种类型事件的发生率显著偏高或偏低的情况（见表 3 - 19）。

表 3 - 19　内地游客赴港澳旅游突发事件发生类型与要素空间因素的关联关系

事件类型		旅游六要素						合计
		食	住	行	游	购	娱	
事故灾难	计数	0 (1.4)	8 (3.4)	37 (43.3)	4 (2.0)	0 (0.3)	2 (0.6)	51 (51.0)
	占事件总数的比例（%）	0	4.5	20.8	2.2	0	1.1	28.7
	调整残差	-1.4	3.0	-2.9	1.7	-0.6	2.2	
公共卫生事件	计数	4 (0.5)	3 (1.1)	7 (14.4)	30.7)	0 (0.1)	0 (0.2)	17 (17.0)
	占事件总数的比例（%）	2.2	1.7	3.9	1.7	0	0	9.6
	调整残差	5.4	1.9	-5.3	3.1	-0.3	-0.5	

续表

事件类型		旅游六要素						合计
		食	住	行	游	购	娱	
社会安全事件	计数	1（0.2）	0（0.4）	3（5.1）	0（0.2）	1（0）	0（0.1）	6（6.0）
	占事件总数的比例（%）	0.6	0.6	1.7	0	0.6	0	3.4
	调整残差	2.1	1.0	−2.4	−0.5	5.4	−0.3	
自然灾害	计数	0（2.9）	0（7.0）	104（88.2）	0（4.1）	0（0.6）	0（1.2）	104（104）
	占事件总数的比例（%）	0	0	58.4	0	0	0	58.4
	调整残差	−2.7	−4.3	6.7	−3.2	−1.2	−1.7	
合计	计数	5（5.0）	12（12.0）	151（151）	7（7.0）	1（1.0）	2（2.0）	178（178）
	占事件总数的比例（%）	2.8	6.7	84.8	3.9	0.6	1.1	100.0
卡方		Pearson χ^2 = 107.870（df = 15，P = 0.000）；Fisher 值 = 74.812（精确检验 P 值 = 0.000）						
对称度量		Cramer's V = 0.449（精确 P 值 = 0.000）						

（三）内地游客赴港澳旅游突发事件发生类型与个人因素的关联关系

个人因素包括缺乏安全常识、缺乏专业技能、个人体质问题、个人疾病、个人主观故意和个人无法驾驭的意外等六大类型。在 2010～2013 年的 201 起内地游客赴港澳旅游突发事件中，有 196 起事件都涉及个人因素，可见个人因素所构成的风险结构还是需要多加重视。

1. 内地游客赴港澳旅游突发事件个人因素的分布特征

在案例事件中，不存在由个人主观故意导致的旅游突发事件；个人无法驾驭的意外导致的事件最多，占比 67.01%；游客或从业人员缺乏安全常识引发的事件位居第二，达到 16.75%；由个人疾病引发的事件占比 10.66%；缺乏专业技能和个人体质问题引致的事件最少，分别占比 3.05% 和 2.54%（见图 3 - 10）。

2. 内地游客赴港澳旅游突发事件发生类型与个人因素的关联关系

本书对 197 起涉及个人因素的旅游突发事件进行交叉列联表统计分析，由于理论频数 T < 5 的格子数超过了 25%，因此采用 Fisher 检验对个人因素与内地游客赴港澳旅游突发事件类型进行关联关系检定。检验结果显

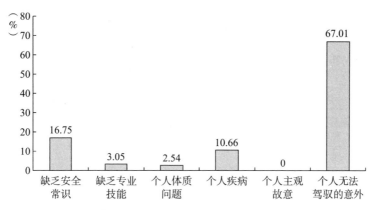

图 3 - 10　内地游客赴港澳旅游突发事件的个人因素分布

示，Fisher 值 = 32. 120（精确检验值 P 值 = 0. 000），Cramer's V = 0. 305（精确 P 值 = 0. 000），个人因素与内地游客赴港澳旅游突发事件类型之间的相关性在 P < 0. 01 的水平下达到显著。

统计结果显示，在缺乏安全常识因素的触发下，事故灾难的发生率（10. 7%，AR = 5. 0）显著高于期望水平，自然灾害的发生率（4. 1%，AR = -3. 6）显著低于期望水平；在缺乏专业技能和个人体质问题因素的触发下，不存在显著偏高或偏低的情况；在个人疾病因素的触发下，公共卫生事件的发生率（4. 1%，AR = 3. 1）显著高于期望水平；在个人无法驾驭的意外因素的诱导下，自然灾害的发生率（44. 7%，AR = 5. 6）显著高于期望水平，其中事故灾难（12. 2%，AR = -4. 3）的发生率都显著低于期望水平（见表 3 - 20）。显然，大部分旅游突发事件（67%）是游客和旅游从业人员无法驾驭的意外所引致的。但是，游客和旅游从业人员的个人因素也表现出多样化的属性，其中，缺乏安全常识和个人疾病是引发旅游突发事件的常见因素。

表 3 - 20　内地游客赴港澳旅游突发事件发生类型与个人因素的关联关系

事件类型		个人原因类型					合计
		缺乏安全常识	缺乏专业技能	个人体质问题	个人疾病	个人无法驾驭的意外	
事故灾难	计数	21（9. 2）	3（1. 7）	2（1. 4）	5（5. 9）	24（36. 9）	55（55. 0）
	占事件总数的比例（%）	10. 7	1. 5	1. 0	2. 5	12. 2	27. 9
	调整残差	5. 0	1. 2	0. 6	-0. 4	-4. 3	

事件类型		个人原因类型					合计
		缺乏安全常识	缺乏专业技能	个人体质问题	个人疾病	个人无法驾驭的意外	
公共卫生事件	计数	3 (5.0)	1 (0.9)	3 (0.8)	8 (3.2)	15 (20.1)	30 (30.0)
	占事件总数的比例（%）	1.5	0.5	1.5	4.1	7.6	15.2
	调整残差	-1.1	0.1	2.8	3.1	-2.2	
社会安全事件	计数	1 (1.3)	1 (0.2)	0 (0.2)	1 (0.9)	5 (5.4)	8 (8.0)
	占事件总数的比例（%）	0.5	0.5	0	0.5	2.5	4.1
	调整残差	-0.3	1.6	-0.5	0.2	-0.3	
自然灾害	计数	8 (17.4)	1 (3.2)	0 (2.6)	7 (11.1)	88 (69.7)	104 (104.0)
	占事件总数的比例（%）	4.1	0.5	0	3.6	44.7	52.8
	调整残差	-3.6	-1.8	-2.4	-1.9	5.6	
合计	计数	33 (33.0)	6 (6.0)	5 (5.0)	21 (21.0)	132 (132.0)	197 (197.0)
	占事件总数的比例（%）	16.8	3.0	2.5	10.7	67.0	100.0
卡方		Pearson χ^2 = 55.134 （df = 12，P = 0.000）；Fisher 值 = 32.120（精确检验值 P 值 = 0.000）					
对称度量		Cramer's V = 0.305（精确 P 值 = 0.000）					

（四）内地游客赴港澳旅游突发事件发生类型与环境风险因素的关联关系

1. 内地游客赴港澳旅游突发事件环境风险因素的分布特征

在 2010～2013 年 201 起内地游客赴港澳旅游突发事件中，共有 132 起事件可以判断其涉及的环境风险。雨、雾、台风等引发的大气环境风险占比高达 77.2%。其中，台风的分布率最高，发生 69 次，占比 52.3%；道路环境风险的触发率位居第二，总共达到 14.4%；由水体、地貌、地质和高空构成的游览环境风险触发率比较低，仅有 8.3%（见表 3-21）。

表 3 - 21 内地游客赴港澳旅游突发事件的环境风险因素分类表

单位：起，%

环境风险大类	环境风险亚类	频次	事件占比	环境风险大类	环境风险亚类	频次	事件占比
大气环境风险	雨环境风险	2	1.5	道路环境风险	桥梁隧道风险	1	0.8
	雾环境风险	6	4.5				
	风环境风险	69	52.3	游览环境风险	水体环境风险	5	3.8
	其他大气环境风险	25	18.9		地貌环境风险	4	3.0
道路环境风险	普通道路风险	7	5.3		地质环境风险	1	0.8
	高速公路风险	11	8.3		高空环境风险	1	0.8

2. 内地游客赴港澳旅游突发事件发生类型与环境风险因素的关联关系

在案例数据中共有 132 起旅游突发事件案例受到环境因素的影响。本书调用 SPSS 19.0 的交叉列联表模块，对环境风险因素与旅游突发事件类型的相关性进行统计检验。统计结果显示，理论频数 T < 5 的格子数超过了 25%。因此，本书采用 Fisher 检验对环境风险因素与旅游突发事件类型之间的关联关系进行检定。统计结果显示，Fisher 值 = 140.593（精确检验值 P 值 = 0.000），对称度量 Cramer's V = 0.887（精确 P 值 = 0.000），说明环境风险因素与旅游突发事件发生类型的相关性在 P < 0.01 的水平下显著成立。

检验结果显示，在大气环境风险层面，在雨、雾和其他大气环境风险的影响下，四大类别事件发生率比较平均，不存在显著偏高或偏低的情况；在风环境风险的影响下，自然灾害的发生率（52.3%，AR = 6.4）显著高于期望水平，事故灾难的发生率（0，AR = - 6.1）显著低于期望水平。在道路环境风险层面，在普通道路风险的影响下，事故灾难的发生率（5.3%，AR = 5.4）显著高于期望水平，自然灾害的发生率（0，AR = - 5.1）显著低于期望水平；在高速公路风险的影响下，事故灾难的发生率（8.3%，AR = 6.8）显著高于期望水平，自然灾害的发生率（0，AR = - 6.5）显著低于期望水平；在桥梁隧道风险的影响下，事件发生率不存在显著偏高或偏低的情形。在游览环境风险层面，在水体环境风险的影响下，事故灾难的发生率（3.8%，AR = 4.5）显著高于期望水平，自然灾害的发生率（0，AR = - 4.3）显著低于期望水平；在地质环境风险的影响下，事件发生率不存在显著偏高或偏低的情形；在地貌环境风险的影响下，公共卫生事件的发生率

（0.8%，AR=3.9）显著高于期望水平，自然灾害的发生率（0，AR=−3.8）显著低于期望水平；在高空环境风险的影响下，公共卫生事件的发生率（0.8%，AR=8.1）显著高于期望水平（见表3−22）。

三 本节研究结论

（一）内地游客赴港澳旅游突发事件的类型结构与分布

第一，2010～2013年的201起内地游客赴港澳旅游突发事件主要类型表现为：自然灾害的发生率占据绝对的统计地位，事故灾难的发生率位居第二，公共卫生事件的发生率位居第三，社会安全事件的发生率非常低。具体来说，事故灾难的事件类型结构比较复杂，主要表现为意外摔倒和交通安全事故；自然灾害集中体现为台风；公共卫生事件集中表现为个人疾病和猝死。

第二，在内地游客赴港澳旅游突发事件的级别类型分布方面，主要有事件级别越低，事件发生频率越高的特点，呈现典型的金字塔形分布。也就是说，一般级别事件的分布率最高，较大级别事件的分布率居次，一般级别事件的分布率最低。此外，还具有事件级别越高，其事件分布类型越集中化的特点。

第三，在内地游客赴港澳旅游突发事件的伤害类型分布方面，大规模和中等规模伤亡事件分布都较少，主要是小规模伤亡事件，都导致5名以下游客伤亡，其中，公共卫生事件的致死率比较高，事故灾难的致伤率比较高。在2010～2013年的201起内地游客赴港澳旅游突发事件中，有很大一部分事件并未造成游客伤亡，可见人员伤亡规模并不大。

（二）内地游客赴港澳旅游突发事件触发因素与关联关系

第一，从时间因素来看，在季度分布上，第三季度的事件分布率最高，第二季度和第四季度的事件分布率居次，第一季度的事件分布率较低。在月份分布上，正值暑假的8月和9月是事件的高发月份，5月和7月的事件发生率也较高。在时段分布上，下午的事件分布率最高，上午的事件分布率居次，晚上的事件分布率略低，凌晨是旅游活动的沉寂期，事件分布率较低。

第二，从空间因素来看，旅游交通场所的事件发生率占据绝对的统计

表3-22 内地游客赴港澳旅游突发事件发生类型与环境风险因素的关联关系

大气环境风险		事故大类			合计	游览环境风险	事故大类			合计
		事故灾难	公共卫生事件	自然灾害			事故灾难	公共卫生事件	自然灾害	
雨环境风险	计数	1 (0.4)	0 (0)	1 (1.6)	2 (2)	水体环境风险	5 (1.0)	0 (0.1)	0 (3.9)	5 (5)
	占事件总数的百分比（%）	0.8	0	0.8	1.5		3.8	0	0	3.8
	调整残差	1.0	-0.2	-1.0			4.5	-0.3	-4.3	
雾环境风险	计数	0 (1.2)	0 (0.1)	6 (4.7)	6 (6)	地质环境风险	0 (0.2)	0 (0)	1 (0.8)	1 (1)
	占事件总数的百分比（%）	0	0	4.5	4.5		0	0	0.8	0.8
	调整残差	-1.3	-0.3	1.3			-0.5	-0.1	0.5	
风环境风险	计数	0 (14.1)	0 (1.0)	69 (53.8)	69 (69)	地貌环境风险	3 (0.8)	1 (0.1)	0 (3.1)	4 (4)
	占事件总数的百分比（%）	0	0	52.3	52.3		2.3	0.8	0	3.0
	调整残差	-6.1	-1.5	6.4			2.7	3.9	-3.8	
其他大气环境风险	计数	0 (5.1)	0 (0.4)	25 (19.5)	25 (25)	高空环境风险	0 (0.2)	1 (0)	0 (0.8)	1 (1)
	占事件总数的百分比（%）	0	0	18.9	18.9		0	0.8	0	0.8
	调整残差	-2.8	-0.7	2.9			-0.5	8.1	-1.9	

续表

道路环境风险		事故大类			合计
		事故灾难	公共卫生事件	自然灾害	
普通道路风险	计数	7 (1.4)	0 (0.1)	0 (5.5)	7 (7)
	占事件总数的百分比（%）	5.3	0	0	5.3
	调整残差	5.4	-0.3	-5.1	
高速公路风险	计数	11 (2.3)	0 (0.2)	0 (8.6)	11 (11)
	占事件总数的百分比（%）	8.3	0	0	8.3
	调整残差	6.8	-0.4	-6.5	
合计	计数	27 (27)	2 (2)	103 (103)	132 (132)
	占事件总数的百分比（%）	20.5	1.5	78.0	100.0

道路环境风险		事故大类			合计
		事故灾难	公共卫生事件	自然灾害	
桥梁隧道风险	计数	0 (0.2)	0 (0)	1 (0.8)	1 (1)
	占事件总数的百分比（%）	0	0	0.8	0.8
	调整残差	-0.5	-0.1	0.5	

卡方	Pearson χ² = 207.748 (df = 20, P = 0.000)；Fisher 值 = 140.593 (精确检验 P 值 = 0.000)
对称度量	Cramer's V = 0.887 (精确 P 值 = 0.000)

地位，其他 5 个场所的事件发生率都比较低，其中旅游住宿场所的事件发生率相对略高一些。旅游交通场所的事件类型主要表现为自然灾害事件，旅游住宿场所的事件类型主要表现为事故灾难，旅游餐饮场所和旅游游览场所的事件类型主要表现为公共卫生事件，旅游购物场所的事件类型主要表现为社会安全事件，旅游娱乐场所的事件分布率极低。

第三，从个人因素来看，个人无法驾驭的意外引致的旅游突发事件的发生频率最高，其他个人因素引致的旅游突发事件的发生频率整体较低。其中，缺乏安全意识和个人疾病引致的旅游突发事件的发生频率略高一些，缺乏专业技能和个人体质问题引致的事件发生频率极低。

第四，从环境风险因素来看，雨、雾、台风等大气环境风险触发了绝大部分旅游突发事件，其中台风的触发率最高；道路环境风险的触发率位居第二，其中，高速公路风险的触发率最高，普通道路风险的触发率居次，盘山公路风险的触发率极低。由水体、地貌、地质和高空等游览环境风险触发的旅游突发事件也有发生。

第三节　大陆游客赴台旅游突发事件的发生特征与机理

近几年，大陆民众赴台旅游人数逐年攀升，但在台旅游过程中旅游突发事件也时有发生，其在造成游客人身伤亡和财产损失的同时也对两岸间旅游业的良好发展产生了不良影响，甚至沦为政治舆论的工具。通过对大陆民众赴台旅游突发事件进行总结，分析其发生特征及与时空因素、个人风险因素等的关联关系，进一步掌握大陆民众赴台旅游突发事件的规律，有利于为大陆与台湾旅游应急合作体系的建设提供参考依据。[①]

一　大陆游客赴台旅游突发事件的类型结构

本书以 2010~2013 年旅行社责任险统保示范产品中的出险案例为依据，其中收录的具有较为完整信息的大陆游客赴台旅游安全事件共 392 起，

---

① 邹雅真，谢朝武. 大陆游客赴台旅游安全事件结果特征及其引致因素研究 [J]. 旅游学刊，2016，31（8）：81-89.

共有 198 起事件达到旅游突发事件标准。本研究基于这 198 起案例构建了大陆游客赴台旅游突发事件案例数据库，并据此进行统计分析。

（一）大陆游客赴台旅游突发事件的分布类型

通过对 2010～2013 年大陆游客赴台旅游安全事件进行统计发现，共有198 起事件达到突发事件标准，每起事件造成至少 1 人重伤或 10000 元财产损失。为具体了解大陆游客赴台旅游突发事件的类型结构，本研究分别对事件的主要类型和级别类型进行统计。

1. 大陆游客赴台旅游突发事件的主要类型分布

通过统计发现，2010～2013 年大陆游客赴台旅游突发事件主要由事故灾难、公共卫生事件、自然灾害和社会安全事件等 4 种类型构成。在这198 起突发事件中，事故灾难发生频率最高且事件亚类最为复杂，占比为53.0%，它涵盖意外摔倒、交通安全事故等 8 种事件亚类；公共卫生事件共 87 起，占比为 43.9%，仅次于事故灾难；相较之下，自然灾害和社会安全事件的发生频率较低且事件亚类构成较为集中，其中自然灾害包括落石击中和地质灾害两类，社会安全事件则主要表现为盗窃，两类事件合计占比仅为 3%（见表 3 - 23）。需要指出的是，台湾较为高发的台风灾害曾经是引致赴台旅游突发事件的重要因素，这几年台湾对台风环境下的旅游活动进行了有效管控，因而相关事件案例较为少见，但是由台风引起的滞留、行程取消等业务安全事故还是较为常见。

表 3 - 23　大陆游客赴台旅游突发事件分类表

单位：起，%

事件类型	事件亚类	事件数	事件占比	事件类型	事件亚类	事件数	事件占比
事故灾难	意外摔倒	65	32.8	公共卫生事件	个人疾病	40	20.2
	交通安全事故	22	11.1		其他卫生事件	17	8.6
	其他意外事故	11	5.6		食物中毒	16	8.1
	坠落事故	2	1.0		猝死	14	7.1
	设备事故	2	1.0	自然灾害	落石击中	3	1.5
	涉水事故	1	0.5		地质灾害	1	0.5

续表

事件 类型	事件亚类	事件 数	事件 占比	事件 类型	事件亚类	事件 数	事件 占比
事故 灾难	踩踏挤压事故	1	0.5	社会 安全 事件	盗窃	2	1.0
	交通场所意外	1	0.5				

本书尝试对以上 15 类突发事件的发生频率进行聚类分析,聚类过程中调用了 SPSS 17.0 中的快速聚类法(K-Means)模块,初始探索时将聚类分为高频、中频和低频等三个类别。经过二次迭代后,由聚类分析的 ANOVA 检验结果表明,此次聚类的 F 值为 37.717,Sig. 值为 0.000,表明其在 P < 0.001 的置信水平下具有统计意义(见表 2-24)。

表 2-24　大陆游客赴台旅游突发事件分布亚类的 ANOVA 分析表

	聚类		误差		F	Sig.
	均方	df	均方	df		
事件频数	1976.742	2	52.410	12	37.717	0.000

由表 2-24 的聚类结果发现,在 2010~2013 年发生的大陆游客赴台旅游突发事件中,意外摔倒(32.8%)是高频旅游突发事件,个人疾病(20.2%)和交通安全事故(11.1%)是中频旅游突发事件,其余各类突发事件属于低频事件,事件发生频率均在 10% 以下,其中食物中毒(8.1%)和猝死(7.1%)等事件在低频事件中的发生比稍高。

2. 大陆游客赴台旅游突发事件的级别类型分布

根据《旅游突发公共事件应急预案(简本)》对旅游突发事件的级别分类标准,本书将 198 起大陆游客赴台旅游突发事件具体分为重大旅游突发事件、较大旅游突发事件和一般旅游突发事件(见表 3-23)。

表 3-25　大陆游客赴台旅游突发事件级别分类表

单位:起

事件类型	事件级别			合计
	重大(Ⅰ级)	较大(Ⅱ级)	一般(Ⅲ级)	
事故灾难	0	7	98	105

续表

事件类型	事件级别			合计
	重大（Ⅰ级）	较大（Ⅱ级）	一般（Ⅲ级）	
公共卫生事件	0	22	65	87
社会安全事件	0	0	2	2
自然灾害	1	0	3	4
合计	1	29	168	198

一般来说，随着风险类型的累积其发生频率会随之降低。统计发现，198 起大陆游客赴台旅游突发事件也表现出了典型的金字塔形特征，即随着风险等级的提高，事件发生频率相应降低。具体来说，2010～2013 年大陆游客赴台旅游突发事件中仅有 1 起事件达到重大旅游突发事件标准，占比为 1%；29 起达到较大旅游突发事件标准，占比位居第二；168 起表现为一般旅游突发事件，占比达 84.8%，是大陆游客赴台旅游突发事件的主要级别类型。因此，大陆游客赴台旅游突发事件的级别类型分布符合一般规律，事件发生频率随着风险等级的提高锐减。

（二）大陆游客赴台旅游突发事件的伤害类型

旅游突发事件的伤害类型主要包括致死型和致伤型两种，为分析大陆游客赴台旅游突发事件造成的总体伤亡情况，本研究以游客受伤和死亡人次的合并数对 2010～2013 年 198 起大陆游客赴台旅游突发事件造成的游客伤亡规模进行计量。通过统计发现，198 起大陆游客赴台旅游突发事件共造成 618 名游客伤亡，其中仅有 3 起事件未造成游客伤亡，事件结果主要表现为 10000 元以上的游客财产损失。

本书尝试对 198 起大陆游客赴台旅游突发事件的伤亡规模进行聚类分析，初始探索将聚类分为大规模、中等规模和较小规模等三个类别。经过二次迭代后，由聚类的 ANOVA 检验结果可知，聚类的 F 值为 715.623，Sig. 值为 0.000，表明其在 $P < 0.001$ 的置信水平下具有统计意义（见表 3-26）。

表 3-26　大陆游客赴台旅游突发事件伤亡规模的 ANOVA 分析表

	聚类		误差		F	Sig.
	均方	df	均方	df		
伤亡规模	4211.720	2	5.885	195	715.623	.000

由表 2 - 26 的聚类结果发现，198 起大陆游客赴台旅游突发事件中仅
有 1 起事件属于大规模伤亡事件，具体表现为食物中毒；14 起事件属于中
等规模伤亡事件，其中包括 6 起交通安全事故、6 起食物中毒事件、1 起设
备事故和 1 起地质灾害；其余 183 起事件均属于较小规模伤亡事件，其中
166 起仅 1 人伤亡，3 起无人伤亡。由此可知，大陆游客赴台旅游突发事件
以小规模伤亡为主，单起事件大多表现为 1 名游客伤亡，但存在造成大规
模游客伤亡的极端个案，主要表现为集体食物中毒、交通安全事故等。

1. 致死型旅游突发事件的类型分布

不同的事件类型，其引致因素、发生过程及处置难易程度均存在区
别，使得不同类型旅游突发事件造成的游客伤亡情况也不尽相同。通过对
198 起大陆游客赴台旅游突发事件进行统计发现，共有 27 起事件为致死型
事件，共造成 47 人死亡。从致死事件频数来看，共有 21 起公共卫生事件
导致游客死亡，占致死型事件比例高达 77.78%，居于首位；5 起事故灾难
造成游客死亡，占比次于公共卫生事件，但仅占所有事故灾难的 4.8%；
相较之下，仅有 1 起自然灾害造成游客死亡，但其占所有自然灾害的 25%；
社会安全事件主要表现为盗窃事件，未导致游客死亡。从规模均值来看，致
死型自然灾害造成的游客死亡规模最大，达 19 人，表现为极端重大自然灾
害个案；致死型事故灾难平均每起造成 1.40 人死亡，次于自然灾害，其中 5
人因交通安全事故死亡；21 起致死型公共卫生事件则每起造成 1 人死亡，主
要表现为游客猝死或因个人疾病抢救无效死亡等。具体见表 3 - 27。

表 3 - 27　大陆游客不同类型旅游突发事件死亡规模

单位：起，人

事件类型	致死案例频数	规模均值	极小值	极大值	死亡总计
事故灾难	5	1.40	1	2	7
公共卫生事件	21	1.00	1	1	21
自然灾害	1	19.00	19	19	19
社会安全事件	0	0	0	0	0
总数	27	1.74	0	19	47

2. 致伤型旅游突发事件的类型分布

2010～2013 年的 198 起大陆游客赴台旅游突发事件中，共有 170 起事

件表现为致伤型事件，事件造成 571 名大陆游客受伤。具体来说，共有 101 起事故灾难导致游客受伤，占致死型事件总数比例高达 59.41%，造成 286 名游客受伤，其中 181 人因交通安全事故受伤，65 人因意外摔倒受伤；致伤型公共卫生事件共 66 起，事件造成 282 人受伤，平均每起为 4.27 人受伤，规模均值居于首位，其中 232 人因食物中毒受伤；相较之下自然灾害造成的受伤人数较少，仅为 3 人，主要表现为游客被落石击中受伤。具体见表 3 - 28。

表 3 - 28   不同类型旅游突发事件受伤规模

单位：起，人

事件类型	致伤案例频数	规模均值	极小值	极大值	受伤总计
事故灾难	101	2.83	1	31	286
公共卫生事件	66	4.27	1	60	282
自然灾害	3	1.00	1	1	3
社会安全事件	0	0	0	0	0
总数	170	3.36	0	60	571

二   大陆游客赴台旅游突发事件的触发因素及其关联关系

旅游突发事件的发生通常不是由单一因素引致的，而是多项因素综合作用的结果。在大陆游客赴台旅游过程中，广泛地涉及时间、空间和个体等多个因素，这些是影响赴台旅游突发事件形成的重要因子。因此，基于 198 起赴台旅游突发事件了解各触发因素的特征并剖析其与事件类型的关联关系，有利于推动大陆游客赴台旅游突发事件的预防和管理。

（一）大陆游客赴台旅游突发事件发生类型与时间因素的关联关系

时间因素具体包括季度、月份等宏观时间和时段、时刻等微观时间。在不同的时间节点下，大气环境等因素呈现不同的季节变化，旅游活动及游客、工作人员行为也表现出特定阶段的变化特征，这两者相结合将影响游客所面临的风险结构。因此，时间因素是影响大陆游客赴台旅游突发事件的重要因素。

1. 大陆游客赴台旅游突发事件时间因素的分布特征

通过对 198 起大陆游客赴台旅游突发事件进行统计发现，在全年的 4

个季度中，第二季度的旅游突发事件发生频率最高，占比达 30.3%；第四季度的旅游突发事件占比为 28.8%，仅次于第二季度；第一季度和第三季度的旅游突发事件数量也较为接近，占比分别为 21.2% 和 19.7%，具体如图 3-11 所示。从月份分布来看，各月旅游突发事件发生频率存在较明显的区别，3、4、5 月份的事件发生频率明显高于其他月份，是赴台旅游突发事件集中发生月份；10 月份黄金周也是旅游突发事件的高发时期。

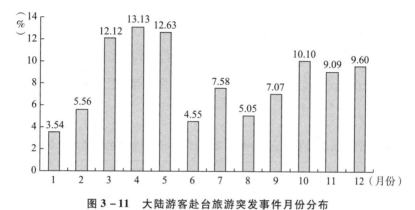

图 3-11　大陆游客赴台旅游突发事件月份分布

从微观时间分布来看，35.86% 的赴台旅游突发事件发生在上午时段，28.3% 发生在下午时段；赴台旅游突发事件在晚上发生 50 起，占比为 25.25%；相较之下，凌晨时段发生的突发事件较少，占比仅为 10.61%。白天是旅游活动的主要承载时间，突发事件发生频率较高，占比达 64.1%。从具体时刻来看，大陆游客赴台旅游突发事件在 24 小时内的变化大体呈现为抛物线变化趋势，先增后减，其中中午 12 点为旅游突发事件的高发时间点。

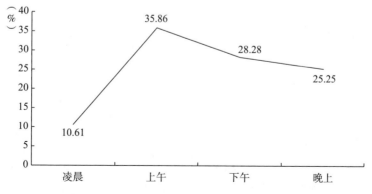

图 3-12　大陆游客赴台旅游突发事件时段分布

2. 大陆游客赴台旅游突发事件发生类型与时间因素的关联关系

由于季度和月份等宏观时间因素所反映出来的环境风险可控性较差，而时刻和时段等微观时间因素所反映的人员行为及活动因素较为可控，因此本书采用列联表卡方检验的方法对赴台旅游突发事件类型与时段因素进行相关性检定，以期进一步分析二者之间的关联关系。统计分析显示，列联表 $T < 5$ 的格子数超过了 25%，因此本书使用 Fisher 精确检验来进行相关性检定。如表 3-29 所示，Fisher 精确检验值 = 39.101（精确检验 P 值 = 0.000），对称度量 Cramer's $V = 0.262$（精确 P 值 = 0.000），由此表明，大陆游客赴台旅游突发事件类型与时段因素的相关性在 $P < 0.001$ 的水平上显著成立。由此表明，不同时段旅游突发事件类型的分布水平具有显著的组间差异。

表 3-29 大陆游客赴台旅游突发事件类型与时段因素的相关检定分析表

事件类型		时段				合计
		凌晨	上午	下午	晚上	
事故灾难	计数	2 (11.1)	38 (37.7)	40 (29.7)	25 (26.5)	105 (105.0)
	占事件总数的比例（%）	1.0	19.2	20.2	12.6	53.0
	调整残差	-4.2	0.1	3.3	-0.5	
公共卫生事件	计数	19 (9.2)	32 (31.2)	11 (24.6)	25 (22.0)	87 (87.0)
	占事件总数的比例（%）	9.6	16.2	5.6	12.6	43.9
	调整残差	4.5	0.2	-4.3	1.0	
社会安全事件	计数	0 (0.2)	1 (0.7)	1 (0.6)	0 (0.5)	2 (2.0)
	占事件总数的比例（%）	0	0.5	0.5	0	1.0
	调整残差	-0.5	0.4	0.7	-0.8	
自然灾害	计数	0 (0.4)	0 (1.4)	4 (1.1)	0 (1.0)	4 (4.0)
	占事件总数的比例（%）	0	0	2.0	0	2.0
	调整残差	-0.7	-1.5	3.2	-1.2	
合计	计数	21 (21.0)	71 (71.0)	56 (56.0)	50 (50.0)	198 (198.0)
	占事件总数的比例（%）	10.6	35.9	28.3	25.3	100.0

事件类型		时段				合计
		凌晨	上午	下午	晚上	
卡方	Pearson $\chi^2 = 40.778$（df = 9，P = 0.000）；Fisher 值 = 39.101（精确检验 P 值 = 0.000）					
对称度量	Cramer's V = 0.262（精确 P 值 = 0.000）					

本书结合卡方检验的残差结果来分析旅游突发事件的类型分布差异。根据表 3 - 29 的残差检定结果可知：（1）在凌晨时段，公共卫生事件的发生率（9.6%，AR = 4.5）显著高于事故灾难（1.0%，AR = - 4.2）、社会安全事件（0，AR = - 0.5）和自然灾害（0，AR = - 0.7），其中事故灾难的发生率显著低于期望水平；（2）在上午时段，各类型突发事件的发生率均未显著高于或低于期望水平；（3）在下午时段，事故灾难的发生率（20.2%，AR = 3.3）和自然灾害的发生率（2.0%，AR = 3.2）显著高于期望水平，公共卫生事件的发生率（5.6%，AR = - 4.3）则显著低于期望水平；（4）在晚上时段，各类型突发事件的发生率均未显著高于或低于期望水平。

总结以上残差检定结果并结合实际案例发现：（1）在凌晨时段发生的公共卫生事件主要表现为个人疾病复发、猝死及食物中毒事件，是游客在旅游活动及食用有问题晚餐后的滞后反应；（2）在下午时段发生的事故灾难主要包括交通安全事故和意外摔倒，这主要是因为随着旅游活动的进行，游客和旅游工作人员的风险应对能力开始逐渐减弱。

（二）大陆游客赴台旅游突发事件发生类型与空间因素的关联关系

旅游要素空间是游客进行旅游活动的承载体，其主要包括餐饮、住宿、交通、游览、购物和娱乐空间。由于不同的要素空间其所承载的人员、设施结构不尽相同，因此不同的要素空间存在特有的旅游风险，对旅游突发事件的发生会产生重要的影响。

1. 大陆游客赴台旅游突发事件空间因素的分布特征

通过对 2010 ~ 2013 年 198 起大陆游客赴台旅游突发事件进行统计发现，共有 88 起突发事件发生在游览场所，占比达 44.44%；49 起突发事件发生在交通场所，占比为 24.75%，次于游览场所；住宿和餐饮场所的突发事件分别为 35 起和 21 起，合计占比为 28.3%；娱乐场所的突发事件最少，占比仅为 2.53% 。具体见图 3 - 13。

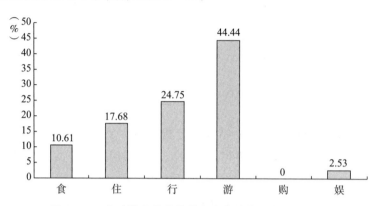

图 3 - 13   大陆游客赴台旅游突发事件的要素空间分布

2. 大陆游客赴台旅游突发事件发生类型与空间因素的关联关系

本书拟采用列联表卡方检验来进一步分析赴台旅游突发事件发生类型与各要素空间的关联关系。如表 3 - 30 所示，Fisher 精确检验值 = 36. 330（精确检验 P 值 = 0.000），对称度量 Cramer's V = 0. 238（精确 P 值 = 0. 009），由此表明，大陆游客赴台旅游突发事件的发生类型与空间因素之间的相关性在 P < 0. 05 的水平上显著成立。因此，在不同的旅游要素空间场所，事故灾难、公共卫生事件、社会安全事件和自然灾害的分布水平存在显著的组间差异。

表 3 - 30   大陆游客赴台旅游突发事件类型与要素空间的相关检定分析表

事件类型		要素空间					合计
		食	住	行	游	娱	
事故灾难	计数	1 (11.1)	22 (18.6)	35 (26.0)	45 (46.7)	2 (2.7)	105 (105.0)
	占事件总数的比例（%）	0.5	11.1	17.7	22.7	1.0	53.0
	调整残差	-4.7	1.3	3.0	-0.5	-0.6	
公共卫生事件	计数	19 (9.2)	13 (15.4)	13 (21.5)	39 (38.7)	3 (2.2)	87 (87.0)
	占事件总数的比例（%）	9.6	6.6	6.6	19.7	1.5	43.9
	调整残差	4.5	-0.9	-2.8	0.1	0.7	

续表

事件类型		要素空间					合计
		食	住	行	游	娱	
社会安全事件	计数	1 (0.2)	0 (0.4)	0 (0.5)	1 (0.9)	0 (0.1)	2 (2.0)
	占事件总数的比例 (%)	0.5	0	0	0.5	0	1.0
	调整残差	1.8	-0.7	-0.8	0.2	-0.2	
自然灾害	计数	0 (0.4)	0 (0.7)	1 (1.0)	3 (1.8)	0 (0.1)	4 (4.0)
	占事件总数的比例 (%)	0	0	0.5	1.5	0	2.0
	调整残差	-0.7	-0.9	0	1.2	-0.3	
合计	计数	21 (21.0)	35 (35.0)	49 (49.0)	88 (88.0)	5 (5.0)	198 (198.0)
	占事件总数的比例 (%)	10.6	17.7	24.7	44.4	2.5	100.0
卡方	Pearson χ^2 = 33.517 （df = 12，P = 0.009）；Fisher 值 = 36.330 （精确检验 P 值 = 0.000）						
对称度量	Cramer's V = 0.238 （精确 P 值 = 0.009）						

根据表 3 - 30 的残差检定结果可知：（1）在旅游餐饮场所，公共卫生事件的发生率（9.6%，AR = 4.5）显著高于事故灾难（0.5%，AR = -4.7）、社会安全事件（0.5%，AR = 1.8）和自然灾害（0，AR = -0.7），其中事故灾难的发生率显著低于期望水平；（2）在旅游交通场所，事故灾难的发生率（17.7%，AR = 3.0）显著高于公共卫生事件（6.6%，AR = -2.8）、社会安全事件（0，AR = -0.8）和自然灾害（0.5%，AR = 0），其中公共卫生事件的发生率显著低于期望水平；（3）在旅游住宿场所、游览场所和娱乐场所，各事件类型的发生率均未显著高于或低于期望水平。

总结以上残差检定结果并结合实际案例发现：（1）游览场所是旅游活动最重要的承载空间，旅游突发事件发生率最高；（2）在旅游餐饮场所发生的公共卫生事件主要表现为食物中毒；（3）在旅游交通场所发生的事故灾难主要表现为交通安全事故。

（三）大陆游客赴台旅游突发事件发生类型与个人因素的关联关系

游客是旅游活动的主体，其安全意识、安全技能以及个人身体素质等是影响旅游突发事件发生及其处置结果的重要因素。

1. 大陆游客赴台旅游突发事件个人因素的分布特征

在 198 起大陆游客赴台旅游突发事件中，有 78 起因游客缺乏安全常识而引起，占比高达 39.39%，居于首位；游客个人疾病和体质问题导致的突发事件分别为 49 起和 22 起，合计占比达 35.86%；另外有 49 起突发事件是游客无法驾驭的意外导致的，如自然灾害等，占比为 24.75%。由此可知，游客自身因素所导致的突发事件占比高达 75.25%，该因素是造成大陆游客赴台旅游突发事件的重要因素。具体如图 3 – 14。

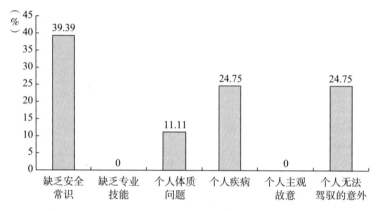

图 3 – 14　大陆游客赴台旅游突发事件的个人因素分布

2. 大陆游客赴台旅游突发事件发生类型与个人因素的关联关系

为进一步分析赴台旅游突发事件类型与个人因素类型的关联关系，本研究拟采用列联表卡方检验对二者进行统计检定。如表 3 – 31 所示，Fisher 精确检验值 = 202.898（精确检验 P 值 = 0.000），对称度量 Cramer's V = 0.533（精确 P 值 = 0.000）。由此表明，大陆游客赴台旅游突发事件类型

表 3 – 31　大陆游客赴台湾旅游突发事件类型与个人因素的相关检定分析表

事件类型		个人原因类型				合计
		缺乏安全常识	个人体质问题	个人疾病	个人无法驾驭的意外	
事故灾难	计数	76 (41.4)	0 (11.7)	0 (26.0)	29 (26.0)	105 (105.0)
	占事件总数的比例（%）	38.4	0	0	14.6	53.0
	调整残差	10.1	– 5.3	– 8.6	1.0	

续表

事件类型		个人原因类型				合计
		缺乏安全常识	个人体质问题	个人疾病	个人无法驾驭的意外	
公共卫生事件	计数	0 (34.3)	22 (9.7)	49 (21.5)	16 (21.5)	87 (87.0)
	占事件总数的比例（%）	0	11.1	24.7	8.1	43.9
	调整残差	-10.0	5.6	9.1	-1.8	
社会安全事件	计数	2 (0.8)	0 (0.2)	0 (0.5)	0 (0.5)	2 (2.0)
	占事件总数的比例（%）	1.0	0	0	0	1.0
	调整残差	1.8	-0.5	-0.8	-0.8	
自然灾害	计数	0 (1.6)	0 (0.4)	0 (1.0)	4 (1.0)	4 (4.0)
	占事件总数的比例（%）	0	0	0	2.0	2.0
	调整残差	-1.6	-0.7	-1.2	3.5	
合计	计数	78 (78.0)	22 (22.0)	49 (49.0)	49 (49.0)	198 (198.0)
	占事件总数的比例（%）	39.4	11.1	24.7	24.7	100.0
卡方	Pearson χ^2 = 168.721（df = 9，P = 0.000）；Fisher 值 = 202.898（精确检验 P 值 = 0.000）					
对称度量	Cramer's V = 0.533（精确 P 值 = 0.000）					

与个人原因类型之间的相关性在 P < 0.001 的水平上显著成立。因此，在不同个体因素的影响下，事故灾难、公共卫生事件、社会安全事件和自然灾害的分布水平具有显著的组间差异。

根据表 3 - 31 的残差检验结果可知：（1）游客缺乏安全常识所引致的突发事件中，事故灾难的发生率（38.4%，AR = 10.1）显著高于公共卫生事件（0，AR = -10.0）、社会安全事件（1.0%，AR = 1.8）和自然灾害（0，AR = -1.6），其中公共卫生事件的发生率显著低于期望水平；（2）游客个人体质问题所引致的突发事件中，公共卫生事件的发生率（11.1%，AR = 5.6）显著高于事故灾难（0，AR = -5.3）、社会安全事件（0，R = -0.5）和自然灾害（0，AR = -0.7），其中事故灾难的发生率显著低于期望水平；（3）游客个人疾病所引致的突发事件中，公共卫生事件的发生率（24.7%，

AR＝9.1）显著高于事故灾难（0，R＝−8.6）、社会安全事件（0，AR＝−0.8）和自然灾害（0，AR＝−1.2），其中事故灾难的发生率显著低于期望水平。

总结以上残差检定结果并结合实际案例可知：（1）游客缺乏安全常识所导致的事故灾难中以游客意外摔倒为主；（2）游客个人体质问题和个人疾病所导致的公共卫生事件主要表现为游客旧疾复发和猝死。

三　本节研究结论

（一）大陆游客赴台旅游突发事件类型结构特征

第一，2010~2013年198起大陆游客赴台旅游突发事件主要表现为事故灾难、公共卫生事件、自然灾害和社会安全事件四大类，其中事故灾难发生频率最高且类型复杂，意外摔倒是赴台旅游突发事件亚类中的高频事件。

第二，大陆游客赴台旅游突发事件的级别表现出典型的金字塔形特征，以一般旅游突发事件为主。具体来说，重大旅游突发事件表现为自然灾害，较大旅游突发事件主要表现为公共卫生事件，一般旅游突发事件则以事故灾难为主。

第三，198起大陆游客赴台旅游突发事件共造成47名游客死亡，571名游客受伤，其中致死型事件主要表现为个人疾病或猝死，致伤型事件则主要由食物中毒和意外摔倒引起。在所有造成游客伤亡的突发事件中，单起事件大多表现为1名游客伤亡，但仍然存在造成大规模游客伤亡的极端个案，主要表现为集体食物中毒、交通安全事故等。

（二）大陆游客赴台旅游突发事件触发因素特征

第一，从时间因素维度来看，大陆游客赴台旅游突发事件主要发生在第二季度和第四季度，其中3月、4月、5月、10月份是旅游突发事件的高发月份；从微观时间来看，大陆游客赴台旅游突发事件在一天内的变化趋势大体呈现为抛物线状，其中中午12点是旅游突发事件的高发时间点。通过对事件类型和微观时间因素进行统计检定发现，对于不同的时间段旅游突发事件的类型分布存在显著差异，其中凌晨阶段公共卫生事件的发生率显著高于期望水平，下午时段事故灾难和自然灾害的发生率显著高于期望水平。

　　第二，从空间维度来看，大陆游客赴台旅游突发事件主要发生在游览场所和交通场所，其中游览场所所占比重最大，娱乐场所旅游突发事件发生率最低。通过对事件类型和空间因素进行统计检定发现，对于不同要素场所旅游突发事件的类型分布存在显著差异，其中在旅游餐饮场所公共卫生事件的发生率最高，在旅游交通场所，事故灾难的发生率最高。

　　第三，从个人因素来看，在 198 起大陆游客赴台旅游突发事件中，游客自身因素所导致的突发事件占比高达 75.25%，其中游客自身缺乏安全常识导致的事件占比最高。通过对事件类型和游客个人因素进行统计检定发现，对于不同的个人因素旅游突发事件的类型分布存在显著差异，其中游客缺乏安全常识导致的事件中事故灾难的发生率最高，游客个人疾病和个人体质问题导致的事件中公共卫生事件的发生率最高。

第四章

游客对海峡两岸暨港澳地区
旅游安全的感知评价

评价旅游地安全状态有两大考量标准,一是旅游地的客观安全度,即旅游地系统面临的安全风险因素及其有效抵抗安全风险入侵的能力;二是游客的主观安全感,即游客对旅游地安全风险状态的感知和评价。其中,游客对旅游地安全风险的感知和评价是影响游客旅游活动行程和各个要素环节安全体验的直接因素,而旅游地环境安全状态、旅游设施设备的安全运行能力、从业人员的专业能力、当地民众的友好程度、旅游地安全管理水平以及游客个体安全素质等是影响游客安全感知的重要维度。

为了解游客对海峡两岸暨港澳地区旅游安全状态的感知情况,本研究开发了感知问卷并进行了问卷调查。调研问卷由旅游地总体安全状态、旅游行程活动安全、自然环境安全、社会环境安全、设施设备安全、人员安全、旅游安全管理水平、个人安全状态等 8 个观测模块组成。每个观测模块的具体问项参考了旅行社责任险统保示范项目的出险案例情况,经过访谈和预调研两轮过程形成正式问卷。所有测量项目均为正向问项,并采用李克特(Likert)5 分量表,其中 1 表示完全不同意,2 表示比较不同意,3 表示一般,4 表示比较同意,5 表示完全同意。分值越高,表示游客对所测量项目的安全感知度越高。本研究通过实地发放调查问卷的形式,分别对中国内地、香港、澳门和台湾四地的游客安全感进行调研。正式调研总共发放 2600 份问卷,其中回收内地有效问卷 1625 份,香港有效问卷 144 份,澳门有效问卷 296 份,台湾有效问卷 135 份。

第一节　游客对中国内地旅游安全的感知评价

本书在福建厦门和泰宁、浙江杭州、广东韶关（丹霞山）、湖南长沙、河南洛阳、陕西西安、宁夏银川、山西太原、内蒙古呼和浩特、云南昆明、吉林长春等地的 4A 或 4A 以上景区进行问卷调查，调查对象主要是在景区有旅游经历的游客，受调研对象既包括中国内地游客，也包括来自港澳台地区的游客。在中国内地的调研共发放问卷 1800 份，回收有效问卷 1625 份。问卷分析借助统计软件 SPSS 17.0 进行。

一　游客对内地旅游安全状态的总体感知评价

描述性统计发现（见表 4 - 1），游客对内地旅游安全状态的总体感知评价均值为 3.6912，处于中等水平，游客对内地旅游安全总体满意度一般。其中，游客对景区游览安全的评价相对较高（3.8694）；游客对于旅游安全、住宿安全、交通安全、景区游览安全和娱乐安全的评价均值均在 3.7 以上；购物安全评价（3.4745）和餐饮安全评价（3.5069）指标平均值相对较低，且标准偏差值相对较大，表明游客对在内地旅游购物和餐饮环节的安全感知度较低。总体表明，游客对内地旅游安全的感知一般，只达到一般满意的程度。

表 4 - 1　游客对内地旅游安全状态的总体感知评价

感知问项	最小值	最大值	平均值	标准偏差
旅游安全评价	1.00	5.00	3.7993	0.89057
餐饮安全评价	1.00	5.00	3.5069	0.91243
住宿安全评价	1.00	5.00	3.7393	0.82875
交通安全评价	1.00	5.00	3.7429	0.86402
景区游览安全评价	1.00	5.00	3.8694	0.79632
购物安全评价	1.00	5.00	3.4745	0.93899
娱乐安全评价	1.00	5.00	3.7063	0.83615
总体平均			3.6912	0.86675

二 游客对内地旅游行程活动安全的感知评价

描述性统计发现（见表 4 - 2），游客对内地旅游行程活动安全的总体感知评价均值为 3.8247，表明游客对内地旅游活动行程的安全感知一般。从观测项目来看，游客对旅游活动安全的感知度最高（4.0060），身体适应度居次（3.9165）。游客对旅游活动的负害怕感（3.7742）和负危险感（3.7441）的感知处于中游水平。游客对旅游行程顺利程度的评价值最低（3.6825），表明内地旅游活动行程安排需要更加顺畅和人性化。总体上，游客在内地旅游过程中的身体舒适感、负害怕感、负危险感都处于中等偏上水平，对行程活动的安全感知处于中等满意状态。

表 4 - 2　游客对内地旅游行程活动安全的感知评价

感知问项	最小值	最大值	平均值	标准偏差
旅游行程的顺利程度	1.00	5.00	3.6825	1.01017
旅游活动的身体适应度	1.000	5.000	3.9165	0.93200
旅游活动没有害怕感	1.00	5.00	3.7742	1.01208
旅游活动没有危险感	1.00	5.00	3.7441	1.09824
旅游活动安全的感知度	1.00	5.00	4.0060	0.83635
总体平均			3.8247	0.97778

三 游客对内地自然环境安全的感知评价

描述性统计发现（见表 4 -3），游客对内地自然环境安全总体感知评价均值为 3.6675，安全感处于中等水平。其中，游客对自然环境质量（3.8378）和自然环境的干净程度（3.7752）的感知均值位列第一和第二；游客对内地自然环境的负隐患感知（3.5844）和负风险感知（3.5780）处于第三和第四；游客对自然灾害的负担忧度的感知评价值为 3.5619。总体而言，游客对内地旅游自然环境质量基本满意，对自然环境的安全感知处于中等水平。

表 4 -3　游客对内地自然环境安全的感知评价

感知问项	最小值	最大值	平均值	标准偏差
自然环境质量高	1.00	5.00	3.8378	0.96396

续表

感知问项	最小值	最大值	平均值	标准偏差
自然环境干净整洁	1.00	5.00	3.7752	0.92534
自然环境安全隐患少	1.00	5.00	3.5844	0.92586
自然灾害风险较少	1.00	5.00	3.5780	0.94229
自然灾害的担忧度低	1.00	5.00	3.5619	0.99597
总体平均			3.6675	0.95068

四　游客对内地社会环境安全的感知评价

描述性统计发现（见表4-4），游客对内地社会环境安全的总体感知评价均值为3.4213，表明游客对社会环境安全感知度相对较低。其中，感知评价均值居前两位的是"很少遇见社会治安问题"（3.6935）和"很少遇见偷窃打架"（3.6321）；在购物方面，游客对"很少遇见强迫消费"（3.4150）和"很少遇见宰客骗人"（3.2779）的感知评价均值相对较低；游客对"很少遇见拥挤杂乱"的感知评价均值最低（3.0882），接近3.0，表明游客普遍认为内地旅游拥挤杂乱现象较严重，这是影响游客对内地旅游社会环境安全评价的主要因素。

表4-4　游客对内地社会环境安全的感知评价

感知问项	最小值	最大值	平均值	标准偏差
很少遇见拥挤杂乱	1.00	5.00	3.0882	1.12574
很少遇见强迫消费	1.00	5.00	3.4150	1.06355
很少遇见宰客骗人	1.00	5.00	3.2779	1.09004
很少遇见偷窃打架	1.00	5.00	3.6321	0.96405
很少遇见社会治安问题	1.00	5.00	3.6935	0.95216
总体平均			3.4213	1.03911

五　游客对内地设施设备安全的感知评价

描述性统计发现（见表4-5），游客对内地旅游设施设备安全感知评价均值为3.7278，表明游客对设施设备安全的感知处于一般水平。其中游客在旅游过程中对设备的利用没有遇到故障（3.8203）或风险（3.8829）

的情况的评价相对较高；同时，游客对设备的方便性（3.7305）、安全观感（3.6561）的评价处于中等水平，但是对设备安全可靠性（3.5492）的评价最低。综上所述，游客对内地旅游设施设备的安全感知处于中等偏上水平。

表4-5　游客对内地设施设备安全的感知评价

感知问项	最小值	最大值	平均值	标准偏差
设备安全可靠性	1.00	5.00	3.5492	0.90592
设备的安全观感	1.00	5.00	3.6561	0.85947
设备使用的方便性	1.00	5.00	3.7305	0.85248
没有设备故障经历	1.00	5.00	3.8203	0.91335
没有设备风险经历	1.00	5.00	3.8829	0.87848
总体平均			3.7278	0.88194

六　游客对内地旅游人员安全的感知评价

描述性统计发现（见表4-6），游客在对内地旅游过程中的人员安全因素感知评价均值为3.6573，表明游客对内地旅游人员安全的感知处于中等偏上水平。其中，游客对当地人友善度（3.8081）和人员友好程度（3.7139）的感知评价最高；游客对服务人员的安全素质（3.5957）和服务安全性（3.6922）的感知评价居中；游客对导游人员安全素质的评价最低（3.4765）。数据表明，内地导游人员的安全服务素质有待进一步提高，在服务过程中应该更加注重安全知识的宣传，进而提高游客的安全感知水平。

表4-6　游客对内地旅游人员安全的感知评价

感知问项	最小值	最大值	平均值	标准偏差
导游安全素质	1.00	5.00	3.4765	0.99549
服务人员安全素质	1.00	5.00	3.5957	0.91357
服务人员所提供服务的安全性	1.00	5.00	3.6922	0.86931
当地人友善度	1.00	5.00	3.8081	0.91010
人员友好程度	1.00	5.00	3.7139	0.91372
总体平均			3.6573	0.92044

七 游客对内地旅游安全管理水平的感知评价

描述性统计发现（见表 4 - 7），游客对内地旅游安全管理水平的感知评价均值为 3.6807，处于中等水平。其中游客对"安全警示服务"（3.7868）的评价均值最高，其次是"安全信息服务"（3.7465），表明了内地多数旅游地的安全警示标牌与安全信息服务相对较为完善；游客对旅游地"安全工作成效"（3.6438）和"游客安全保障的人力物力投入"（3.6544）的感知评价居中；游客对"安全设施设备的完善度"（3.5720）的感知评价居末。游客的所有评价值均未超过 4.0，说明近年内地旅游地安全管理工作处于中等水平，有进一步完善和提升的空间。

表 4 - 7 游客对内地旅游安全管理水平的感知评价

感知问项	最小值	最大值	平均值	标准偏差
安全警示服务	1.00	5.00	3.7868	0.93968
安全信息服务	1.00	5.00	3.7465	0.87810
安保工作成效	1.00	5.00	3.6438	0.85548
安全设施设备的完善度	1.00	5.00	3.5720	0.87400
游客安全保障的人力物力投入	1.00	5.00	3.6544	0.86778
总体平均			3.6807	0.88301

八 内地游客对个人安全状态的感知评价

描述性统计发现（见表 4 - 8），游客对个人安全状态均有较高的评价，其均值高达 3.8706，表明游客认为自身具有较高的旅游安全素质。其中，游客对"安全准备意识"（3.9004）、"安全防范意识"（3.9874）和"风险规避能力"（3.9808）的评价值超过了 3.9，表明游客普遍重视旅游安全，多数游客旅游之前会做相关安全准备和防范措施。游客对于"风险规避能力"的自我认知度是最高的；相比之下，游客对"安全旅游的知识"（3.7710）和"风险应对能力"（3.7453）的自我认知相对较低。这些数据表明，对游客进行基本的旅游安全教育和旅游突发事件应急演练是非常必要且重要的。

表 4 - 8　赴内地游客对个人安全状态的感知评价

感知问项	最小值	最大值	平均值	标准偏差
安全旅游的知识	1.00	5.00	3.7710	0.92852
减少风险的知识	1.00	5.00	3.8389	0.86519
安全准备意识	1.00	5.00	3.9004	0.86280
安全防范意识	1.00	5.00	3.9874	0.83087
风险规避能力	1.00	5.00	3.9808	0.85954
风险应对能力	1.00	5.00	3.7453	0.88253
总体平均			3.8706	0.87158

　　总体来看，在游客对内地旅游安全的感知评价中，游客对个人安全状态的感知评价最高，对社会环境安全状态的感知评价最低；游客对于旅游行程活动的安全感知处于中等偏上水平；游客对于旅游六要素环节安全状态、旅游地自然环境安全状态、旅游设施设备安全状态、旅游从业人员安全素质和当地民众友善程度的安全感知评价值都在 3.6 ~ 3.7，处于中等水平；游客对旅游地社会环境安全状态的总体感知评价最低，说明我国内地旅游安全管理要重视游客分流，尽量避免节假日扎堆出游造成的拥堵现象，还要进一步加强旅游市场秩序监管，为广大游客创造一个文明、有序、安全、友善的旅游社会环境。

第二节　游客对中国香港旅游安全的感知评价

　　本书在香港的海洋公园、迪士尼乐园等景区场所和旅游购物场所进行了问卷调研，调查对象主要是来香港旅游的内地游客。本研究共发放问卷 200 份，回收有效问卷 144 份。问卷分析借助统计软件 SPSS 17.0 进行。

一　游客对香港旅游安全状态的总体感知评价

　　统计分析发现（见表 4 - 9），游客对香港安全状态的总体感知评价较高，总体平均值达到 4.0 以上，说明在游客心目中香港是一个很安全的旅游目的地。其中，旅游安全评价（4.0764）、餐饮安全评价（4.0347）、住宿安全评价（4.1250）、交通安全评价（4.0694）和景区游览安全评价

（4.0347）平均值均超过了 4.0，说明赴香港旅游的游客对香港旅游餐饮、住宿、交通、景区等都具有较高的安全感知；游客对购物安全（3.7083）和娱乐安全（3.8681）的感知评价较其他问项来说平均值相对较低。

表 4 - 9   游客对香港旅游安全状态的总体感知评价

感知问项	最小值	最大值	平均值	标准偏差
旅游安全评价	2.00	5.00	4.0764	0.75799
餐饮安全评价	2.00	5.00	4.0347	0.77922
住宿安全评价	1.00	5.00	4.1250	0.79223
交通安全评价	1.00	5.00	4.0694	0.82490
景区游览安全评价	1.00	5.00	4.0347	0.83132
购物安全评价	1.00	5.00	3.7083	0.98857
娱乐安全评价	1.00	5.00	3.8681	0.87902
总体平均			4.0081	0.82904

二   游客对香港旅游行程活动安全的感知评价

统计分析发现（见表 4 - 10），游客对香港行程活动安全的感知评价较高（3.8528），表明游客对香港旅游行程活动安全总体比较满意。其中，游客的身体适应度感知（3.9097）和负害怕感知（3.9028）均值达到 3.9 以上；游客的负危险感知（3.8958）和活动安全感知（3.8333）的均值在 3.8 以上；游客对旅游行程顺利程度的感知均值为 3.7222。数据分析表明，游客对香港旅游行程活动安全的感知处于中上水平。香港的旅游行程和旅游活动不太会给游客带来害怕感和危险感，但仍然有较大的提升空间。

表 4 - 10   游客对香港旅游行程活动安全的感知评价

感知问项	最小值	最大值	平均值	标准偏差
旅游行程的顺利程度	2.00	5.00	3.7222	0.73327
旅游活动的身体适应度	1.000	5.000	3.9097	0.827104
旅游活动没有害怕感	2.00	5.00	3.9028	0.87161
旅游活动没有危险感	1.00	5.00	3.8958	0.89066
旅游活动安全的感知度	1.00	5.00	3.8333	0.85280
总体平均			3.8528	0.83509

三 游客对香港自然环境安全的感知评价

统计分析发现（见表 4 – 11），游客对香港的自然环境安全的评价均值（3.6973）处于中等水平。其中，游客对自然环境质量（3.9306）和自然环境的干净程度（3.9514）的评价较高，均接近 4.0，且标准偏差较小，表明游客所感受到的香港自然环境质量较好、整洁干净；游客对香港自然环境安全隐患的负感知均值为 3.6875，处于中等水平；游客对自然灾害风险较少（3.4861）和对自然灾害的担忧度低（3.4306）的感知均值处于 3.4 的水平，其安全感知度相对较低，表明游客对香港自然环境安全还是存在一些担忧。

表 4 – 11 游客对香港自然环境安全的感知评价

感知问项	最小值	最大值	平均值	标准偏差
自然环境质量高	2.00	5.00	3.9306	0.77236
自然环境干净整洁	1.00	5.00	3.9514	0.95588
自然环境安全隐患少	1.00	5.00	3.6875	0.92720
自然灾害风险较少	1.00	5.00	3.4861	1.03089
自然灾害的担忧度低	1.00	5.00	3.4306	1.01494
总体平均			3.6973	0.94025

四 游客对香港社会环境安全的感知评价

统计分析发现（见表 4 – 12），游客对香港社会环境安全的感知评价值为 3.8403，处于中等偏上的水平。其中，就 5 个感知问项的平均值来看，游客对香港旅游购物方面具有较高的安全评价，其中游客对"很少遇见宰客骗人""很少遇见偷窃打架""很少遇见社会治安问题"的感知均值都是 3.8958，游客的安全感知度相对较高；游客对"很少遇见拥挤杂乱"（3.7708）及"很少遇见强迫消费"（3.7431）的感知度相对较低，其评价值都不到 3.8。可见，游客对香港的社会环境安全认可处于中等偏上的水平，但是强迫消费和拥挤杂乱的情况还是有待改善。

表 4 – 12　游客对香港社会环境安全的感知评价

感知问项	最小值	最大值	平均值	标准偏差
很少遇见拥挤杂乱	1.00	5.00	3.7708	1.04258
很少遇见强迫消费	1.00	5.00	3.7431	1.02927
很少遇见宰客骗人	1.00	11.00	3.8958	1.16906
很少遇见偷窃打架	1.00	5.00	3.8958	0.83389
很少遇见社会治安问题	2.00	5.00	3.8958	0.79964
总体平均			3.8403	0.97489

五　游客对香港设施设备安全的感知评价

统计分析发现（见表 4 – 13），游客对香港旅游设施设备安全的感知评价均值（3.9972）接近于 4.0，处于较高的感知水平。其中，游客对"设备使用的方便性""没有设备故障经历""没有设备风险经历"的评价均值都超过了 4.0。同时，游客对设施设备的安全可靠性（3.9722）和安全观感（3.9097）的认知评价也比较高。所有观测问项的标准偏差都比较小，这说明赴港游客普遍认可香港旅游设施设备的安全水平，香港旅游设施设备的安全性能较高，设施安全维护工作做得较好。

表 4 – 13　游客对香港设施设备安全的感知评价

感知问项	最小值	最大值	平均值	标准偏差
设备安全可靠性	1.00	5.00	3.9722	0.79284
设备的安全观感	1.00	5.00	3.9097	0.89218
设备使用的方便性	2.00	5.00	4.0694	0.79026
没有设备故障经历	1.00	5.00	4.0139	0.81923
没有设备风险经历	2.00	5.00	4.0208	0.80617
总体平均			3.9972	0.82014

六　游客对香港旅游人员安全的感知评价

统计分析发现（见表 4 – 14），游客对香港旅游人员安全因素的感知评价均值（3.9263）较高。其中，游客对导游安全素质（3.9861）、服务人员安全素质（3.9444）和服务安全性（3.9444）的感知评价较高；游客对香港当地人友善度（3.8819）和人员友好程度（3.8750）的感知评价也处于中等偏上水平。数据分析表明，游客对香港的旅游人员安全的感知评价较高，香港从业人员的安全素质较高。不过，香港居民和其他人员的友善度虽然较高，但还有提升的空间。

表 4 - 14　游客对香港旅游人员安全的感知评价

感知问项	最小值	最大值	平均值	标准偏差
导游安全素质	2.00	5.00	3.9861	0.77537
服务人员安全素质	2.00	5.00	3.9444	0.73644
服务人员所提供服务的安全性	2.00	5.00	3.9444	0.78248
当地人友善度	2.00	5.00	3.8819	0.81504
人员友好程度	2.00	5.00	3.8750	0.77437
总体平均			3.9263	0.77674

七　游客对香港旅游安全管理水平的感知评价

统计分析发现（见表 4 - 15），游客对香港的旅游安全管理水平评价较高，均值为 4.0417。在对分项因素的评价中，游客对安全警示服务（4.0764）、安保工作成效（4.0069）、安全设施设备的完善度（4.0764）等的评价均值都超过 4.0；游客对香港安全保障投入的评价最高，评价值达到了 4.1250；相比之下，游客对安全信息服务的评价值相对较低（3.9236），这可能是因为香港的标示系统不太符合内地游客的视觉习惯。可见，游客对香港的旅游安全管理水平总体上比较满意，但是香港的安全信息服务还可以进一步优化。

表 4 - 15　游客对香港旅游安全管理水平的感知评价

感知问项	最小值	最大值	平均值	标准偏差
安全警示服务	2.00	5.00	4.0764	0.69039
安全信息服务	2.00	5.00	3.9236	0.72978
安保工作成效	2.00	5.00	4.0069	0.81504
安全设施设备的完善度	2.00	5.00	4.0764	0.75799
游客安全保障的人力物力投入	1.00	5.00	4.1250	0.75609
总体平均			4.0417	0.74986

八　赴港游客对个人安全状态的感知评价

统计分析发现（见表 4 - 16），赴港游客对个人安全状态的感知评价均值超过了 4.0，表明了赴港游客对个人安全状态的自我感知评价较高，自我感觉很满意。游客除了对风险应对能力（3.8611）的感知评价值低于3.9 外，游客对安全旅游知识、减少风险的知识、安全准备意识、安全防范意识、风险规避能力等的感知评价值都超过了 4.0，其中游客对风险规避能力的评价值达到 4.1389。这表明，赴港游客普遍有做好安全准备的意识和行为，对旅游过程中的不安全行为有较好的认识和行为能力。但游客对风险发生时的应对能力感知偏低，表明游客的安全认知是相对理性的。

表 4 – 16　赴港游客对个人安全状态的感知评价

感知问项	最小值	最大值	平均值	标准偏差
安全旅游的知识	3.00	5.00	4.0556	0.66667
减少风险的知识	3.00	5.00	4.0556	0.67707
安全准备意识	2.00	5.00	4.0417	0.72782
安全防范意识	2.00	5.00	4.0972	0.73208
风险规避能力	2.00	5.00	4.1389	0.77198
风险应对能力	2.00	5.00	3.8611	0.79870
总体平均			4.0770	0.72905

总体来看，在对香港旅游安全的感知评价中，游客对旅游地安全管理水平和个人安全状态的感知评价较高；游客对旅游六要素各环节的总体评价均值也在 4.0 以上；游客对人员安全、设施设备安全、社会环境安全、行程活动安全等的感知都处于中等偏上的水平；游客对香港的自然环境安全的感知评价最低（3.6973），可能原因在于香港是滨海旅游地，以台风为主的自然灾害容易造成游客航班延误、航班取消等业务安全事故。

第三节　游客对中国澳门旅游安全的感知评价

本课题组在澳门的大三巴等主要景区场所和旅游购物场所进行了问卷调研，调查对象主要是来澳门旅游的内地游客。本研究共发放问卷 310 份，回收有效问卷 296 份。问卷分析借助统计软件 SPSS 17.0 进行。

一 游客对澳门旅游安全状态的总体感知评价

如表 4-17 所示，游客对澳门旅游安全状态的总体评价比较高，平均
值达到 4.0 以上，说明游客认为在澳门旅游是比较安全的。7 个问项中
"餐饮安全评价"和"交通安全评价"的评价值处于中等偏上的水平，分
别是 3.9900 和 3.9037；游客对澳门景区游览安全评价最高（4.1130），且
评价值的标准偏差最小；游客对澳门的娱乐安全、住宿安全、购物安全认
可程度也很高，平均值都达到 4.0 以上。可见，赴澳游客对澳门旅游安全
状况的总体评价良好。在旅游六要素场所中，对澳门餐饮和交通安全的评
价相对较低。

表 4-17　游客对澳门旅游安全状态的总体感知评价

感知问项	最小值	最大值	平均值	标准偏差
旅游安全评价	1.00	5.00	4.1100	0.78738
餐饮安全评价	1.00	5.00	3.9900	0.75932
住宿安全评价	2.00	5.00	4.0631	0.77417
交通安全评价	1.00	5.00	3.9037	0.89108
景区游览安全评价	2.00	5.00	4.1130	0.70276
购物安全评价	1.00	5.00	4.0532	0.80239
娱乐安全评价	2.00	5.00	4.0930	0.73347
总体平均	1.42	5.00	4.0465	0.77865

二 游客对澳门旅游行程活动安全的感知评价

如表 4-18 所示，游客对澳门旅游行程活动安全的总体评价均值达
4.1063，表明赴澳游客对澳门旅游行程活动的安全感知水平较高。其中，游
客对澳门旅游活动安全的感知评价值达到 4.3023，表明游客认为澳门旅游活
动安排很安全；统计数据显示，游客对旅游活动没有害怕感（4.0731）和没
有危险感（4.1063）的感知水平较高，对旅游活动的身体适应度（4.0830）
也具有较高的感知度，表明赴澳旅游行程活动普遍能够让游客感到身心安全
和舒适；此外，游客对旅游行程的顺利程度的感知度相对较低，但评价值也

接近 4.0。可见，游客普遍认为澳门旅游行程活动是安全、舒适、顺利的。

表 4-18　游客对澳门旅游行程活动安全的感知评价

感知问项	最小值	最大值	平均值	标准偏差
旅游行程的顺利程度	1.00	5.00	3.9668	0.79513
旅游活动的身体适应度	2.00	5.00	4.0830	0.75921
旅游活动没有害怕感	2.00	5.00	4.0731	0.80910
旅游活动没有危险感	2.00	5.00	4.1063	0.80539
旅游活动安全的感知度	1.00	5.00	4.3023	0.71993
总体平均			4.1063	0.77775

三　游客对澳门自然环境安全的感知评价

如表 4-19 所示，游客对澳门自然环境安全的感知水平较高，普遍认为澳门的自然环境质量较高，也较为安全。其中，对自然灾害的担忧度低的感知均值最高，为 3.9468；游客对澳门自然灾害风险较少（3.9203）、自然环境质量高（3.9369）、自然环境干净整洁（3.8870）、自然环境安全隐患少（3.8439）等问项的感知也处在中等偏上的水平。可见，游客普遍认为澳门自然环境质量较高，发生自然灾害的可能性低。由于澳门旅游以人文景观、娱乐、购物等为主要特色，因此游客对澳门发生自然灾害的担忧程度也比较低。

表 4-19　游客对澳门自然环境安全的感知评价

感知问项	最小值	最大值	平均值	标准偏差
自然环境质量高	1.00	5.00	3.9369	0.80374
自然环境干净整洁	1.00	5.00	3.8870	0.81273
自然环境安全隐患少	1.00	5.00	3.8439	0.78243
自然灾害风险较少	1.00	5.00	3.9203	0.79180
自然灾害的担忧度低	1.00	5.00	3.9468	0.84686
总体平均			3.90698	0.807512

四　游客对澳门社会环境安全的感知评价

如表 4-20 所示，游客对澳门社会环境安全的评价处于中等水平

（3.72142），其评价值在游客对澳门安全感知项目中是最低的。其中，游客对澳门社会治安的感知评价最高，表明澳门是一个社会治安较好的旅游目的地；在旅游购物方面，游客对澳门旅游强迫消费和宰客骗人的感知评价值在3.7左右，表明澳门当地仍然存在强迫购物和宰客现象；统计结果显示，澳门的拥挤杂乱现象相对其他社会环境而言较为严重，平均值为3.2525，表示游客普遍认为澳门存在拥挤杂乱的现象，这与来澳游客数量多、澳门的占地面积小有一定关系。

表 4-20　游客对澳门社会环境安全的感知评价

感知问项	最小值	最大值	平均值	标准偏差
很少遇见拥挤杂乱	1.00	5.00	3.2525	1.09668
很少遇见强迫消费	1.00	5.00	3.7076	0.87611
很少遇见宰客骗人	1.00	5.00	3.7500	0.85436
很少遇见偷窃打架	1.00	5.00	3.9203	0.80847
很少遇见社会治安问题	1.00	5.00	3.9767	0.84765
总体平均			3.72142	0.896654

五　游客对澳门设施设备安全的感知评价

如表4-21所示，游客对澳门设施设备安全的感知评价较高，普遍认可澳门旅游设施设备的安全水平。其中，游客的设备风险经历（4.1761）和设备故障经历（4.0897）较少；游客对澳门设备的可靠性（4.0033）和方便性（4.0299）具有较高的感知水平；但游客对澳门旅游设备的安全观感评价相对较差。可见，游客对澳门设施设备安全的感知评价较高，普遍认为澳门的设施设备具有较高的方便性、安全性和可靠性。

表 4-21　游客对澳门设施设备安全的感知评价

感知问项	最小值	最大值	平均值	标准偏差
设备安全可靠性	1.00	5.00	4.0033	0.75498
设备的安全观感	2.00	5.00	3.9402	0.73240
设备使用的方便性	2.00	5.00	4.0299	0.79316
没有设备故障经历	2.00	5.00	4.0897	0.80948

续表

感知问项	最小值	最大值	平均值	标准偏差
没有设备风险经历	2.00	5.00	4.1761	0.76522
总体平均			4.04784	0.771048

六 游客对澳门旅游人员安全的感知评价

如表4-22所示，游客对澳门旅游人员安全的感知评价情况较好，认为澳门的旅游从业人员、服务人员和居民具有较高的安全素质。其中，澳门当地居民（4.1993）和相关人员（4.1063）的友善度较高，当地居民素质较高，对游客的欢迎程度较高；游客对服务人员安全素质（3.9000）和所提供服务的安全性（3.9100）的感知评价处于中等偏上水平；游客对导游安全素质的评价最低。可见，游客普遍认可澳门的人员安全水平，但是澳门的导游人员应该继续提升安全素质。

表4-22 游客对澳门旅游人员安全的感知评价

感知问项	最小值	最大值	平均值	标准偏差
导游安全素质	1.00	5.00	3.7600	0.87843
服务人员安全素质	1.00	5.00	3.9000	0.80757
服务人员所提供服务的安全性	1.00	5.00	3.9100	0.79415
当地人友善度	1.00	5.00	4.1993	0.79591
人员友好程度	1.00	5.00	4.1063	0.84577
总体平均			3.97512	0.824366

七 游客对澳门的安全管理水平的感知评价

如表4-23所示，游客对澳门旅游安全管理水平（3.85184）的感知评价处于中等偏上水平。其中，游客对澳门游客安全保障的人力物力投入（3.9037）的评价最高；游客对安全警示服务、安全信息服务、安保工作成效和安全设施设备的完善度都具有较好的感知评价，评价值达到中等偏上水平；相比之下，游客对澳门安保工作成效的感知评价相对较低，但评价值也达到3.8以上的水平。可见，赴澳游客普遍认可澳门的旅游安全管理水平，游客对澳门的安全警示服务、信息服务等工作表示比较满意，对澳门在游客安全保障方面的人力物力投入评价较高。澳门在安保工作方面稍显不足。

表 4 - 23　游客对澳门的安全管理水平的感知评价

感知问项	最小值	最大值	平均值	标准偏差
安全警示服务	1.00	5.00	3.8638	0.83549
安全信息服务	1.00	5.00	3.8339	0.81178
安保工作成效	1.00	5.00	3.8173	0.77233
安全设施设备的完善度	1.00	5.00	3.8405	0.74464
游客安全保障的人力物力投入	1.00	5.00	3.9037	0.77504
总体平均			3.85184	0.787856

八　游客对澳门游客个人安全状态的感知评价

如表 4 - 24 所示，赴澳游客对个人安全状态的自我感知水平较高，达到 4.0194。其中，游客对"安全准备意识""安全防范意识""风险规避能力"的感知评价值都达到 4.0 以上；游客对"安全旅游的知识"（3.9336）和"减少风险的知识"（3.9701）的自我感知评价相对较低；此外，游客对风险应对能力的感知水平最低。可见，赴澳游客的个人安全感知度较高，游客表现出较强的安全防范意识，但在安全知识和风险应对能力方面还可进一步提高。

表 4 - 24　澳门游客个人安全状态的感知评价

感知问项	最小值	最大值	平均值	标准偏差
安全旅游的知识	1.00	5.00	3.9336	0.79303
减少风险的知识	2.00	5.00	3.9701	0.75879
安全准备意识	1.00	6.00	4.0333	0.80481
安全防范意识	1.00	5.00	4.1794	0.76226
风险规避能力	1.00	5.00	4.1196	0.81995
风险应对能力	1.00	5.00	3.8804	0.82804
总体平均			4.0194	0.79448

综述所述，澳门是一个以人文景观和娱乐项目为主的城市型旅游地，

游客对澳门的安全感知评价在海峡两岸暨港澳地区中是较高的。其中，游客对澳门的社会环境安全感知度最低，对行程活动安全感知度最高。因此，澳门应该进一步分析游客的偏好，进一步提高社会环境安全水平。

第四节　游客对中国台湾旅游安全的感知评价

本研究委托大陆赴台旅游团进行了问卷调研，调查对象主要是赴台湾旅游的大陆游客。本研究共发放问卷 200 份，回收有效问卷 135 份。问卷分析借助统计软件 SPSS 17.0 进行。

一　游客对台湾旅游安全状态的总体感知评价

如表 4 - 25 所示，游客对台湾安全状态的总体感知情况良好。其中对"餐饮安全"和"娱乐安全"评价最高，其次是住宿安全、景区游览安全和购物安全，而交通安全评价略低。统计结果显示，游客对交通安全评价的平均值低于 4.0，表示游客认为台湾的交通安全情况不是十分理想，还有提升的空间。总体而言，游客对台湾的食、住、行、游、购、娱六大要素产业的安全评价良好，台湾是一个安全可靠的旅游目的地。

表 4 - 25　游客对台湾安全状态的总体感知评价

感知问项	最小值	最大值	平均值	标准偏差
旅游安全评价	1.00	5.00	4.1259	0.69065
餐饮安全评价	1.00	5.00	4.0909	0.70120
住宿安全评价	1.00	5.00	4.0699	0.75666
交通安全评价	1.00	5.00	3.9574	0.86909
景区游览安全评价	1.00	5.00	4.0210	0.80025
购物安全评价	1.00	5.00	4.0000	0.78722
娱乐安全评价	1.00	7.00	4.0909	0.75907
总体平均			4.0408	0.76630

二　游客对台湾旅游行程活动安全的感知评价

如表 4 - 26 所示，游客对台湾旅游行程活动安全的总体评价良好。据统计结果，游客对"旅游活动没有危险感"的评价值为4.0420，表示游客的危险感较低；游客对"旅游活动的身体适应度"的感知评价值为4.0979，表明游客能够较快较好适应在台湾的旅游活动；游客对"旅游行程的顺利程度"的感知评价值为3.9650，处于中等偏上的水平。相比之下，游客对"旅游活动没有害怕感"的评价较低，表明部分刺激性行程影响了游客的安全感知。可见，游客对台湾旅游行程活动的安全评价较高，认为在台湾的旅游活动危险度低，并能很快适应台湾的行程活动。

表 4 - 26   游客对台湾旅游行程活动安全的感知评价

感知问项	最小值	最大值	平均值	标准偏差
旅游行程的顺利程度	2.00	5.00	3.9650	0.67566
旅游活动的身体适应度	2.00	5.00	4.0979	0.76282
旅游活动没有害怕感	2.00	5.00	3.8322	0.86388
旅游活动没有危险感	1.00	5.00	4.0420	0.86296
旅游活动安全的感知度	2.00	5.00	4.1678	0.67120
总体平均			4.02098	0.7673044

三　游客对台湾自然环境安全的感知评价

如表 4 - 27 所示，游客对台湾自然环境安全的评价结果不是十分理想，评价均值为3.6741。其中，游客对"自然环境质量高"和"自然环境干净整洁"的感知评价较高，平均值达到4.0以上，表明游客对台湾的自然环境认可度高；游客认为台湾存在一定的自然环境安全隐患和自然灾害风险，两个问项平均值分别为3.6713和3.2517；同时，游客对台湾自然灾害较为担忧（3.2587），这与台湾多发台风和地震有着密切关系。综上所述，游客对台湾自然环境安全的感知评价处于中等水平，其中游客对自然灾害及其风险较为担忧。

表 4 - 27   游客对台湾自然环境安全的感知评价

感知问项	最小值	最大值	平均值	标准偏差
自然环境质量高	2.00	5.00	4.0490	0.72509
自然环境干净整洁	2.00	5.00	4.1399	0.73735

续表

感知问项	最小值	最大值	平均值	标准偏差
自然环境安全隐患少	2.00	5.00	3.6713	0.77620
自然灾害风险较少	1.00	5.00	3.2517	0.98201
自然灾害的担忧度低	1.00	5.00	3.2587	0.91708
总体平均			3.6741	0.82754

四　游客对台湾社会环境安全的感知评价

如表4-28所示，游客对台湾社会环境安全的评价情况并不理想。相比之下，游客对赴台旅游中的强迫消费（3.8182）和宰客骗人（3.6408）现象的评价值处于中等偏上水平，赴台旅游中的社会环境拥挤杂乱（3.3732）现象出现较多。游客较少遇见偷窃打架（4.0775）和其他社会治安问题（4.0704），表明赴台游客普遍认为台湾的社会治安环境良好。可见，赴台游客对台湾的社会环境总体评价一般，但对社会治安评价较好，而购物安全问题和拥挤问题较为突出。

表4-28　游客对台湾社会环境安全的感知评价

感知问项	最小值	最大值	平均值	标准偏差
很少遇见拥挤杂乱	1.00	5.00	3.3732	0.94987
很少遇见强迫消费	1.00	5.00	3.8182	0.90877
很少遇见宰客骗人	1.00	5.00	3.6408	0.90186
很少遇见偷窃打架	1.00	5.00	4.0775	0.78165
很少遇见社会治安问题	1.00	5.00	4.0704	0.74992
总体平均			3.79602	0.858414

五　游客对台湾设施设备安全的感知评价

如表4-29所示，游客对台湾设施设备安全的评价情况较为理想，总体均值达4.0以上。其中，游客对设施设备方便性评价较高，感知均值为4.0629；游客的设备故障经历（4.0769）和设备风险经历（4.1119）较少；而对设备安全可靠性和安全观感的评价略低，平均值不足4.0。总体而言，赴台游客认为台湾的设施设备是安全、可靠的，且很少经历设备故障。

表 4 - 29   游客对台湾设施设备安全的感知评价

感知问项	最小值	最大值	平均值	标准偏差
设备安全可靠性	1.00	5.00	3.9021	0.72495
设备的安全观感	2.00	5.00	3.9720	0.75006
设备使用的方便性	2.00	5.00	4.0629	0.75262
没有设备故障经历	2.00	5.00	4.0769	0.69279
没有设备风险经历	2.00	5.00	4.1119	0.72291
总体平均			4.02516	0.728666

六   游客对台湾旅游人员安全的感知评价

如表 4 - 30 所示，游客对台湾旅游中的人员安全评价较为理想，总体均值达 4.0 以上，表明在游客心中台湾的旅游相关人员是安全友善的。当地人（4.1972）和相关人员（4.0915）较为友好，对赴台游客比较友善；游客对台湾服务人员的安全素质以及提供服务的安全性评价情况较好，平均值接近4.0，表明台湾旅游服务人员的安全素质较高，能够为游客提供安全有效的服务；相比之下，游客对导游安全素质的评价情况不是十分理想，平均值为3.8239，可见当前旅游行业中导游的安全素质和服务水平亟须提升。

表 4 - 30   游客对台湾旅游人员安全的感知评价

感知问项	最小值	最大值	平均值	标准偏差
导游安全素质	2.00	5.00	3.8239	0.76538
服务人员安全素质	2.00	5.00	3.9437	0.72224
服务人员所提供服务的安全性	2.00	5.00	3.9930	0.67893
当地人友善度	2.00	5.00	4.1972	0.73648
人员友好程度	2.00	5.00	4.0915	0.72352
总体平均			4.00986	0.72531

七   游客对台湾旅游安全管理水平的感知评价

如表 4 - 31 所示，游客对台湾旅游安全管理水平的感知评价值（3.9454）处于中等偏上水平。其中，对安全警示服务评价最高，感知评价值达 4.0070；对安全信息服务、安全设施设备的完善度和游客安全保障的人力物力投入三个问项的评价相对较好，感知评价值接近 4.0；而对安保工作成效方面的评价略低，感知评价值为 3.8601。综上所述，游客认为台湾旅游安全管理水平较高，对安全警示服务最为满意。

表 4 – 31　游客对台湾旅游安全管理水平的感知评价

感知问项	最小值	最大值	平均值	标准偏差
安全警示服务	2.00	5.00	4.0070	0.70707
安全信息服务	2.00	5.00	3.9860	0.66062
安保工作成效	2.00	5.00	3.8601	0.72773
安全设施设备的完善度	2.00	5.00	3.9161	0.72672
游客安全保障的人力物力投入	2.00	5.00	3.9580	0.72066
总体平均			3.9454	0.70856

八　赴台游客对个人安全状态的感知评价

如表 4 – 32 所示，赴台游客对个人安全状态（3.8576）的自我认知处于中等偏上水平。其中，游客的安全防范意识最高（3.9507），游客对安全旅游的知识、减少风险的知识、安全准备意识和风险规避能力的自我认知水平在 3.8 以上。游客对风险应对能力的自我评价最低，感知评价值为3.7483。可见，赴台游客的个人安全认知较好，游客有一定的安全知识储备和较强的安全意识，具备一定的风险规避能力，但是风险应对能力有待提升。

表 4 – 32　赴台游客对个人安全状态的感知评价

感知问项	最小值	最大值	平均值	标准偏差
安全旅游的知识	2.00	5.00	3.8881	0.69307
减少风险的知识	2.00	5.00	3.8322	0.75978
安全准备意识	2.00	5.00	3.8873	0.78187
安全防范意识	1.00	5.00	3.9507	0.79294
风险规避能力	1.00	5.00	3.8392	0.89325
风险应对能力	2.00	5.00	3.7483	0.77340
总体平均			3.8576	0.78238

　　从游客对海峡两岸暨港澳地区旅游安全的感知水平来看，游客对内地的社会环境安全感知度最低，对个人安全状态感知度最高；游客对香港的自然环境安全感知度最低，对个人安全状态感知度最高；游客对澳门的社会环境安全感知度最低，对行程活动安全感知度最高；游客对台湾的自然环境安全感知度最低，对设施设备安全和人员安全感知度较高。在海峡两岸暨港澳地区的所有样本中，游客对澳门总体安全感知水平较高。总体上，游客对四地的旅游安全状态并不非常满意。游客对旅游的总体安全状态、旅游行程活动安全、自然环境安全、社会环境安全、设施设备安全、人员安全、旅游安全管理水平、个人安全状态等模块的感知水平都在 3.4 以上，但在 4.2 以下，说明海峡两岸暨港澳地区的旅游安全状态存在明显的分化趋势。海峡两岸暨港澳地区的旅游安全态势各不相同，在旅游安全治理中需要进行针对性的管控，但也需要海峡两岸暨港澳地区共同协作，改善旅游安全环境。

第五章

海峡两岸暨港澳地区旅游
应急合作的体系结构

海峡两岸暨港澳地区经济文化往来密切、民生活动息息相关、旅游发展相互支撑的背景为海峡两岸暨港澳地区的旅游交流和应急合作提供了基础。同时，海峡两岸暨港澳地区互为重要的旅游客源市场，在旅游客源市场上有着较高的依存度。因此，加强海峡两岸暨港澳地区的旅游应急合作，对于保障海峡两岸暨港澳地区的旅游交流具有重要意义。但是，海峡两岸暨港澳地区在旅游应急政策、制度、标准等层面的协调合作可能遭遇反对派人士的阻挠。例如，广深港高铁香港西九龙总站"一地两检"问题就引起香港泛民人士的争议与阻挠，祖国大陆试图让利于台湾地区的《海峡两岸服务贸易协议》就引起了台湾民进党的杯葛。在民进党执政台湾地区的背景下，台海两岸达成旅游领域合作交流协议的可能性更是微乎其微。

应该看到，旅游安全应急合作毕竟是重要的民生议题，海峡两岸暨港澳地区应该谨慎应对、积极作为。在步骤上，中国内地可以先与香港和澳门地区开展旅游应急合作，并逐步扩展至台湾地区。在旅游应急合作主体层面，中国内地与港澳地区可以开展全面的旅游应急合作，祖国大陆与台湾地区则可以尝试先在民间组织和行业组织层面开展相关合作。为了便于体系的建构和描述，本研究主要基于"应为"和"可为"的视角对海峡两岸暨港澳地区的旅游应急合作进行完整论述，部分论述主要基于体系的完备性来进行阐述，其实际的建构需要跨越立法、行政和观念层面的重重阻碍。

第一节　旅游应急合作的需求和内容

一　海峡两岸暨港澳地区旅游应急合作的任务需求

受产业因素、环境因素等综合因素的影响，海峡两岸暨港澳地区的旅游突发事件频繁发生，给四地的旅游业发展带来了不良影响，四地旅游业均面临旅游安全议题带来的挑战，这对海峡两岸暨港澳地区的旅游应急合作提出了客观要求。根据海峡两岸暨港澳地区旅游突发事件的规律和发生特征，进行旅游应急合作的需求分析，有利于提升旅游应急合作工作的针对性。

（一）旅游突发事件的类型分布与旅游应急合作需求

1. 海峡两岸暨港澳地区旅游突发事件的类型分布特征

从特点来看，港澳台赴中国内地旅游突发事件中有一半以上是较大旅游突发事件，各类突发事件均有分布，其中以事故灾难和公共卫生事件为主要类型。事故灾难发生频次和风险等级最高，事故类型构成也比较复杂，其中交通安全事故和涉水事故所占比重最大。大巴车司机缺乏专业技能追尾其他车辆、高速公路侧翻等交通安全事故所造成的伤亡规模最大。可见，内地发生的事故灾难风险级别较高，事故成因复杂，伤亡规模较大，影响范围较广。

大陆赴台湾旅游突发事件以事故灾难和公共卫生事件为主，事故灾难发生频率最高，公共卫生事件次之，其他事件类型发生频率相对较低。事故灾难类型结构复杂，以意外摔倒和交通安全事故为主，大多是一般性突发事件，造成游客受伤规模最大。公共卫生事件发生频次仅次于事故灾难，但是风险级别最高，事件死亡率最高。

内地赴港澳旅游突发事件以自然灾害和事故灾害为主，自然灾害发生频率最高，事故灾害次之，其他事件类型发生频率相对较低。台风等自然灾害容易造成游客滞留和航班延误。事故灾难以游客意外摔倒和交通安全事故两个类型居多。近几年在港澳地区发生的旅游突发事件以一般性旅游突发事件为主，伤亡规模很小。这说明港澳地区旅游应急体系相对比较健全，值得向大陆和台湾推广使用。

2. 基于旅游突发事件类型导向的旅游应急合作需求

总体上，海峡两岸暨港澳地区的旅游突发事件呈现多元性、复杂性、影响范围广等特点。其中，内地和香港、澳门、台湾的旅游突发事件在后果等级、伤亡规模认定等方面存在较大的差异。这在一定程度上反映了海峡两岸暨港澳地区旅游应急水平的差异。四地的旅游应急工作各有所长，亟须建立区域性应急合作体系，实现优势互补、共创多赢。海峡两岸暨港澳地区旅游突发事件的既有特征表明以下几点。

第一，中国内地与港澳台应该建立全面性的旅游应急合作机制。四地的旅游突发事件均涵盖了自然灾害、事故灾难、公共卫生事件和社会安全事件，因此四地的旅游应急体系应该具有全面的风险防范能力，具有完整的应急功能架构。中国内地与港澳台三地应该针对各类旅游突发事件建立应急合作机制，明确应急合作的范围、方式和途径。

第二，中国内地与港澳台应该建立针对重点事件的专项应急机制。四地旅游突发事件的发生率、造成主要伤害的事件类型存在差异性，因此四地的旅游应急体系应该具有针对性，具有应对重点突发事件风险的专项防控能力，如香港应针对旅游购物冲突建立专项应急机制。

第三，中国内地与港澳台应该建立常设性的交流培训机制。四地旅游突发事件的伤亡规模存在较大差异，港澳旅游突发事件的伤亡规模较小，表明港澳这种城市型的旅游应急体系优势明显，大陆和台湾可以借鉴学习。四地旅游业应该建立常设性的会议交流与培训平台，加强交流沟通、相互学习。

第四，中国内地与港澳台应该建立应急合作预案。海峡两岸暨港澳地区的旅游应急合作既要注重全面风险的广泛防控，也要注意重点风险的专项治理。要制定覆盖事故灾难、自然灾害、公共卫生事件、社会安全事件等类型的旅游应急合作预案，明确运作规范、处置程序、技术标准、职责范围等，定期开展联合演练，并监督和检查旅游应急合作预案的贯彻执行情况。

（二）旅游突发事件的环境风险与旅游应急合作需求

1. 海峡两岸暨港澳地区旅游突发事件的环境风险特征

环境风险是引致旅游突发事件的重要因素。从统计数据来看，环境风险因素与旅游突发事件的发生存在明确的统计关联，它是影响海峡两岸暨港澳地区旅游安全的重要因素，是导致旅游突发事件发生的重要诱因。总体上，海峡两岸暨港澳地区的旅游环境既有相似性，也有差异性。海峡两岸暨港澳地区都面临大气环境风险、游览环境风险、道路环境风险等，例如，海峡两岸暨港澳地区都频繁发生各类旅游交通事故，这些旅游交通事故与各地不利的道路交通环境存在密切关系，因此改善旅游交通环境是海峡两岸暨港澳地区都应该采取的管理措施。

海峡两岸暨港澳地区的地理范围、环境体量存在差异性，这直接导致四地的环境风险结构也存在差异性。内地地理范围广阔，风险结构更为复杂，并存在一些特异型的风险因素，如高原环境风险容易导致高原病。香港、澳门和台湾都是海岛型旅游地，三地的风险结构和具体的风险因素较为相似。如港澳台三地频繁遭遇台风等自然灾害的影响，虽然台风在三地导致的旅游突发事件有所不同，但台风一直是主要风险类型。台风具有突发性、破坏严重性，严重威胁着旅游发展及游客安全。近几年，台湾在台风情境下的旅游安全治理工作不断进步，相关的旅游突发事件有所缩减。但是，海峡两岸暨港澳地区在面临台风等重大环境风险时，合作应急的机制、平台和体系并没有建立，四地旅游业几乎都是各自为战、单打独斗，往往是在旅游突发事件发生后才达成合作处置的共识。

2. 基于环境风险导向的旅游应急合作需求

环境风险是海峡两岸暨港澳地区旅游业面临的共同风险，海峡两岸暨港澳地区都受到大气环境风险、游览环境风险、道路环境风险等风险的影响。同时，海峡两岸暨港澳地区因地理气候条件的不同而具有不同的风险来源，区域性旅游地也具有差异性的风险成因，这种相似性和差异性都有规律可循。它对海峡两岸暨港澳地区旅游应急合作提出如下要求。

第一，中国内地与港澳台应该建立突发事件发生前的防控机制。中国内地与港澳台旅游业应该建立统一的旅游应急合作平台，建立旅游突发事件发生前的应急合作机制，共同加强环境风险的监测、预警和信息共享工作，以规避可能导致的旅游突发事件。

第二，中国内地与港澳台应该合作改善旅游环境条件。中国内地与港澳台旅游业应该加强环境风险的治理，改善四地游客常去的热门旅游地的环境条件，尤其要针对旅游道路交通风险等常规、频发的环境风险开展合作治理工作，共同改善旅游道路交通环境，降低环境诱因型旅游突发事件的发生频率，减轻伤害后果。

第三，中国内地与港澳台应该合作应对重大环境风险因素。中国内地和港澳台应该遴选出对旅游业影响最广泛的环境灾害与风险因素，并针对重大灾害风险建立专项应急预案和应急机制。例如，应该针对台风等重大环境风险因素建立专项应急合作机制，建立有效的应急合作平台，实现事前的信息共享和预警共享，共同防范重大环境风险可能导致的旅游突发事件。

（三）旅游突发事件的时间特征与旅游应急合作需求

1. 海峡两岸暨港澳地区旅游突发事件的时间分布特征

海峡两岸暨港澳地区民众的出游时间有不同的制度基础，港澳台三地的民众有带薪休假制度的保障，其出游时间较为灵活；内地民众的出游行为集中性较强，五一小长假、十一黄金周等已经成为其旅游密集时段。在这种时间结构下，在资源景点成熟时间的影响下，海峡两岸暨港澳地区的出游高峰和旅游突发事件的发生高峰存在不同程度的差异性。

港澳台游客赴内地旅游突发事件主要分布在4月、5月、10月、12月份。其中，4月、5月和10月份涵盖了清明节、劳动节及国庆节三个假日时段，造成港澳台游客赴内地探亲访友等旅游活动剧增，旅游旺季所带来的交通拥堵、超负荷接待和旅游从业人员的工作疲劳，增加了旅游活动的安全隐患。12月份正值内地大部分地区的寒冬、雨雪、雾凇及冰冻等天气状况增加了赴内地旅游的环境风险。

内地游客赴港澳旅游突发事件主要分布在8月、9月及个别黄金周。其原因在于，内地赴港澳台旅游旺季主要表现在暑假中后期，同时这个时间段恰逢港澳地区打折购物季和台风频发时节，港澳地区内地游客规模剧增、交通拥堵、旅游接待设施紧张、购物乱象，增加了购物、交通和社会安全风险。同时，台风频发导致大量的旅游团行程延误及滞留。大陆赴台旅游突发事件主要分布在3月、4月、5月和10月，涵盖了清明节、劳动节及国庆节三个小长假，正值旅游旺季，旅游市场的巨大压力势必带来更多更复杂的安全隐患。

2. 基于时间特征导向的旅游应急合作需求

海峡两岸暨港澳地区旅游突发事件的时间分布具有集中性和不均衡性。海峡两岸暨港澳地区的旅游突发事件在旺季和非旺季都有分布，旺季的旅游突发事件发生率更高。海峡两岸暨港澳地区在旺季旅游时段都有不同程度的供不应求态势，内地的黄金周表现得尤其明显。旅游地在旺季时段的超负荷接待可能带来交通拥堵、踩踏挤压、购物乱象等，进而导致事故灾难和社会安全事件。这就要求旅游企业、政府部门提高旅游旺季的应急能力。这对海峡两岸暨港澳地区旅游应急工作提出如下要求。

第一，中国内地与港澳台应该建立客流调节机制。四地旅游市场调节互补能力弱，旅游客源输入与输出不对等，造成旅游供需不平衡。海峡两岸暨港澳地区旅游业都应该根据淡旺季的客流差异做好旅游供需的调节工作，从结构上平衡客流，增强旅游接待能力，消除客流规模剧增、承压力不够导致的旅游突发事件。同时，要让旅游企业能快速共享客流信息，增强旅游企业的信息响应能力。

第二，中国内地与港澳台应该合作开展市场监管与治理。海峡两岸暨港澳地区旅游业的市场监管力度都还有待提升，各地都存在零负团费现象，旺季旅游时段表现尤为明显。因此，四地旅游业应该合作开展旅游市场监管和治理，加大对零负团费、旅游购物乱象等不正常市场行为的打击力度，通过优化市场环境来保障旺季旅游安全。海峡两岸暨港澳地区可以尝试建立统一的咨询和投诉处理平台，使用同样的热线电话和处理机制。

第三，中国内地与港澳台应该建立应急信息共享机制。中国内地要推动建立与港澳台旅游业的应急信息共享机制，实现海峡两岸暨港澳地区共享客流信息、共享预警信息、共享应急响应信息，增强协同沟通，增强四地旅游业协同应对客流高峰的应急能力。

第四，中国内地与港澳台应该建立旅游黄金周协调机制。海峡两岸暨港澳地区应共建黄金周等旺季时段的应急机制，建立紧急联络机制和联动预警机制，建立黄金周旅游应急合作体系，全面共享应急资源，提升旅游旺季的联动协同能力。海峡两岸暨港澳地区可以尝试签署旅游黄金周联动应急合作协议。

（四）旅游突发事件的空间风险特征与旅游应急合作需求

1. 海峡两岸暨港澳地区旅游突发事件的空间风险特征

食、住、行、游、购、娱既是旅游产业的六要素，也是旅游活动发生的空间场所。旅游六要素场所具有不同的空间结构，承载不同的旅游行为，因此各种场所可能发生的旅游突发事件也具有差异性。海峡两岸暨港澳地区旅游要素场所的突发事件分布具有较高的相似性，这主要表现在旅游交通场所和游览场所是旅游突发事件的高发场所，其次是旅游住宿场所和旅游餐饮场所。

海峡两岸暨港澳地区旅游要素场所的突发事件类型及其成因具有差异性。在祖国大陆和台湾地区，旅游交通场所的突发事件以旅游交通事故为主要类型。在香港和澳门地区，旅游交通场所的突发事件以自然灾害为主。原因在于，大陆和台湾地区的部分热点旅游区域存在旅游道路状况不佳、防护措施薄弱的情形。香港和澳门是城市型旅游地，旅游道路条件较好，因此旅游交通安全事故较少，但是港澳地区频繁发生台风等自然灾害，并因此容易导致游客航班延误、码头停运形成游客滞留，干扰当地社会生活秩序，同时也给旅游业带来了严重的经济损失。

游览场所也是旅游突发事件的高发场所，它主要受游览场所的环境风险所影响，如台风、暴雨、泥石流、滑坡等自然灾害，甚至还有蚊虫叮咬等生物灾害。住宿、餐饮场所是相对密闭的是室内空间场所，其突发事件风险主要来源于个人疾病、食物中毒等公共卫生事件。旅游购物场所容易发生购物冲突和纠纷等社会安全事件。当然，很多旅游购物冲突和纠纷没有导致人身伤害和严重的财物损失，因此达不到旅游突发事件的判断标准。相对而言，在海峡两岸暨港澳地区的出入境旅游活动中，港澳地区的旅游购物冲突较为严重。

2. 基于空间风险导向的旅游应急合作需求

旅游企业承载着特定的旅游业务活动，具有特定的从业人员要求和设施设备要求，因此其安全与应急管理具有针对性，需要依据旅游地的法律法规进行操作。对于旅游要素空间，海峡两岸暨港澳地区旅游应急合作应考虑如下需求。

第一，中国内地与港澳台应该建立旅游要素企业信息公示机制。海峡两岸暨港澳地区应共建旅游企业信息共享平台，对取得经营资质的各类旅游企业建立业务与信用档案，可以提供四地旅游应急机构进行查阅。同时，对于开展不良旅游业务的旅游企业、具有旅游安全隐患的旅游企业等应该进行信息披露，让四地旅游同行都了解这些关键信息，避免与存在风险隐患的旅游要素企业开展业务合作，将存在风险隐患的旅游企业挤出旅游市场，净化市场环境。比如，香港部分旅游购物商店长期接待低价旅游团，这种旅游购物商店应该向旅游企业和游客进行信息提示，避免游客上当受骗。

第二，中国内地与港澳台应该建立关键设施和关键从业人员信息公示机制。各类旅游要素企业存在一些影响到旅游安全的关键性设施，比如景区的大型游乐设施、旅游交通企业的交通车辆等容易发生安全事故。旅游企业也存在一些影响到旅游安全的从业人员，比如旅游车辆的司机、大型游乐设备的操作人员等，他们的资质、经验和安全履历是影响其安全品质的重要因素。对于这些关键设施和关键人员的相关信息应该通过信息共享平台进行公示，既对旅游企业开放，也对游客开放，通过游客的判断来影响旅游企业的设施配置和人员配置，推动旅游要素企业提升安全意识。

第三，中国内地与港澳台应该建立旅游企业交流互动机制。中国内地与港澳台应该推动旅游企业之间的交流和互动，多召开分类行业大会，让旅游企业之间相互了解，增进彼此之间的互信。通过人员交叉培训等方式增强旅游企业协同应急的能力，更多地通过企业层面化解旅游安全风险，避免旅游安全风险的迁延升级，避免灾害性旅游突发事件的发生。

（五）旅游突发事件的个人风险特征与旅游应急合作需求

1. 海峡两岸暨港澳地区旅游突发事件的个人风险特征

游客和旅游从业人员是旅游活动中的人员主体，两者的旅游安全素质是影响旅游活动安全的重要因素。游客和旅游从业人员的个人风险因素主要指与个体因素有关的、可能导致旅游突发事件发生的相关因素，主要包括缺乏安全常识、缺乏专业技能、个人体质问题、个人疾病、个人主观故意和个人无法驾驭的意外等六大类型。

从港澳台赴内地旅游突发事件的统计数据来看，个人风险因素主要来源于旅游从业人员缺乏专业技能、不可抗力情形和缺乏安全常识，个人体质问题和个人疾病导致的突发事件的比例较低，但这些因素容易导致公共卫生事件。从内地游客赴港澳旅游突发事件的统计数据来看，个人风险因素主要表现为不可抗力情形，缺乏安全常识和个人疾病占比居中，缺乏专业技能和个人体质问题占比较低。从大陆游客赴台旅游突发事件的统计数据来看，缺乏安全常识和不可抗力情形占比较高，个人疾病和个人体质问题占比居中，缺乏专业技能占比较低。

从海峡两岸暨港澳地区的比较来看，内地从业人员的专业操作技能有待提升，赴内地的港澳台游客应该丰富安全常识，内地赴香港、澳门和台湾的游客也应该丰富安全常识。游客个人疾病和个人体质问题虽然在四地风险因素中占比都不是特别高，但这个问题却长期存在，并不断引发旅游突发事件。

2. 基于个人风险导向的旅游应急合作需求

提升海峡两岸暨港澳地区旅游从业人员的专业素质和四地游客的安全素质，是海峡两岸暨港澳地区旅游业面临的共同任务。为实现这一目标，海峡两岸暨港澳地区应该从多个层面加强协同合作。旅游应急合作的需要主要包括以下几点。

第一，中国内地与港澳台应该共建游客安全知识宣传平台。海峡两岸暨港澳地区都存在游客缺乏安全常识或者安全意识淡薄所导致的旅游突发事件，部分游客在旅游活动中甚至采取鲁莽的举动和行为，并经常成为旅游突发事件的诱因。因此，海峡两岸暨港澳地区应该共同建立游客安全知识宣传平台，共同筛选通用性较强的旅游安全知识要素，筛选普遍性较强的旅游安全案例，通过宣传平台进行展示、陈列和宣传。

第二，中国内地与港澳台应该建立游客安全引导机制。中国内地和港澳台应该推动旅游企业重视对游客身体素质的判断，对于高风险旅游项目要加强游客筛选。四地旅游业应该重视加强对游客安全的警示和培训，可以合作共建统一的、基于旅游企业平台的游客安全警示和培训机制，通过旅游企业对游客进行统一的安全宣传、引导，培养和提升游客的安全素质，培养游客在旅游行程中的安全习惯，增强安全意识。

第三，中国内地与港澳台应该共建从业人员交流学习平台。旅游从业人员的不当操作、技能缺失或失职行为是旅游突发事件的重要诱因，因此海峡两岸暨港澳地区共建从业人员交流学习平台十分必要。可以通过应急管理论坛、联席会议、地区性旅游应急知识宣传、巡回应急讲座、联合应急演练、联合培训、跨区域专家团、旅游应急技术展览会、应急技巧竞赛等多种形式强化旅游从业人员的安全意识和安全操作技能。

据此，我们可以总结出海峡两岸暨港澳地区旅游业开展应急合作的需求结构，具体如图 5-1 所示。

二　海峡两岸暨港澳地区旅游应急合作的内容结构

海峡两岸暨港澳地区具有不同的旅游应急体制，承担旅游应急责任的主

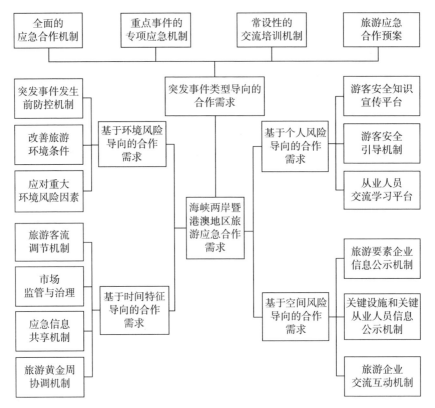

图 5-1　海峡两岸暨港澳地区旅游应急合作的需求结构

体、具体的职责内容等存在不同程度的差异。中国内地与港澳台三地的旅游应急合作需要考虑应急主体的差异，并合理地进行应急合作内容的构建。

（一）海峡两岸暨港澳地区旅游应急合作主体

海峡两岸暨港澳地区的旅游应急合作需要特定的主体来负责。不同主体由于其职能导向、制度定位的不同，需承担的旅游应急职责也存在差异。从现状来看，中国内地、澳门和台湾是相关旅游部门或机构在承担旅游应急协调工作，香港则是旅游业议会在承担旅游应急协调工作。救援等专业应急工作则是各地的公安、消防等专业部门在负责，澳门设有专门的旅游危机处理管理办公室来负责旅游突发事件的响应处置。中国内地与港澳台三地的旅游应急合作主要是在官方主导下的合作，中国大陆与台湾在行业协会层面上的合作卓有成效，但大陆的海协会、海旅会和台湾的海基会、台旅会都代表着两地主管部门的意志。显然，中国内地与港澳台的旅游应急合作主体以官方主管机构为主，合作主体的性质较为单一，推动旅游应急合作主体的多元化势在必行。

从国际经验来看，承担旅游应急责任的社会组织是多元化的。通常，社会组织主要包括政府组织、市场组织（行业与企业组织）和民间非营利的第三方组织，其中民间第三方组织包括了教育、环保、医疗、治安、慈善、宗教等各领域的社会公益组织。[①] 从海峡两岸暨港澳地区各自的应急实践来看，旅游行业协会和旅游企业等市场组织、救援联盟等民间公益组织都在不同功能层面承担了部分旅游应急工作。海峡两岸暨港澳地区应该倡导多元主体间的合作，要大力推进海峡两岸暨港澳地区在行业与企业层面、民间非营利组织层面的旅游应急合作，这对于完善旅游应急合作的功能结构、提升旅游应急合作的成效将具有重要意义。

海峡两岸暨港澳地区的旅游应急合作并不是天方夜谭，有合作的基础与合作的需求。如表 5－1 所示，第一，在政府组织层面，中国内地除了国家旅游局等已经承担旅游应急职责的政府机构外，公安、消防、气象和地震等部门也可以依托已经建立的协作关系在旅游应急协作方面发挥专业支持作用。第二，在行业企业组织层面，既要继续发挥海旅会、海协会等代表政府意志的行业协会的交流沟通作用，也要增强中国内地行业协会的非政府功能，加强中国旅游协会、台湾观光协会等行业协会之间的同业交流功能，增强行业间的协同自律和协同管理。旅游企业和相关企业之间的应急合作几乎没有提上议事日程，这是将来应该着力打造的功能机制。例如，四地旅游企业合作执行游客安全引导、宣传政策，有利于共同提升四地游客的安全素质。四地旅游企业合作采用适合的保险产品，有助于减轻旅游突发事件后的赔偿压力。四地如果能联合开发通用的旅游保险产品，实现旅游保险保障和赔付的标准化，有助于减少旅游突发事件善后矛盾。第三，公益组织和学术团体的相关合作也需要着力加强。四地都有志愿者救援组织，但是四地协作救援的机制有待建立。学界对旅游安全与应急的学术研究重视不够，中国内地设置有中国旅游研究院旅游安全研究基地等专业研究机构，但港澳台专门从事旅游安全研究的机构和人员还较少，因此相关的交流合作较少，这会影响旅游应急合作氛围和舆情的形成。

---

① 陈天祥. 善治之道：政府怎样与第三方组织合作 [J]. 人民论坛·学术前沿, 2013 (17).

表 5 - 1　旅游应急合作主体及其职能作用

旅游应急合作主体	主体属性	具体类型	职能作用
政府组织	领导机构	旅游行政部门	应急合作职能的设计；应急合作机制的建立、应急合作预案的制定和应急合作平台的构建；应急合作的协调、交流、沟通；合作改善旅游环境条件；合作应对重大环境风险；合作开展旅游市场监管；合作进行客流调节；旅游突发事件应急合作与处置
	支持机构	公安、消防、气象、地震等专业部门	建立应急合作平台，开展风险监测、预警预报、救援响应等专业领域内的应急合作
行业企业组织	行业协会	海旅会、海协会、其他协会组织	发挥行业自律作用，协助政府监督、管理和促进海峡两岸暨港澳地区旅游应急合作工作，推动行业企业间的协同培训、交流、互动；合作共建企业、人员、设施的信息披露平台；合作共建游客安全知识宣传平台；共建游客安全引导机制共建从业人员交流学习平台
	旅游企业	旅游要素企业	增强应急监测、响应和处置能力；合作执行游客安全引导、宣传政策；合作执行旅游企业、从业人员的交流培训行动；建立企业的应急资源网络；合作采用合适的旅游保险产品
	相关企业	保险机构、商业救援机构	在海峡两岸暨港澳地区开发保障标准相对统一的旅游保险产品；合作开拓商业应急服务市场，在应急咨询、应急预防、应急救援及恢复处置等专业领域提供标准化的商业服务产品，推动四地旅游应急服务市场规范化、标准化
民间非营利组织	公益组织	救援基金、志愿者救援机构	建立覆盖海峡两岸暨港澳地区的救援基金和志愿者救援机构；建立供四地合作使用的救援基金，提供救援物资和救援力量
	学术团体	科研院所	通过学术论坛、讲座、学术交流会、研究基地等形式搭建海峡两岸暨港澳地区旅游应急学术交流平台，为海峡两岸暨港澳地区旅游应急合作提供理论支撑、技术支持及政策建议

（二）海峡两岸暨港澳地区旅游应急合作内容

《中华人民共和国突发事件应对法》确立了应急预防与准备、应急监测与预警、应急处置与救援、事后恢复与重建等核心应急机制。《中华人民共和国旅游法》则确立了事前预防、事中应对、事后处置的全程应急管理模式。海峡两岸暨港澳地区的旅游应急合作应该紧扣这些核心机制，在每个机制层面开展合作。按照科学的应急过程,中国内地与港澳台旅游业应该推动旅游应急沟通和保障合作、旅游应急预防与预备合作、旅游应急监测与预警合作、旅游应急处置与救援合作、旅游恢复与重建合作。具体的旅游应急合作要素如表5-2所示。从现状来看,中国内地与港澳台主要是在突发事件应急救援和处置等层面开展了合作,其他内容层面的应急合作有待深化和加强。

表5-2 海峡两岸暨港澳地区旅游应急合作具体内容

旅游应急合作结构	具体内容要素
旅游应急沟通和保障合作	• 旅游信息共享互通平台、紧急联系机制、紧急磋商机制、联动应急预警平台、综合应急指挥平台 • 制度保障:联席会议制度,海峡两岸暨港澳地区旅游应急合作体制、机制、法制和预案 • 技术保障:应急技术交流与合作、应急设施设备开发与完善 • 应急物资保障:旅游合作保险、区域应急物资库、区域应急准备金、应急物资募集平台 • 应急队伍保障:应急队伍联合培训、大中华区专业应急救援队伍、区域社会动员机制、大中华区公益救援组织
旅游应急预防与预备合作	• 旅游应急宣传教育、联合应急预案建设、应急预案联合演练 • 旅游风险协作排查、旅游风险报告共享、旅游风险联动防控
旅游应急监测与预警合作	• 旅游风险监测合作、统一风险评估标准、旅游风险信息互通 • 统一应急预警标准、联动应急预警
旅游应急处置与救援合作	• 应急联动响应、应急资源调配、应急队伍调配、应急联动救援 • 事件进展报告互通、统一新闻发布
旅游恢复与重建合作	• 事后区域协调、事后事故调查、事后事故评估、事后事故赔偿、事后心理疏导 • 重建项目规划、恢复旅游市场、完善应急合作机制

第二节 旅游应急合作的体系框架

海峡两岸暨港澳地区的旅游应急合作既具有需求的迫切性,也具有实施的可行性。旅游应急合作体系的基础框架是以基础性平台架构为支撑、以组织体制为主导、以应急资源为保障的一系列制度安排。海峡两岸暨港澳地区旅游应急合作的平台架构应该立足于满足中国内地与港澳台旅游业在应急沟通、信息交流、资源共享、联合决策、指挥调度等方面的需求,其基础支撑架构应该包括信息支撑平台、决策支持平台、应急指挥平台和应急资源平台。海峡两岸暨港澳地区旅游应急合作的主体主要涉及政府组织、企业组织及民间非营利组织等三个层面。海峡两岸暨港澳地区在旅游应急物资、资金、技术及人力资源等方面的交流合作，有利于为海峡两岸暨港澳地区全方位的旅游应急合作和旅游应急工作的顺利开展提供资源保障。

一 海峡两岸暨港澳地区旅游应急合作的平台架构

旅游应急合作平台不同于基础性的综合应急管理平台，它应该是一个专业领域的应急协作平台，是一个应依托现有技术，整合海峡两岸暨港澳地区的旅游应急资源和力量，集通信、指挥和调度于一体的应急工作平台，它可满足旅游领域的政府机构、企业组织、民间非营利组织等三个主体层次的应急合作需要，其主要导向是满足各地旅游部门在合作应对旅游突发事件过程中的信息沟通、风险监测、预警发布、联动响应、救援协调、指挥调度、联合决策、资源共享、交流学习等功能需求，并能顺畅地联通和协调专业风险监测、专业应急救援等应急资源和力量。搭建海峡两岸暨港澳地区旅游应急合作平台是建设海峡两岸暨港澳地区旅游应急合作体系的基础性工作和关键支撑环节，对有效运转海峡两岸暨港澳地区的旅游应急合作机制，实现全方位全过程的旅游应急合作，预防和高效应对旅游突发事件具有重大意义。要通过搭建海峡两岸暨港澳地区旅游应急合作平台，发挥应急合作领导机构的协调指挥职能，为旅游应急合作机制的运转提供信息资源和必要的技术手段，并将海峡两岸暨港澳地区的旅游应急资源共享机制常态化。

（一）信息支撑平台

信息支撑平台是建设海峡两岸暨港澳地区旅游应急平台的基础，该平台应该依托通信系统、数据网络系统、监控预警系统、视频会议系统、案例备份系统、信息发布系统等功能性系统，整合和实时发布内地、香港、澳门及台湾四个地区所有的应急信息。信息支撑平台通过监控预警系统随时采集旅游地或事发地的风险信息和灾情信息，通过数据网络系统的分析预测，形成正式的预警信息以供海峡两岸暨港澳地区的旅游应急机构使用，并可通过视频会议、联席会议等形式互通互联，共同商讨决策，综合运用有线通信、无线通信等方式，通过各种媒体渠道的信息发布系统发布旅游应急信息。

信息支撑平台通过旅游应急信息采集、应急预案和案例备案、信息传输、视频会议、信息通信等功能为海峡两岸暨港澳地区旅游应急合作的顺利开展提供信息支撑和决策依据。通过信息通信、信息传输、数据网络等系统建立海峡两岸暨港澳地区的 24 小时信息共享和交流机制，一旦监测到旅游风险，便可快速准确地进行信息共享和发布，并预测可能的发展趋势及危害范围，为旅游企业的运作和游客的旅游活动提供指导，为各地旅游应急部门采取应急防控措施提供信息依据。当旅游地发生旅游突发事件后，事发地应急机构可快速启动联合应急救援预案，启动海峡两岸暨港澳地区旅游应急合作预案，调动各方应急力量和资源，以最快的速度和最小的损失处理旅游突发事件。

（二）决策支持平台

决策支持平台是海峡两岸暨港澳地区旅游应急领导机构基于相关的制度法规，根据相关旅游数据信息，通过一系列的交流和研讨，为海峡两岸暨港澳地区的旅游应急事项提供辅助决策的平台。决策支持平台主要用于支持应急合作领导机构和支持机构的应急决策与执行，通过旅游应急合作联席会议、应急技术交流会、风险分析小组、各地旅游应急案例库、旅游应急专家库、应急预案库等决策资源为海峡两岸暨港澳地区的旅游应急合作机构提供决策支持。

根据既有的体制安排，可以由国家旅游局代表内地、香港旅游业监管局（筹）代表香港特区、澳门旅游局代表澳门特区、台湾"观光局"代表台湾地区等作为牵头机构，各自下设应急管理办公室（如澳门已设置旅游危机处理办公室），与各自驻对方办事处一起作为执行机构，中国内地和港澳台各相关应急部门、相关旅游行业协会、商业应急救援机构等作为支持机构，来开展运作。通过定期召开旅游应急合作联席会议、应急技术交流会、应急论坛等形式，依据各地旅游应急形势及历史案例库、应急专题研究及应急预案等数据，制定海峡两岸暨港澳地区旅游应急合作法律规范、旅游突发事件评估标准，修订应急预案，开发旅游风险预测技术、信息预警技术和应急救援技术，发布旅游应急政策和指挥命令。

（三）应急指挥平台

海峡两岸暨港澳地区的旅游应急合作指挥平台由旅游应急指挥中心和

移动应急平台构成。旅游应急指挥中心由指挥大厅、24小时值班室、会商室构成，配置应急救援热线、视频监控系统、预测预警系统、GIS电子地图、GPS卫星定位系统、视频会议系统，主要负责旅游应急日常办公、风险预警、协调与指挥调度、救援和处置等应急管理工作。移动应急平台以各种移动客户端为载体，具备"现场应急通信、多频段多制式语音互联互通调度、监测监控、移动视频会议、综合分析研判、决策指挥、移动办公、GPS导航等功能"。[①] 旅游应急指挥中心可利用移动应急平台联通各合作地区和合作机构，连接旅游事故现场，实现现场数据信息采集和现场指挥、调度功能。

海峡两岸暨港澳地区旅游应急指挥中心可以依托旅游应急热线、旅游应急监控设备、移动应急平台等收集来自游客、企业、应急救援队伍和旅游事故发生地的应急信息，并与各地区旅游应急机构和应急救援队伍互通互联，以最快的速度启动其他地区的旅游应急救援队伍和应急资源支持。通过旅游应急指挥平台进行全方位的实时动态监控和风险分析，以最快的速度收集并共享海峡两岸暨港澳地区旅游应急救援信息，联合对旅游突发事件现场进行实时的信息采集、指挥调度和应急救援。

（四）应急资源平台

应急资源平台是海峡两岸暨港澳地区旅游应急合作的应急保障平台，由海峡两岸暨港澳地区的旅游应急资源相关机构的负责人组成一个统一的应急资源调度委员会，并建立统一的旅游应急资源库平台。该应急资源库平台应该集信息采集与更新、智能搜索、智能分析和共享等功能为一体，实现资源的优化配置和动态调整。应急资源库的整合内容包括海峡两岸暨港澳地区旅游客流数据库、海峡两岸暨港澳地区自然地理数据库、海峡两岸暨港澳地区经济社会数据库、旅游应急专题数据库、旅游应急物资数据库、旅游预案数据库、旅游专项预案数据库、旅游专业应急队伍数据库、决策支持模型库、旅游应急知识管理数据库、旅游应急演练数据库等。

应急资源库中的海峡两岸暨港澳地区旅游客流数据库主要包括海峡两岸暨港澳地区的游客规模、游客分布、游客流向、游客消费等数据信息，

① 教育部科技发展中心. 高校最新鉴定成果简介：移动应急平台［EB/OL］. http://www.cu-tech.edu.cn/cn/gxzxjdcgjj/axkfl/jsj/webinfo/2008/02/1199674667847283.htm.

为客流管理提供信息支持。自然地理数据库主要包含海峡两岸暨港澳地区的 GIS 地理信息、遥感地势图、气象灾害、危险区域遥感图、自然资源分布等复杂情况地理信息数据，为应急指挥提供自然地理信息支持。经济社会数据库包括海峡两岸暨港澳地区人口统计学信息、旅游保险客户资料、旅游救援机构名录、旅游企业信用等级、企业黑名单、各地区经济社会发展统计报告等数据信息，为游客的理性消费和政策措施的制定提供经济社会信息支持。旅游应急专题数据库包括各类旅游应急理论研究和旅游应急技术研究数据。旅游专业应急物资数据库应涵盖海峡两岸暨港澳地区所有的基础应急物资、生活应急物资、特殊应急物资、旅游专业应急物资的数据统计信息及其管辖机构的联络名录，可随时调用各方旅游应急资源投入应急救援。旅游专业应急队伍数据库包括海峡两岸暨港澳地区的公共应急队伍、商业救援队伍、由行业协会主导的公益应急队伍以及民间志愿应急队伍的数据统计信息及其联络名录。决策支持模型库包括海峡两岸暨港澳地区旅游突发事故的风险预测模型、预警模型、应急策略模型等决策支持模型。旅游应急知识管理数据库主要涵盖旅游应急政策法规、制度规范、应急培训教育、旅游风险科普等知识体系。旅游应急演练数据库主要对海峡两岸暨港澳地区的联合应急演练进行分析、评价、动态调整和备案。

海峡两岸暨港澳地区旅游应急合作平台架构如图 5 - 2 所示。

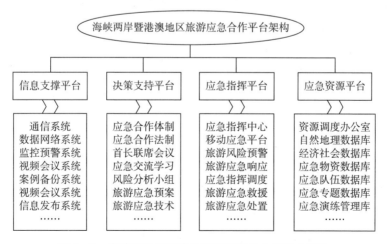

图 5 - 2　海峡两岸暨港澳地区旅游应急合作平台架构

二 海峡两岸暨港澳地区旅游应急合作的组织体制

随着经济社会的发展和交通工具日新月异的改进，旅游的发展呈现开放性、跨区域性、复杂性和多样性的特征。相应的，也带来了旅游突发事件的跨区域性和复杂性。因此，区域性旅游应急合作逐渐得到国家关注和重视。目前，部分区域已经开始倡导旅游应急合作，签订应急合作协议，开展政府层面的交流合作。近年来发生的特别重大旅游突发事件已经暴露了政府应急救援力量的局限性，亟须激活社会力量、鼓励市场力量。党的十六届六中全会发布的《中共中央关于构建社会主义和谐社会若干重大问题的决定》提出要"提高公众参与和自救能力，实现社会预警、社会动员、快速反应、应急处置的整体联动"。① 鉴于区域性旅游突发事件演变的阶段性、影响的扩散性和复杂性、涉及主体众多②，我们必须建立政府层面、行业企业层面和民间非营利组织层面的全方位一体化的应急合作组织体制。海峡两岸暨港澳地区在地域、体制、机制和法制等方面存在一定的差异和冲突，因此，旅游应急合作组织体制应该分成近期和中远期两个阶段去逐步建设和完善。

（一） 近期的旅游应急合作组织体制

在近期，海峡两岸暨港澳地区的旅游应急合作组织体制建设仍需官方组织并发挥主导作用，官方是海峡两岸暨港澳地区旅游应急合作的倡导者、管理者和合作规则制定者，可以进行统筹协调、整合社会资源、规范应急合作主体，调控市场力量和社会力量。企业组织是海峡两岸暨港澳地区旅游应急合作的支撑力量，是海峡两岸暨港澳地区旅游应急合作的内容要素企业，是海峡两岸暨港澳地区旅游应急合作的实现者。民间组织和游客本身则是旅游应急合作的参与者，起着辅助补充作用，虽然不是核心力量，但仍是不可或缺的一部分。

1. 官方组织——主导作用

目前我国的市场经济体制发展尚不完善，政府在旅游市场治理中仍然

① 中共中央关于构建社会主义和谐社会若干重大问题的决定 [EB/OL]. http://cpc. people. com. cn/GB/64093/64094/4932424. html.
② 向良云. 我国区域应急联动体系的组织框架与现实构建 [J]. 长白学刊, 2015 (1)：72-77.

发挥着主导作用。由于旅游业的综合性和开放性，《中华人民共和国旅游法》等相关法律法规也提出要求政府发挥主导作用，推动区域旅游应急合作发展。政府是区域旅游应急合作的主要推动力量、经营力量及合作规则制定者，是地方整体利益的代表者。[①] 政府在旅游应急合作中发挥主导作用有利于实现区域利益和整体利益的最大化。以广东省为例，广东省地方政府积极倡导区域旅游应急合作，并与港澳特区政府应急机构签订了区域应急管理合作协议。

海峡两岸暨港澳地区在官方层面合作的首要目标是要建立旅游应急合作领导机构——"海峡两岸暨港澳地区旅游应急合作办公室"，领导机构的成员由国家旅游局、香港旅游业监管局（筹）、澳门旅游局、台湾"观光局"等机构的负责人组成。在海峡两岸暨港澳地区旅游应急合作办公室下设"专项应急小组"作为支持机构，由各地区支持部门以驻外派遣制组成。各地区官方主管机构秉着"搁置争议、对等合作、互相尊重"的原则，摒除制度障碍、协调各方利益，协商制定出适宜各地区的统一法规制度，对旅游应急合作机构的权责关系、权利和义务等条款进行明确。

官方组织在海峡两岸暨港澳地区的旅游应急合作中的职责是通过签订旅游应急合作协议、组建旅游应急合作机构、制定相关法规政策等措施，推动海峡两岸暨港澳地区全方位的旅游应急合作，为海峡两岸暨港澳地区的旅游应急合作扫清障碍。主管机构还要通过多渠道整合各地区各部门的应急力量和资源，监控旅游市场治理，鼓励和引导市场力量，激活社会力量，制定应急预案，推动旅游应急合作机制的高效运转。

2. 企业组织——支撑作用

官方主管机构在海峡两岸暨港澳地区的旅游应急合作中发挥着主导作用，但是单纯依靠官方主管机构的主导力量，旅游应急合作的广度和深度还不够，它无法涵盖到所有领域和范围。旅游要素企业、旅游行业协会等市场组织作为旅游应急的直接利益相关者，具有相关领域完备的专业知识和技能，是海峡两岸暨港澳地区旅游应急合作的核心力量，具有支撑性作用。旅游企业作为旅游业发展的微观主体，积极参与旅游应急工作，可以有效预防旅游突发事件，尽可能避免和减少经济社会损失。在当前旅游业

---

① 何小东. 区域旅游合作的行为主体研究 [J]. 乐山师范学院学报, 2009 (8): 46–49.

发展和政策体制背景下，要保障海峡两岸暨港澳地区旅游应急合作体系的顺利建设和运转，需要在官方的主导下促进旅游企业的密切配合，尽量发挥旅游企业的专业优势，提高旅游应急体系的应急能力和效率。

海峡两岸暨港澳地区在行业企业层面的旅游应急合作应满足旅游突发事件的预防预备、旅游突发事件的风险监测和预警、旅游突发事件的应急处置与救援、旅游突发事件后的恢复与重建等四个阶段的应急工作需要。显然，四地旅游企业的应急合作不是依赖单一种类的旅游企业，而是依托各类旅游要素企业和旅游应急工作各类相关企业来开展多元合作。四地旅游业可以建立统一的旅游企业风险监控机构，推动旅游应急技术合作研发，合作开展区域旅游地的恢复重建。依托旅游行业协会，四地旅游业可以对接官方旅游主管部门的应急沟通平台，共设联合应急培训机制，共同开发联合应急预案库，在大中华区推广发展商业救援机构。

在具体实施过程中，海峡两岸暨港澳地区在企业层面的合作组织应各司其职。旅游企业风险监控机构负责旅游企业信用评估、旅游相关企业风险源排查和分析、旅游地风险评估及游客行为风险监控等工作，以便从源头控制旅游风险；海峡两岸暨港澳地区应共同培育旅游保险市场，鼓励保险企业联合开发匹配海峡两岸暨港澳地区风险状态的旅游保险产品，实现旅游保险保障的统一化；鼓励旅游应急技术的研发企业签订技术合作协议，面向海峡两岸暨港澳地区市场共同进行技术研发；依托行业协会共建海峡两岸暨港澳地区旅游企业层面的沟通平台和制定联合应急预案，并将联合演练常态化；建立联合应急培训机制，实现对旅游从业人员全方位的应急培训和演练，实现对游客的全过程安全引导，从而提高旅游从业人员和游客的应急能力；依托海峡两岸暨港澳地区现有的旅游保险公司、旅游应急技术、旅游应急装备、旅游应急救援队伍和商业救援机构，建立海峡两岸暨港澳地区旅游应急互援机制；旅游突发事件的恢复和重建任务主要由旅游企业执行，海峡两岸暨港澳地区的旅游企业可依托行业协会联合成立覆盖四地的应急救援基金会，为旅游应急救援提供必要的经费支持和心理健康治疗等相关服务。

3. 民间组织——辅助作用

民间非营利组织是以社会公民为主体的非官方组织，民间组织是"指有着共同利益追求的公民自愿组成的非营利性社团，具有非政府性、非营利性、相对独立性和自愿性的特点"。① 从狭义上讲，民间组织主要有社区自治组织、行业协会、学术团体、慈善组织、志愿者组织及其他公益组织。② 民间组织具有复杂性、灵活性和个性化的特点，具有反应迅速、针对性强、熟悉地方环境等优势，可以有效弥补政府和旅游企业在旅游应急救援中避难场所不足、应急物资短缺、救援力量有限等缺口，在旅游应急合作中扮演着规则制定的参与者、活动执行的响应者、民间资源的整合者和旅游应急合作管理的监督者等角色，具有不可或缺的补充作用。

海峡两岸暨港澳地区旅游应急管理合作在民间组织层面可以从以下几个机构范围开展。首先，海峡两岸暨港澳地区在官方应急合作顶层设计下，依托旅游地的旅游应急工作机构开展应急工作，辅助上层旅游应急合作工作；其次，开展海峡两岸暨港澳地区在旅游协会、律师协会、应急救援协会等行业性或专业性协会层面的应急交流合作；再次，海峡两岸暨港澳地区在官方和企业支持下，可加强旅游应急相关学术团体在应急理论、应急技术、应急管理等领域的专题交流和学术探讨，为海峡两岸暨港澳地区在官方和企业层面的旅游应急合作提供理论建议和技术支持；最后，倡导和鼓励海峡两岸暨港澳地区建立面向游客保障的慈善组织、志愿者组织及其他公益性组织。

表 5 - 3　近期的海峡两岸暨港澳地区旅游应急合作组织体制

组织层面	角色定位	组织机构		职责任务
官方组织层面	主导作用	领导机构	海峡两岸暨港澳地区旅游应急合作办公室	通过签订旅游应急合作协议、组建旅游应急合作机构、制定相关法规政策等，推动海峡两岸暨港澳地区全方位的旅游应急合作
		支持机构	专项应急小组	下达和执行应急合作政策法规，整合各地区各部门的应急力量和资源，监控旅游市场治理，鼓励和引导市场力量，激活社会力量，制定应急预案，推动旅游应急合作机制的高效运转

① 俞可平. 中国公民社会研究的若干问题 [J]. 中共中央党校学报，2007（12）：15 - 22.
② 沈荣华. 非政府组织在应急管理中的作用 [J]. 当代中国政治研究报告，2007，357 - 369.

组织层面	角色定位	组织机构	职责任务
企业组织层面	支撑作用	旅游企业风险监控机构	做好旅游企业信用评估、旅游相关企业风险源排查和分析、旅游地风险评估及游客行为风险监控等工作，以便从源头控制旅游风险
		技术研发机构	负责海峡两岸暨港澳地区旅游应急技术交流与合作
		联合应急培训机制	负责对旅游从业人员全方位的应急培训和演练，对游客的全过程应急培训
		企业层面应急救援基金会	负责为旅游应急救援提供必要的经济援助和心理健康治疗等服务
民间组织层面	辅助作用	社区旅游应急小组	辅助上层旅游应急合作工作
		旅游协会、律师协会、应急救援协会等行业协会	为海峡两岸暨港澳地区旅游应急合作提供交流平台和专业领域服务
		旅游应急相关学术团体	通过开展海峡两岸暨港澳地区学术界的专题讨论和学术交流，为海峡两岸暨港澳地区在官方和企业层面的旅游应急合作提供理论建议和技术支持
		民间救援基金、红十字会等慈善组织，志愿者组织及其他公益性组织	为旅游应急救援、恢复重建等工作提供志愿服务、救援资金等民间应急资源

（二）中远期的旅游应急合作组织体制

目前，海峡两岸暨港澳地区的旅游市场是相互区隔的市场，未来四地旅游市场的融合性将越来越高，官方层面的行政限制将越来越少，区域一体化是四地旅游业发展的必然趋势。因此，目前以官方为主导的旅游应急合作方式将逐渐让位于官方引导、企业主导的体制机制，这是降低旅游应急成本、提升旅游应急效率的重要选择。随着时代的发展，官方主管机构在旅游应急合作中的角色定位应向服务型机构转变，将机构的应急管理工作让渡给市场，充分发挥企业的自我发展、自我协调的主观能动性，从而带动商业性旅游应急市场的发展。同时，官方应为培育民间组织提供政策环境和经济支持，壮大民间组织，让民间组织在海峡两岸暨港澳地区的沟通协调、应急救援等方面发挥支撑作用。

1. 官方组织——引导作用

随着旅游应急合作领域在深度和广度上的延展，到了旅游市场逐渐成熟，可以实现行业自律、自我发展的阶段，官方主管机构应该向服务型机构转变，以监督和引导为主，将旅游应急合作重心从政府层面逐渐转移到企业层面并扩展到民间层面，充分发挥旅游市场机制的作用。官方组织间的旅游应急合作则上升到旅游应急合作法律法规的制定和宏观政策的调控设定等层面上，管方旅游主管部门更多承担顶层设计的任务。例如，在应急救援领域，可以逐步实现以"自主救援＋公益救援"为基础、以"公共救援"为引导、以"商业救援"为主导的应急救援模式。

在中远期，海峡两岸暨港澳地区在官方层面合作的组织机制应向以下几个方向发展。第一，改革海峡两岸暨港澳地区旅游应急办公机构，根据海峡两岸暨港澳地区旅游应急合作的新形势，调整海峡两岸暨港澳地区旅游应急办公机构的职能和角色定位，增强公共服务职能；第二，制定海峡两岸暨港澳地区旅游应急合作的法规机制；第三，修订官方层面的旅游应急合作预案，完善和制定企业层面的旅游应急合作预案和法规制度，实现重大的突发事件官方解决，常规的突发事件商业化解决；第四，将海峡两岸暨港澳地区专项应急小组的权力和职能下放到成熟的旅游专项应急企业组织；第五，建立公正、公开的非营利组织税收优惠及资金奖励政策机制，培育和发展海峡两岸暨港澳地区民间旅游应急合作组织，并建立民间组织的自律问责机制，制定组织章程和制度规范，完善民间组织的内部管理；① 第六，将海峡两岸暨港澳地区的旅游应急资源整合、旅游应急沟通协调、旅游应急搜救、旅游应急救援等部分权力授予成熟完善的企业组织和民间组织。

2. 企业组织——主导作用

在市场经济环境下，企业组织集投资、运营、利益及风险于一体，是海峡两岸暨港澳地区旅游应急合作的主体，它在四地旅游应急合作中应积极发挥主导作用。要保持海峡两岸暨港澳地区旅游应急合作的可持续深入发展，就必须充分发挥企业组织的竞争性、创造性和灵活性等市

① 苏大林，周巍，申永丰. 走向良性互动：政府与非政府组织合作关系探讨 [J]. 甘肃社会科学，2006（4）：107－109.

场优势。要保持旅游应急合作体系的生机和活力，必须依托企业将海峡两岸暨港澳地区的部分旅游应急合作业务市场化。海峡两岸暨港澳地区旅游应急合作的主体和内容也随着旅游应急合作的市场化和商业化而发生改变。

海峡两岸暨港澳地区企业层面的旅游应急合作发展到一定阶段后，合作条件逐渐成熟，可以改变现阶段企业以协议、论坛、交流等形式合作的状态，将合作向扎实的纵深化方向发展。海峡两岸暨港澳地区在企业层面的旅游应急合作将主要体现在以下几个方面。第一，建设涵盖海峡两岸暨港澳地区的综合性旅游应急信息网站，应具备旅游企业与官方旅游部门、民间组织的纵向沟通，四地旅游企业信息沟通，旅游企业与相关应急企业信息沟通，旅游企业应急信息发布及游客应急报警和投诉评价，企业应急成果展示等功能。第二，建立旅游企业应急救援联盟，以便在遇到旅游突发事件时第一时间调动多地区多企业的旅游应急救援队伍。第三，建立旅游产业援助基金会，通过企业捐款、行业联盟方式成立旅游产业救援基金会，帮助在旅游突发事件中受到严重影响的旅游企业渡过难关。第四，开展海峡两岸暨港澳地区旅游企业的线上和线下联合应急培训。首先，在综合性旅游应急信息网站上设置海峡两岸暨港澳地区的旅游企业联合应急培训和模拟演练模块；其次，海峡两岸暨港澳地区的旅游企业联合各方力量定期开办产学研相结合的"旅游应急培训班"。第五，联合成立涵盖海峡两岸暨港澳地区的大中华区商业救援机构，并培养一批适用于整个大中华区的专业应急救援队伍。第六，海峡两岸暨港澳地区旅游保险公司联合开发新的旅游保险产品，推动商业性旅游救援的市场扩容。第七，在官方政策引导下，完善市场化的恢复重建机制，鼓励海峡两岸暨港澳地区的旅游企业通过项目制合作、合资等形式开展商业化的专业性恢复重建。

3. 民间组织——支撑作用

经过一段时期的合作与发展，在海峡两岸暨港澳地区有关部门的鼓励引导和市场环境影响下，四地预计将逐渐形成一批具备一定专业性、信誉度、制度规范性及合法性的民间旅游应急机构。此时，较为成熟的民间组织可以担任海峡两岸暨港澳地区旅游应急合作的协调者、应急资源筹集者、应急监督者、应急合作规则制定参与者、部分旅游应急工作承担者等角色，在海峡两岸暨港澳地区旅游应急合作中起到支撑性作用。在中远期阶段，海峡两岸暨港澳地区的民间组织可以通过合并、联盟等形式组建大中华区的综合性旅游应急合作协会、专项应急协会、旅游应急救援联盟、公益救援基金会、旅游应急合作研究基地等多元化的应急合作民间组织。

综合性旅游应急合作协会的职责是协助海峡两岸暨港澳地区的有关部门制定与执行政策法规，协助海峡两岸暨港澳地区的旅游企业开展行业规划、投资开发、市场动态等方面的调研，监督海峡两岸暨港澳地区官方旅游主管部门及企业的应急工作，组织开展应急交流学习论坛，推广旅游应急新经验、新标准和科研成果，统领管辖各旅游应急相关民间组织。专项应急协会的职责是针对不同类别的旅游突发事件、不同的旅游应急需求设立不同的旅游应急协会，增强民间组织的专业性。旅游行业协会的职责是贯彻旅游行业的应急法律法规，发挥行业自律作用，监督不同领域的旅游企业开展应急工作，协助海峡两岸暨港澳地区的官方旅游主管部门和企业开展旅游应急交流和合作。旅游应急救援联盟的职责是联合海峡两岸暨港澳地区的所有民间救援组织，建立大中华区民间救援组织的旅游应急联动机制，发挥联动搜救优势，协助官方主管部门和企业完成旅游搜救任务。公益救援基金会的职责是协助旅游企业或游客申请"旅游业赔偿基金"的特惠补偿及"旅行团意外紧急援助基金计划"等基金的援助，向企业组织、社会群众开展慈善募捐活动，为海峡两岸暨港澳地区的旅游应急救援提供必要的经济援助和物资援助，为志愿者组织的运作提供经费。

表 5-4　中远期的海峡两岸暨港澳地区旅游应急合作组织体制

组织层面	角色定位	组织机构	职责任务
官方层面	引导作用	领导机构　海峡两岸暨港澳地区旅游应急合作办公室	制定海峡两岸暨港澳地区旅游应急合作的法规制度；修订官方层面的旅游应急合作预案，完善和制定企业层面的旅游应急合作预案和法规制度
		支持机构　专项应急小组	部分权力和职能下放到成熟的旅游专项应急企业组织；培育和发展海峡两岸暨港澳地区旅游应急合作民间组织，并建立民间组织的自律问责机制，制定组织章程与制度规范，优化民间组织的内部管理

组织层面	角色定位	组织机构	职责任务
企业层面	主导作用	海峡两岸暨港澳地区的综合性旅游应急信息网站	具有应急信息沟通、共享、发布，公众应急报警及投诉评价，企业应急成果展示，联合应急培训和模拟演练等功能
		旅游企业应急救援联盟	协调调动多地区多企业的旅游应急救援队伍
		旅游产业援助基金会	为旅游企业应急救援提供必要的经济援助，降低企业风险
		大中华区商业救援机构	培养负责海峡两岸暨港澳地区旅游应急救援工作的商业性专业应急救援队伍
		专业恢复重建公司	通过项目制合作、合资等形式开展海峡两岸暨港澳地区的商业化的专业恢复重建工作
民间层面	支撑作用	综合性旅游应急合作协会	参与海峡两岸暨港澳地区旅游应急管理、市场规划及调研，监督海峡两岸暨港澳地区官方旅游部门及企业的应急合作工作，推动海峡两岸暨港澳地区应急技术合作与交流，统领管辖各旅游应急相关民间组织
		专项应急协会	针对不同类别的旅游突发事件、不同的旅游应急需求设立不同的旅游应急协会，为海峡两岸暨港澳地区旅游应急合作提供专业服务
		旅游应急救援联盟	联合海峡两岸暨港澳地区的所有民间救援组织，建立大中华区民间救援组织的旅游应急联动机制，发挥旅游搜救优势，协助官方主管部门和企业完成旅游搜救任务
		公益救援基金会	协助旅游企业或游客申请"旅游业赔偿基金"的特惠补偿及"旅行团意外紧急援助基金计划"的财政援助，向企业组织、社会群众开展慈善募捐活动，为海峡两岸暨港澳地区的旅游应急救援提供必要的经济援助和物资援助

三 海峡两岸暨港澳地区旅游应急合作的资源保障

旅游应急资源是保障旅游应急工作顺利开展的核心。常言道，团结起来力量大。旅游突发事件影响的扩散性和跨区域性及单个地区旅游应急资源的局限性要求海峡两岸暨港澳地区在旅游应急合作中应该建立区域应急资源联动机制。正所谓"远水救不了近火"，当发生重大旅游突发事件时，海峡两岸暨港澳地区通过旅游应急资源调度平台，能够迅速调动事发地及周边地区的旅游应急资源，可以大大提高旅游应急能力和效率。海峡两岸暨港澳地区在旅游应急合作中要坚持以全覆盖、多层次、保基础、联动性、区域性为原则，全面加强海峡两岸暨港澳地区的旅游应急资源保障。

（一）人力资源保障

旅游应急队伍是海峡两岸暨港澳地区旅游应急合作机制运转的核心力量。因此，需要从社会动员、四地联合互补、市场扩容等方面着手加强建立海峡两岸暨港澳地区常规性应急队伍和专业应急队伍，并通过应急交流学习和建立应急专家队伍等形式提高海峡两岸暨港澳地区旅游应急队伍的素质和应急能力，为海峡两岸暨港澳地区旅游应急合作提供有效的人力资源保障。

1. 建立海峡两岸暨港澳地区通用的应急队伍社会动员平台和联动平台

依托海峡两岸暨港澳地区的应急资源平台，以应急管理办公室为指挥机构，海峡两岸暨港澳地区在旅游应急合作中要加大旅游应急人才培养力度，进一步加强区域旅游应急人员队伍建设，通过联合培训、联合演习、交流学习等多种形式，提高区域旅游应急人才素质，优化旅游应急人才结构。

2. 加强海峡两岸暨港澳地区常规应急队伍的交流学习与合作

常规应急队伍以公安、武警和军队为主。内地与港澳地区可以组建一支统一的常规应急队伍，负责内地与港澳地区旅游突发事件的应急搜救、事故调查及备案等任务；而内地与港澳地区可制定详细的常规应急队伍准入制度，以合作协议的形式开展旅游应急合作。

3. 积极推进海峡两岸暨港澳地区旅游应急合作队伍的市场扩容和社会扩容

官方通过税收优惠、贷款优惠、资金奖励等政策，鼓励建立商业性应急队伍，组建大中华区的专业应急救援组织，加强招募和管理社会志愿者救援队伍。

4. 积极推进海峡两岸暨港澳地区专项旅游应急合作队伍的专业分工

海峡两岸暨港澳地区的专业应急队伍要涵盖到医疗、消防、交通运输、车辆检查、海关、法律、购物、心理治疗、住宿、社区、景区等多样化的旅游应急业务。因此，要加强各地旅游应急救援队伍的专业分工，提高应急救援的针对性和专业性。海峡两岸暨港澳地区在专业应急队伍的合作上应侧重于在企业层面和民间组织层面的合作。

5. 强化海峡两岸暨港澳地区旅游企业在业务合作中的应急意识和应急队伍建设

海峡两岸暨港澳地区的官方旅游主管部门通过制度设定，将海峡两岸暨港澳地区旅游企业的旅游应急救援合作制度化，规定海峡两岸暨港澳地区的旅游企业在开展出境旅游业务合作时，必须依托一支专业性的应急救援队伍或临时性的兼职应急队伍，或者购买了相应的商业救援服务。

6. 组建一支海峡两岸暨港澳地区联席应急专家咨询队伍

由海峡两岸暨港澳地区的行政主管部门、旅游企业、相关企业、行业协会、高校及科研机构等各界旅游应急专家联席组建一支属于海峡两岸暨港澳地区的统一的应急咨询队伍，为海峡两岸暨港澳地区特别重大及重大的旅游突发事件提供应急方案和专业指导与建议。

（二）设施物资保障

应急设施物资是海峡两岸暨港澳地区旅游应急合作运转的物质基础。因此，需要建立海峡两岸暨港澳地区通用的应急物资调度平台，完善海峡两岸暨港澳地区旅游应急物资管理和调度制度，约束和保证应急物资的调控，完善海峡两岸暨港澳地区旅游应急设施设备。除此以外，还应该借助社会机构的力量，并采取措施提高社会应急物资的对接能力。

1. 完善海峡两岸暨港澳地区基础型旅游应急设施

基础型旅游应急设施是保障游客安全的公共防护设施、旅游防护设施及旅游应急设施，如防护栏、逃生通道、应急避难所等。目前海峡两岸暨港澳地区的旅游突发事件以事故灾难发生频次最高，其次是自然灾害和公共卫生事件。旅游突发事件的发生大多源于旅游地的公共防护设施、应急设施不够完善，很多危险区域缺乏必要的预警和防护设施设备，基础设施的抗灾能力差，卫生清洁设施及消毒设施不到位。因此，海峡两岸暨港澳地区的旅游地都应做好公共基础设施的建设，完善旅游预警设施和各类防护设施，定期检查更新各项功能性基础设施。

2. 制定海峡两岸暨港澳地区旅游应急物资管理制度和标准

要大力开展对海峡两岸暨港澳地区的救灾物资储备应急能力的评估工作[1]，建立应急物资能力评价体系，对海峡两岸暨港澳地区旅游应急物资

---

[1] 韦保新. 提高救灾物资储备应急保障能力的思考 [J]. 中国减灾, 2006 (12): 38 - 39.

的固定库存容量、机动应急物资规模、仓储管理人员、应急物资来源及准入机制等方面进行评价，制定应急物资类别及来源、应急物资容量、应急物资需求数量、装备水平、物资质量评估标准、应急物资操作流程等相关制度标准。

3. 建立海峡两岸暨港澳地区通用的旅游应急物资调度平台

海峡两岸暨港澳地区依托旅游应急资源平台，建立旅游应急物资数据库，并根据不同类别的应急物资，建立专项应急物资数据库。根据不同的应急物资制定不同的应急物资管理和调度制度，以旅游应急资源调度办公室为执行机构，以公共应急物资为主体，面向企业、社会群体整合旅游应急物资以便在需要时统一调度。当急需旅游应急物资时，海峡两岸暨港澳地区通过统一的调度平台，按照应急物资的调度制度和标准，相互支援、统一调配。

其中，旅游应急物资可分为生活型应急物资、专业型应急物资及特殊型应急物资①：（1）生活型应急物资是保障游客在遭遇突发事件后的基本生命安全的生活物资，如水、食物、衣物、帐篷等；（2）专业型应急物资是指保障旅游突发事件应急救援顺利开展的救援物资和设备，如拆除设备、高空抢险设备、消防设备、照明设备、应急通信设备等；（3）特殊型应急物资是指保障特殊罕见突发事件中游客生命财产安全的物资，如应对瘟疫所需的特殊药品、消毒药品等。

4. 提高快速对接社会捐赠物资的能力

应依托统一的旅游应急资源平台，完善海峡两岸暨港澳地区的社会捐赠物资的接收站，建设网络化的社会应急物资接收站，提高应急物资接收速度。建设一体化的社会应急物资对接体系，将社会应急物资募捐、接收、分类、清洁消毒、质量监督、包装、发放一条龙操作，加快社会应急物资的调度速度并提升物资质量。

（三）应急资金保障

应急资金是海峡两岸暨港澳地区旅游合作中应急救援和应急处置工作顺利有效开展的经济支撑，也是降低旅游风险的经济手段之一。因此，需要官方旅游主管部门、旅游企业等相关组织强制设立应急准备金，鼓励设立社会公益应急基金，同时，大力推广和强制执行部分商业保险，从而为

---

① 谢朝武．旅游应急管理［M］．北京：中国旅游出版社，2013：162．

海峡两岸暨港澳地区旅游应急合作的顺利开展提供有效的经济保障。

1. 设立海峡两岸暨港澳地区统一的官方应急准备金

应依托海峡两岸暨港澳地区在官方层面的旅游应急合作机构，通过协商达成一致意见，每年从内地、香港、澳门、台湾各地旅游收入中提出一定比例的资金整合到通用的海峡两岸暨港澳地区应急准备基金库，将政府的灾后救济变成灾前筹备。① 设立官方应急准备金，不仅是为旅游应急救援和灾后重建工作提供经济援助，还可考虑通过旅游统保制度为急需经济援助的旅游应急企业提供应急经济支持，为保险公司等企业提供风险保障。

2. 大力推广和严格监管旅游商业保险

海峡两岸暨港澳地区的官方主管机构通过税收优惠、奖励资金、低息贷款、简化手续等政策鼓励旅游企业与保险公司合作，并通过宣传与强制并行的政策，鼓励游客购买旅游保险。为了保证旅游保险的有效执行，海峡两岸暨港澳地区应设立旅游赔付法律服务热线，建立法律赔付咨询机构。同时，鼓励民间组织建立旅游权益保障会，为保障游客和旅游企业的合法权益提供法律服务。

3. 强制旅游企业设立旅游应急准备金

通过制定海峡两岸暨港澳地区旅游企业合作规范和制度政策，规定海峡两岸暨港澳地区的旅游企业在建立业务合作关系前，应根据业务规模，签订旅游应急合作协议，明确双方的责任范围，设立不同程度的旅游应急准备金，以提高旅游企业应对旅游突发事件的响应速度和应急能力。对于不能严格执行该制度的，给予警告批评、黑名单披露、停业整顿及罚款等不同程度的处理。

4. 鼓励和支持设立社会公益应急基金

通过制度保障、资金支持等方式鼓励海峡两岸暨港澳地区的民间组织和社会群众设立统一的大中华区互助性应急基金，互助性应急基金主要来源于公益募捐、企业募捐、企业慈善捐款等渠道。海峡两岸暨港澳地区的官方主管机构通过统一的鼓励和支持政策鼓励各渠道的募捐活动。首先，授权给诸如海旅会、台旅会等成熟的行业协会组织开展公益募捐的权力，

---

① 赵尚梅，杨雪美. 突发公共事件应急资金保障机制研究 [J]. 中国行政管理，2012（12）：45－47.

并完善公益募捐的制度、体制、标准及相关政策法规。其次，通过公益宣传、精神鼓励等渠道鼓励海峡两岸暨港澳地区的民众和旅游企业积极捐助。

（四）应急技术保障

应急技术是提高海峡两岸暨港澳地区旅游应急能力的支撑要素。海峡两岸暨港澳地区在实现基础性旅游应急合作的前提下，还应通过建立海峡两岸暨港澳地区旅游应急技术研究中心，开展技术产品研发交流，并构建应急技术交流平台等以促进四地相学互助、优势互补，共同提高海峡两岸暨港澳地区的旅游应急能力。

1. 建立海峡两岸暨港澳地区旅游应急技术研究中心

海峡两岸暨港澳地区应综合学界、业界的资源优势，以高校科研机构为依托，以应急合作政策为导向，以市场需求为牵引，建立海峡两岸暨港澳地区旅游应急技术研究中心，对海峡两岸暨港澳地区的旅游应急技术和应急理论进行专项研究，并进行技术成果产业化推广和新技术应用服务，促进应急成果转化，并带动建立起海峡两岸暨港澳地区的旅游应急产业链。[①]

2. 开展海峡两岸暨港澳地区旅游应急技术产品展览会

海峡两岸暨港澳地区通过签订应急合作协议，定期联合举办海峡两岸暨港澳地区的旅游应急技术展览会，由海峡两岸暨港澳地区旅游应急合作的统一领导机构和海峡两岸暨港澳地区旅游应急技术研究中心主办，由海峡两岸暨港澳地区旅游应急合作的支持机构支持和监督，由海旅会、台旅会等具有影响力的行业协会协办，由海峡两岸暨港澳地区专项旅游应急协会承办，由旅游企业赞助，并广泛邀请各界媒体、应急专家参与。旅游应急技术产品展览会的参展范围可包括信息通信技术及装备、应急指挥调度技术及装备、应急监测技术及装备、应急搜救技术及装备、保障性应急能源技术及设备、保障性应急消费技术及装备、应急物资及储备技术设备、应急车辆装备、预防控制技术及装备、应急救援技术及装备、智能分析技术及装备等类型。

3. 构建海峡两岸暨港澳地区旅游应急技术交流合作平台

海峡两岸暨港澳地区旅游应急合作领导机构以"整合、共享、完善、提高"为方针[②]，结合海峡两岸暨港澳地区实际情况及国际技术经验，面

---

① 中山大学应急管理与技术研究中心：http://www.chinaemt.com.
② 平台简介．中国科技资源共享网，http://www.escience.gov.cn/platform/.

向四地旅游应急合作制定统一的应急技术规范、统一的应急技术操作标准，建立应急技术资源库，为海峡两岸暨港澳地区旅游应急技术交流提供统一平台，以实现海峡两岸暨港澳地区旅游应急技术的顺利发展；海峡两岸暨港澳地区负责旅游应急事宜的相关官方主管机构、企业组织及民间组织可联合创立海峡两岸暨港澳地区旅游应急合作发展基金，组织举办旅游应急合作技术交流会、旅游应急技术展览会、旅游应急技术交流论坛等。除此以外，应对企业、高校及相关科研机构的技术开发和课题研究提供经费支持、资金奖励、贷款优惠及税收优惠等资金支持。

第三节　旅游应急合作的运作机制

海峡两岸暨港澳地区一直就在经济、文化、旅游交流等方面保持着密切的联系。当前，海峡两岸暨港澳地区在旅游应急合作领域具有一定的体制、机制、法制及预案基础，四地旅游业的安全格局和形势也要求加大旅游保障力度，进一步构建海峡两岸暨港澳地区旅游应急合作机制势在必行。基于"求同存异、互相尊重、优势互补"的原则，海峡两岸暨港澳地区旅游应急合作机制主要应从旅游应急沟通和保障、旅游应急预防和预备、旅游应急监测和预警、旅游应急处置与救援、旅游应急恢复与重建五大内容结构层面来开展运作，以覆盖旅游应急工作的核心内容。海峡两岸暨港澳地区的旅游应急合作既要考虑当前的环境条件，也要考虑未来四地旅游业的一体化发展趋势。为推动旅游应急合作效率的提升，海峡两岸暨港澳地区的旅游应急合作应致力于形成政府间、企业组织间、民间组织间三个层面的立体化全方位合作结构。其中，官方组织应形成以公平为导向的行政运作机制，企业组织形成以效率为导向的市场运作机制，民间组织形成以公益为导向的综合运作机制，其具体结构如图5-3所示。

一　海峡两岸暨港澳地区官方旅游主管部门间应急合作的运作机制

官方旅游主管部门是海峡两岸暨港澳地区旅游应急合作的牵头机构，海峡两岸暨港澳地区政府旅游部门间的应急合作对企业、游客、民间组织的旅游应急合作具有引导和保障作用，官方层面旅游应急合作的运作机制

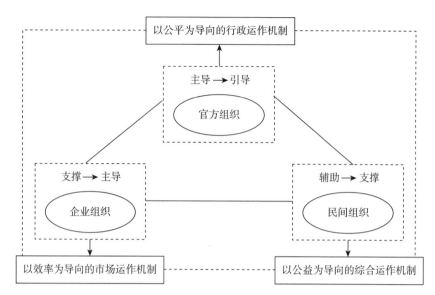

图 5 - 3　海峡两岸暨港澳地区旅游应急合作的运作机制

决定着海峡两岸暨港澳地区旅游应急合作的稳定性、持续性和方向性。

（一）　海峡两岸暨港澳地区官方旅游主管部门间的应急预防和预备机制

海峡两岸暨港澳地区的官方旅游主管部门应该在技术平台预备、预案预备、人员预备、体制机制预备、物资资源预备、应急文化预备等方面加强协调努力和机制构建，建立完善的预防预备机制体系。海峡两岸暨港澳地区的官方旅游主管部门可通过签订协议、定期磋商及召开联席会议等形式开发联合旅游应急预案，形成海峡两岸暨港澳地区共通性较强的应急组织体制和法律制度，平衡和统一海峡两岸暨港澳地区的旅游风险评估标准，将旅游风险排查工作制度化，建立旅游风险互通机制、紧急联系机制和紧急磋商工作机制，为海峡两岸暨港澳地区及时高效地联络商议以及联合进行旅游风险预防工作搭建平台。海峡两岸暨港澳地区官方旅游主管部门应依托各自的旅游风险数据，建立统一的风险数据库。一旦一方发现旅游风险，便可以迅速通过旅游风险互通平台通知对方采取预防控制措施。海峡两岸暨港澳地区一方在遇到不可控的旅游风险时，可启动海峡两岸暨港澳地区的联动预警系统，随时进入监测和预警状态。在联合预防的基础上，海峡两岸暨港澳地区官方旅游主管部门通过培训班、联席会议、磋商机制、应急管理论坛等多种形式开展在旅游应急教育、旅游应急队伍建设、旅游应急资源储备、旅游保险等方面的合作。

（二） 海峡两岸暨港澳地区官方旅游主管部门间的应急监测和预警机制

海峡两岸暨港澳地区的官方旅游主管部门应该致力于推动旅游安全风险的监测与预警平台建设，并在旅游风险的联合排查、风险的及时监测、监测信息的四地共享、预警信息的联合发布等方面加强合作。在推动四地常规合作的基础上，海峡两岸暨港澳地区官方旅游主管部门应该根据重大突发事件风险建立专项应急监测机制，如建立台风灾害的应急监测和旅游预警机制，直接对旅游行业发出专业预警信息。依托旅游应急技术平台和旅游风险数据库就海峡两岸暨港澳地区的旅游风险监测和风险信息互通展开交流合作。除了对自然灾害风险进行合作监测外，还应在旅游突发事件风险信息、旅游企业风险信息、旅游容量风险信息及旅游业务风险信息监测方面进行合作。在综合收集旅游地风险监测信息基础上，根据海峡两岸暨港澳地区统一的旅游风险评定标准对旅游风险进行评估，并形成详细的旅游风险报告、旅游风险趋势预测及管控建议。海峡两岸暨港澳地区旅游应急合作管理机构可将最终旅游风险报告通过统一的旅游互通平台向海峡两岸暨港澳地区的外事部门、旅游部门、旅游企业及游客发布旅游预警信息。最终，由行政主管部门向旅游企业和游客发出官方预警和提示，提醒旅游企业和游客根据情况调整或变更旅游行程，采取必要的风险规避措施。

（三） 海峡两岸暨港澳地区官方旅游主管部门间的应急处置与救援机制

海峡两岸暨港澳地区的官方旅游主管部门应努力推动应急响应与救援平台的建设，在旅游突发事件的应急响应联动、合作决策、合作救援等方面加强机制构建和资源共享。当发生严重的突发事件时，海峡两岸暨港澳地区的旅游应急管理部门可根据旅游风险报告和趋势预测，通过应急专家小组讨论、机构负责人联席会议及应急磋商机制，共同进行旅游应急处置决策。通过海峡两岸暨港澳地区旅游应急指挥平台向各地行政部门、旅游企业及相关机构发布应急决策和命令。对于重大旅游突发事件和特别重大旅游突发事件，应立即启动海峡两岸暨港澳地区联动应急系统，进而启动联合应急预案和联动救援机制，依托海峡两岸暨港澳地区统一的资源调度平台，在调用海峡两岸暨港澳地区共建的旅游专项应急救援队伍、应急资源的同时，各地行政机构分别调遣自有应急力量，联合展开公共救援。海峡两岸暨港澳地区共建的信息发布系统、风险互通平台在保持追踪事故处理进展的同时，及时准确一致地对外通报事件进展，尽可能地消除负面的舆论影响。

（四）海峡两岸暨港澳地区官方旅游主管部门间的应急恢复与重建机制

海峡两岸暨港澳地区的官方旅游主管部门应合作开展旅游突发事件恢复重建的顶层制度设计，强化常规突发事件的引导性恢复重建机制和重大突发事件的主导性恢复重建机制。首先，在制度层面建立面向旅游企业和游客的保险保障体系，引导行业性应急救援基金的建立；其次，对于常规旅游突发事件要进行引导性管理，督促和依托企业开展恢复重建工作，确保事件中受伤游客能得到及时有效的医疗救治；再次，对于重大突发事件，四地政府部门应该积极加强合作，共同开展恢复重建工作。例如，对于汶川地震这种重大自然灾害，应该在政府部门主导下合作开展恢复重建，合作推动旅游地和旅游市场的恢复；在具体的恢复重建过程中，政府旅游部门可派遣联合事件调查专家组进行事件调查和分析，在海峡两岸暨港澳地区统一化的事件评价标准制度下，对事件等级、事件触发机制、事件影响、事件损失、事件责任等进行评估总结。对于需要联合恢复重建的情况，四地官方旅游主管部门应通过磋商协调机制，设立专项恢复重建工作小组，依托资源调度平台，通过提供政策支持、资金支持、资源保障，调整旅游生产布局，对灾后旅游地的重振恢复进行评估、规划及监督，恢复旅游形象，恢复和振兴旅游市场。

（五）海峡两岸暨港澳地区官方旅游主管部门间的应急沟通与保障机制

海峡两岸暨港澳地区官方旅游主管部门间的应急合作机制对提高海峡两岸暨港澳地区的旅游应急能力具有重要作用，但是旅游应急合作机制运转的可靠性和持续性依赖有效的应急沟通和保障机制。海峡两岸暨港澳地区官方旅游主管部门间的应急合作主要从以下几方面提供应急保障。

（1）建立由海峡两岸暨港澳地区的官方旅游主管部门组成的应急合作领导机构及支持机构，确立其应急职责和任务，为海峡两岸暨港澳地区旅游应急合作提供组织机制保障。

（2）制定海峡两岸暨港澳地区旅游应急合作的政策及法规制度，落实双方旅游应急合作机构在旅游应急合作方面达成的法律、法规及规范；明确旅游应急合作预案的运作规范、处置程序、技术标准、职责范围等，为海峡两岸暨港澳地区的旅游应急合作提供法制保障。

（3）制定适合海峡两岸暨港澳地区体制、机制及法制的总体旅游应急预案、专项旅游应急预案、不同层面的旅游应急预案，定期开展旅游应急联合演练，并监督和检查旅游应急合作预案的贯彻执行情况，根据实际情况修订和优化旅游应急合作预案，为海峡两岸暨港澳地区旅游应急合作提供旅游应急预案保障。

（4）建立海峡两岸暨港澳地区专业的旅游应急救援队伍和社会动员机制，开展全方位的应急交流和学习，为海峡两岸暨港澳地区的旅游应急合作提供人力资源保障。

（5）加强海峡两岸暨港澳地区应急物资调度平台建设，完善海峡两岸暨港澳地区旅游应急设施和相关制度标准，建立海峡两岸暨港澳地区官方应急准备金，强制推进海峡两岸暨港澳地区的联合旅游商业保险，为海峡两岸暨港澳地区旅游应急合作提供应急资金保障。

（6）构建多样化的海峡两岸暨港澳地区旅游应急技术交流平台，行政主管部门为海峡两岸暨港澳地区的旅游应急技术合作提供政策和资金支持，为海峡两岸暨港澳地区旅游应急合作提供应急技术保障。

海峡两岸暨港澳地区的政府间旅游应急合作运作机制如图 5 - 4 所示。

二 海峡两岸暨港澳地区旅游企业间应急合作的运作机制

旅游企业是推动旅游活动进展的主要力量，是决定和影响旅游活动空间的主导力量，是一切旅游利益相关者的联系枢纽。旅游安全隐患存在于整个旅游活动的各个环节，作为旅游活动的安排者和全程参与者，旅游企业是旅游安全风险预防的重要力量。同时，旅游企业是现场应急工作的实施者，是应急合作规范、方法的制定者和执行者，是决定旅游应急合作成败的关键。因此，在海峡两岸暨港澳地区的旅游应急合作中，行业企业层面的应急合作将扮演重要角色。从机制设计的角度而言，旅游企业层面的应急合作也需要覆盖旅游应急工作的预防预备、监测预警、救援处置、恢复重建和沟通保障等主要环节。

（一）海峡两岸暨港澳地区旅游企业应急预防和预备合作机制

海峡两岸暨港澳地区的旅游企业应在安全操作规范制定、从业人员安

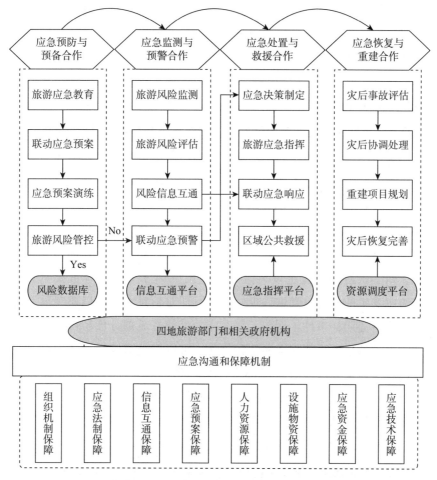

图 5 - 4　海峡两岸暨港澳地区政府间旅游应急合作的运作机制

全素质培养、游客安全引导机制构建、旅游风险识别与评估、基础信息共享、保险产品选购等方面大力开展合作。海峡两岸暨港澳地区的旅游企业可共同开发员工安全技能培训教程，合作开展对从业人员的安全培训，通过联合培训的方式促进四地旅游从业人员的交流沟通，提升从业人员的安全素养；共同建立游客安全引导工作机制，以相对规范、统一、标准化的方式对游客进行安全引导和风险警示，实现四地游客安全服务的标准化和规范化，减少游客对旅游安全操作的误读与误解；四地旅游企业可合作建立旅游风险排查规范，定期进行风险识别与评估。对明确的风险源和危险区域等进行定期的检查和监控，做好旅游行程中各环节的风险排查工作，以降低旅游风险；海峡两岸暨港澳地区的旅游组团社和地接社在签订合作协议时，应注重联合应急预案的制定及可行性分析，并辅以明确的制度约束，适时开展联合应急演练活动，以提高企业联动应急能力和默契程度；四地的旅游企业还可以在旅游保险产品的选购、旅游应急设施物资的选购等方面结成策略联盟，提升保障能力和议价能力。

（二）海峡两岸暨港澳地区旅游企业应急监测与预警合作机制

海峡两岸暨港澳地区的旅游企业应该在旅游风险即时监测、预警信息共享、游客风险警示等方面加强合作。四地旅游企业既要开展日常风险监测，也要对具有突发特征的旅游风险进行应急监测，并对应急监测信息、从各种信息渠道获取的风险信息、从官方获取的应急预警信息等进行企业层面的共享。在跨境旅游过程中，风险监测信息和预警信息的共享与及时传递，对于旅游团避免突发风险导致的旅游突发事件具有重要意义。同时，对刚发生的旅游突发事件也应该进行即时信息共享，以避免后续旅游团和游客遭遇同样事件。例如，突发降雨可能造成部分旅游团在旅游道路停滞，这种信息如果能快速共享和传递，可以避免后续旅游团继续赶往事发区域，从而避免后续滞留现象的出现。2010 年 10 月 21 日，"鲇鱼"台风导致苏花公路塌方，造成 30 多辆旅游车滞留在塌方路段。在类似事件中，企业间快速的信息共享有助于后续旅游车避免危险行为。微信、Line等通信群组技术很容易帮助旅游企业实现信息共享。

（三）海峡两岸暨港澳地区旅游企业应急处置与救援合作机制

海峡两岸暨港澳地区旅游企业在救援信息发布、救援资源调配、联动应急响应、事件应急处置等方面有较大的合作空间，应大力推动应急处置与救援类商业公司在海峡两岸暨港澳地区共建合作网络和统一市场，以提升应急处置与救援工作的效率。在旅游应急处置过程中，旅游企业的主要功能是信息报送和现场应急，周边的旅游企业、旅游团和从业人员在条件允许的情况下可以协助开展部分应急处置工作。四地旅游企业的信息发布平台和应急响应平台可以起到支撑作用；专业救援公司、保险公司、技术设施类企业等是从事旅游应急工作的相关企业，它们的联动应急响应与合作救援具有重要作用，如果这些公司能在海峡两岸暨港澳地区共建救援网络或专业合作网络，有助于实现跨境旅游突发事件的快速应急，减少旅游突发事件导致的损失。

（四）海峡两岸暨港澳地区旅游企业应急恢复与重建合作机制

海峡两岸暨港澳地区的旅游企业应该在旅游突发事件后的善后协调和产品恢复、形象恢复、市场恢复等领域开展跨境合作。对于出境旅游而言，旅游突发事件的发生意味着赔偿善后等问题需要跨境处理，因此四地旅游企业需建立规范化的善后协调机制，采用相对统一的赔偿方式和赔偿标准，这有助于实现突发事件的快速善后与解决；四地旅游企业在产品恢复、形象恢复和市场恢复等方面拥有更大的合作空间。因为区域市场往往是一体化市场，重大突发事件的发生既可能导致事发地旅游客源的减少，也会导致客源地的游客旅游意愿下降，所以，海峡两岸暨港澳地区对于突发事件后的产品、形象与市场恢复应该达立合作共识，建立专业化的合作机制，以尽快实现旅游地与旅游市场的恢复重建，给双方的旅游业务提供更多市场机会。

（五）海峡两岸暨港澳地区旅游企业应急沟通与保障合作机制

海峡两岸暨港澳地区的旅游企业是开展旅游应急合作的重要力量，是旅游应急信息发掘、旅游现场应急、旅游市场恢复重建的主体力量。海峡两岸暨港澳地区的旅游企业应在旅游应急信息共享、旅游应急投入和加强旅游应急能力方面加强协调合作，提升四地旅游企业的应急沟通保障能力。首先，四地旅游企业应该建立自己的风险案例与信息数据系统，并能及时将风险案例与信息共享给合作平台上的旅游企业。其次，旅游企业应该加大旅游应急领域的资源投入，在旅游应急人力资源、旅游应急物资设施资源、旅游应急知识资源等方面有持续投入的意愿和计划，从而为旅游应急合作提供坚实的资源基础。再次，旅游企业应该加强旅游应急能力建设，在体制、机制、资源等方面建立起匹配性的旅游应急系统，有效应对各类旅游突发事件。这种能力建设是旅游应急最好的保障，四地旅游企业合作进行旅游应急能力建设，有助于快速提升旅游企业的应急能力与水平。此外，海峡两岸暨港澳地区可以共建旅游业安全赔偿基金，分担旅游企业的安全赔偿风险。

海峡两岸暨港澳地区旅游企业应急合作的运作机制如图5-5所示：

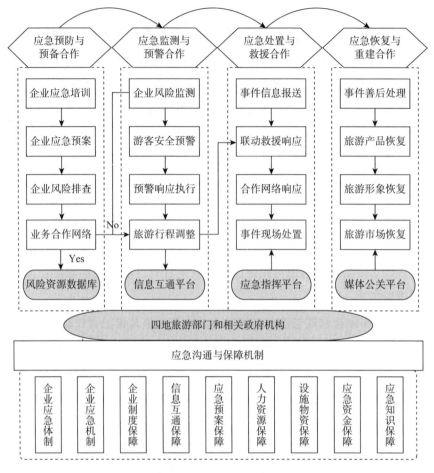

图 5 - 5　海峡两岸暨港澳地区旅游企业应急合作运作机制

三　海峡两岸暨港澳地区民间组织旅游应急合作的运作机制

　　旅游应急领域的学术团体、研究机构、舆情机构、志愿者救援组织、心理咨询机构等民间组织在旅游应急中发挥着桥梁作用和专业支撑作用，民间组织间的旅游应急合作对官方和企业的应急合作机制起着渗透补充、部分支撑及整体强化作用。民间组织具有自愿性、公益性、灵活性、社会性及多样性的特征。因此，民间组织旅游应急合作的运作机制应以部分补充和整体辅助官方旅游主管部门层面、企业层面的旅游应急合作为重点。

（一）海峡两岸暨港澳地区民间组织的旅游应急预防与预备合作机制

海峡两岸暨港澳地区的民间组织是开展旅游应急合作的重要力量，民间组织可以在旅游应急协会组建、旅游应急基金筹措、旅游应急学术团体交流、旅游应急知识宣传、旅游应急资质认证等各方面发挥公益优势和专业优势。海峡两岸暨港澳地区可推动设立跨区域的应急交流协会、行业协会及应急学术团体，定期开展旅游应急联合演练、旅游应急知识公益讲座、旅游应急技能大赛、旅游应急知识宣传教育、旅游应急技术展览等活动，进行旅游领域的知识与信息交流；在海峡两岸暨港澳地区推行依托民间组织的第三方评估认证机制，依托相关民间组织作为独立第三方进行旅游地和旅游企业的风险排查、识别和评估，协助官方组织和企业组织进行风险监测和预警，发挥其独立性和专业优势，避免官方组织在跨境合作中可能面临的行政制约；在海峡两岸暨港澳地区共建旅游应急救援基金，并依托民间组织进行公开运作，以发挥民间组织的公益职能，提升旅游应急救援基金的社会接受度。

（二）海峡两岸暨港澳地区民间组织的旅游应急监测与预警合作机制

海峡两岸暨港澳地区的旅游应急学术团体、研究机构、舆情机构、志愿者救援组织等民间组织是重要的专业力量，它们可以在旅游风险信息的专业监测、专业预警、应急咨询、志愿救援等方面共建专业合作网络，提升民间组织在旅游风险监测和预警等领域的反馈作用和监督作用。行政主管部门的旅游风险监测和预警具有权威性，但行政主管机构的风险监测和预警有时需要对两岸关系进行考量，这会增加监测预警的决策难度。相比之下，学术团体和研究机构的风险监测和预警更具有独立性、公益性和专业性，可以提升应急监测与预警的速度和效果。行政主管部门推动旅游应急学术团体和研究机构参与风险监测和预警合作，可以成为官方监测预警的有效补充，也可以增加社会监督力量，推动旅游应急工作的专业化发展。

（三）海峡两岸暨港澳地区民间组织的旅游应急处置与救援合作机制

公益慈善组织和志愿者救援组织等民间组织具有公益性、互助性、网络性，它们是旅游应急处置和救援的重要力量。海峡两岸暨港澳地区应该依托这些民间组织，在应急知识交流、现场救援服务、救援设施资源、慈善救助等方面进行共享与合作，提升旅游应急救援工作的专业性，发挥旅游应急救援和慈善救助工作的公益优势和网络优势。海峡两岸暨港澳地区的应急救援需求非常庞大，单纯依靠官方的公共救援和商业机构的商业救援，并不能完全满足旅游应急救援的需求。同时，公共救援在旅游救援中的专业性往往不够，因此很多西方国家是将志愿者救援作为更主要的救援方式，以发挥志愿者组织在专一领域的专业性。海峡两岸暨港澳地区应该大力推动共建志愿者救援合作网络，通过合作网络的社会动员机制招募网络成员，旅游突发事件发生时可以迅速调配救援力量和救援资源。民间志愿者组织凭借其灵活性、便捷性的优势，往往可以在公共救援、商业救援之前，第一事件赶赴事故现场进行简易救援;① 民间志愿者组织还可凭借多媒体渠道，协助官方应急组织，向海峡两岸暨港澳地区的企业及群众募集应急救援物资，为灾区提供各类救灾物资，为受灾群体提供最基本的生活保障。

(四) 海峡两岸暨港澳地区民间组织旅游应急恢复与重建合作机制

海峡两岸暨港澳地区的民间组织在专业评估、爱心动员、资源筹集、心理干预、免费法律咨询、慈善救助等方面具有巨大的合作空间，这是最容易被四地官方和民众所接受的合作领域。旅游地和旅游业的恢复重建涉及物质重建、社会重建和精神重建等复杂工作，旅游企业的恢复重建则涉及设施重建、产品市场形象重建、员工心理重建等工作，需要依靠大量专业组织来进行操作。民间组织在社会动员、资源筹集、心理干预等领域具有得天独厚的专业优势和公益优势。海峡两岸暨港澳地区应该大力推动四地民间公益组织的合作，通过民间公益组织的公开独立运作，在海峡两岸暨港澳地区广泛筹集恢复重建所需要的相关资源。汶川大地震发生后，四川省的旅游业恢复重建就大量借助民间组织的力量进行资源筹措，很多学术团体、规划机构免费为受灾地提供专业规划，很多心理咨询机构和高校心理专家在灾区提供心理干预服务，大量的慈善团体通过社会动员募集恢复重建资金。海峡两岸暨港澳地区的民间组织在旅游恢复重建中开展专业合作，将极大地提升恢复重建的速度与成效。具体运作机制如图5-6所示。

(五) 海峡两岸暨港澳地区民间组织的旅游应急沟通和保障合作机制

海峡两岸暨港澳地区应该积极发挥民间组织在旅游应急体系中所承担

---

① 丁丁. 我国民间应急力量的政府组织机制研究 [D]. 上海交通大学，2012.

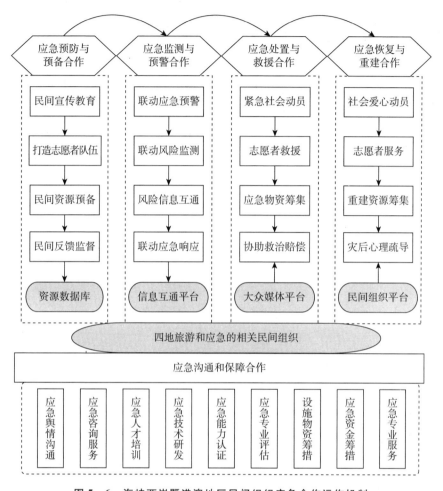

图 5 - 6　海峡两岸暨港澳地区民间组织应急合作运作机制

的舆情沟通、资源筹措、专业服务提供等重要的社会沟通和保障作用。首
先，民间组织可以作为独立专业组织在旅游应急沟通中发挥专业性作用，
协助政府机构和企业机构提供应急咨询服务，也可在行政主管机构、企业
机构和游客群体间发挥信息沟通作用，通过提出专业建议引导应急舆情的
走向，推动旅游应急工作的顺利开展。其次，民间组织的公益性使其可以
作为公益代表筹措各种应急资源。比如，海峡两岸暨港澳地区可以通过公
益渠道建立"旅游救援公益基金"，支持志愿者救援队伍的运作和发展；
也可以在旅游收入中提取一定比例的经费成立"旅游慈善基金"，为旅游
从业人员提供困难救助，保障旅游从业人员的生活与发展。再次，海峡两

岸暨港澳地区可以在旅游风险评估、旅游应急人员培训等专业领域进行认证资质的合作管理，允许专业的民间组织作为独立第三方进行旅游应急领域的专业评估、专业培训。用民间组织的专业性替代政府组织的强制性，有利于认证资质的推广，也有利于跨越海峡两岸暨港澳地区的行政局限，为四地的民众和游客所接受。

| 第六章 |

海峡两岸暨港澳地区旅游应急
合作体系建设的任务路径

我国旅游业正处在持续转型的升级发展阶段,我国出境旅游发展面临一系列安全议题的挑战。中国内地和港澳台互为重要的出境旅游市场,推进海峡两岸暨港澳地区旅游应急合作体系的建设,有效预防和应对四地发生的旅游突发事件,保障四地游客的生命安全、财产安全,对于推动海峡两岸暨港澳地区出境旅游的健康发展,促进海峡两岸暨港澳地区交流合作的顺利进行,具有重要的产业意义和政治经济效益。海峡两岸暨港澳地区旅游应急合作的开展是一个系统工程,需要克服各种障碍和困难,需要分阶段、分任务逐步实施。

第一节　旅游应急合作体系建设的任务结构

旅游应急合作体系建设是系统构建旅游应急合作的体制、机制、法制、预案及其物质技术基础,从而使海峡两岸暨港澳地区具备合作应对旅游突发事件的综合条件,形成旅游应急合作能力的系统过程。[①] 从海峡两岸暨港澳地区旅游应急工作的现状来看,构建旅游应急合作体系还是一个战略构想,因此其具体的推进需要从官方组织、企业组织、民间组织等不同层面,区分主体、区分阶段,分期逐步实施。

---

① 谢朝武. 旅游应急管理 [M]. 北京:中国旅游出版社,2013:208.

一 海峡两岸暨港澳地区旅游应急合作体系建设的战略任务

在不同时期、不同应急理念和需求背景下，旅游应急合作体系具有不同的发展重点和发展方向。明确海峡两岸暨港澳地区旅游应急合作体系建设的战略导向，将为海峡两岸暨港澳地区旅游应急合作体系的构建提供战略支撑和实现途径，为进一步引导应急合作体系建设工作提供方向引导。

1. 总体战略导向

政策的制定和执行是为海峡两岸暨港澳地区旅游应急合作体系的建设和运行服务的。在当前阶段，海峡两岸暨港澳地区旅游应急合作政策的总体战略导向主要包括推动海峡两岸暨港澳地区间旅游应急合作体系的全面建立和统筹海峡两岸暨港澳地区间旅游综合应急能力的建设发展两个方面。

（1）推动海峡两岸暨港澳地区间旅游应急合作体系的全面建立

海峡两岸暨港澳地区旅游应急合作体系建立的目标是形成内地与香港、澳门、台湾之间应对重大或跨区域旅游突发事件的应急联动机制，以最大限度地减少旅游突发事件的发生或降低其所造成的伤亡损失，实现海峡两岸暨港澳地区旅游业的健康发展。旅游应急合作体系主要包括旅游应急合作的功能机制（一案三制）、技术支撑系统（技术设施）和物资资源系统（人、财、物），旅游应急合作体系的全面建立意味着其功能机制、技术平台和物资资源系统的全面建成，意味着旅游应急合作功能的全面形成。旅游应急合作体系的全面建立将为内地与香港、澳门、台湾之间旅游业的安全发展提供基础。

（2）统筹海峡两岸暨港澳地区间旅游综合应急能力的建设发展

传统的旅游应急体系建设比较重视旅游应急管理能力的提升，但忽略了旅游应急服务能力和旅游应急协调能力的建设。海峡两岸暨港澳地区旅游应急合作体系呈现较为明显的跨区域和跨体制特征，在不同政治体制和多主体的旅游应急合作体系中，应急管理能力必然受到相应的限制。在此背景下，提升中国内地、香港、澳门和台湾在旅游应急方面的资源筹集、储备和调配能力，对海峡两岸暨港澳地区的游客和旅游企业提供旅游应急服务，优化其旅游应急观念和应急能力，具有较强的产业现实意义。海峡两岸暨港澳地区旅游业应重视旅游应急管理能力、旅游应急服务能力和旅游应急协调能力的共同发展。

2. 主要战略任务

根据海峡两岸暨港澳地区旅游应急合作体系涉及的相关主体，可将海峡两岸暨港澳地区旅游应急合作政策的主体战略导向解构为针对官方组织、行业协会组织和民间组织等相关主体的战略导向。

（1）强化官方组织应对重大旅游突发事件的统筹职责

重大旅游突发事件如重大自然灾害、重大事故灾难、重大社会安全事件和重大公共卫生事件等往往具有成因复杂、涉及主体多、持续时间长、影响范围广、事件后果严重等特征，单纯依靠旅游企业和游客力量难以应对处理。相比之下，官方相关部门具备强大的统筹协调能力，可以在短时间内集合各方相关力量进行旅游突发事件的应急处理工作，从而最大限度地降低人员伤亡和各项损失。此外，由于海峡两岸暨港澳地区旅游应急合作的跨区域性和体制差异性，相关救援力量如救援队伍、设施设备等进入事发地往往需征得当地相关行政主管部门同意，因此属地处置是基本原则。对此，在海峡两岸暨港澳地区旅游应急合作体系建设过程中，应通过相关政策强化行政主管部门在应对重大旅游突发事件时的统筹职责。

（2）强化市场商业力量在处置常规旅游突发事件中的主导作用

旅游企业、行业协会等具有市场属性的力量是处置常规旅游突发事件的主要力量，它们可根据突发事件类型和特征进行旅游安全应急培训演练，为游客提供旅行支援、道路救援、紧急搜救、紧急医疗和事件事后处理等广泛的旅行援助服务。例如，香港的旅游业议会施行"旅行团意外紧急援助基金计划"，为参与外游团的游客及其家属提供财政援助；"5·23"台湾旅行团漳州坠江事件中，受伤台胞转运返台由专业医疗运送机构国际思奥思有限公司负责；等等。① 旅游企业、行业协会等力量在旅游应急工作中正发挥着越来越重要的作用。因此，海峡两岸暨港澳地区旅游应急合作应强化商业力量、行业协会等在处置常规旅游突发事件中的主导作用，通过相关政策的制定来规范和引导旅游应急市场机制的发展与成熟。

（3）强化民间公益组织在应对旅游突发事件中的支持作用

除公共性旅游应急力量和商业性旅游应急力量外，公益旅游应急力量

① 台湾海基会派员赴闽　协助理赔漳州坠江事故 ［EB/OL］. http://www.chinanews.com/tw/2014/05－26/6212260.shtml.

和其他利益相关者也是旅游安全应急的重要支撑。民间救援联盟、红十字会等民间公益组织具有独立性、公益性、专业性和灵活性，能够有效处置专业领域内的紧急救援、心理辅导、慈善支援等应急工作，它们可以作为海峡两岸暨港澳地区旅游应急合作的主要辅助力量。行政主管部门应该对旅游应急业务进行细化分解，鼓励更多类型的公益个体和组织参与旅游应急工作。比如鼓励规划机构和学者个人为灾区和贫困地区提供规划支持与智力帮助，鼓励旅游地民众或游客主动进行风险信息的报送，鼓励通信、医疗等专业机构为旅游从业人员和游客提供专业技术培训，提升其综合应急能力等。对民间公益组织的引导是一个长期工作，需要政府机构和民间机构共同努力。

二　海峡两岸暨港澳地区官方层面旅游应急合作体系建设的阶段任务

官方主管机构应成为旅游应急合作体系建设的发起者、推动者和初期的主导者，应通过海峡两岸暨港澳地区官方的积极作为来共同形成旅游应急合作的发展范式。当然，旅游应急合作需要企业组织和民间组织的共同参与，因此行政主管机构应该激励和引导非官方机构参与旅游应急合作，并逐渐实现政府从主导到引导、从规范到支持的角色转变。官方层面旅游应急合作体系建设的阶段任务见表6-1。

表 6-1　官方层面旅游应急合作体系建设的阶段任务

阶段	应急合作任务
合作筹备阶段	◆ 形成旅游应急合作共识，明确旅游应急合作愿景，初步确立旅游应急合作的领域和方向； ◆ 确立参与旅游应急合作的主体结构、层次和类型，引导各企业组织和民间组织参与合作筹备，并推动企业组织和民间组织开展商业和公益层面的初始合作； ◆ 合作建构旅游应急合作的顶层架构，对旅游应急合作的愿景、平台、政策等进行顶层设计
体系形成阶段	◆ 建立旅游应急合作的制度架构，明确旅游应急合作的体制、机制、法制和预案，在制度机制层面形成完整的旅游应急合作的运作体系； ◆ 建立旅游应急合作的平台体系，确立旅游应急合作的信息支撑平台、决策支持平台、应急指挥平台和应急资源平台，在技术设施和物资资源层面形成旅游应急合作的保障体系； ◆ 推动旅游应急要素的协同建设，实现旅游应急合作的标准协同、资金协同、物资协同和技术协同，推动旅游企业积极参与协同建设，为旅游应急实施提供基础

续表

阶段	应急合作任务
执行落实阶段	◆ 丰富旅游应急合作的利益主体网络，招徕各类旅游应急合作的利益主体参与体系运作； ◆ 具体开展旅游应急合作工作，在旅游应急合作实践中积累经验、反馈问题； ◆ 优化旅游应急合作体系，对旅游应急合作体系的体制、机制、法制、预案和技术设施平台等进行持续优化

1. 合作筹备阶段官方组织的建设任务

合作筹备阶段是旅游应急合作的观念建构和设计阶段，是旅游应急合作战略的导入阶段。行政主管机构是海峡两岸暨港澳地区达成旅游应急合作的主导力量，行政主管机构没有参与意愿、没有战略构想，旅游应急合作工作就无从谈起。因此，中国内地应该牵头开展旅游应急合作的初期工作，激发海峡两岸暨港澳地区的合作意愿。海峡两岸暨港澳地区官方旅游主管部门的近期建设任务应包括以下内容。

第一，形成旅游应急合作的共识。作为海峡两岸暨港澳地区跨境旅游市场最主要的贡献者和受益者，中国内地应该首先认识到开展海峡两岸暨港澳地区旅游应急合作的战略意义，并与港澳台三地进行共识谈判，推动四地形成旅游应急合作的共识，确立四地旅游应急合作的基础原则。由海峡两岸暨港澳地区旅游安全应急的主管机构共同协商推进，明确海峡两岸暨港澳地区旅游应急合作的意向，坚定旅游应急合作的观念，从而为具体工作的执行提供正确的方向引导。

第二，确立旅游应急合作的主体层次。由于内地与香港、澳门、台湾之间存在体制机制的差异，纯粹的行政机构间的合作可能遭遇阻碍，因此应该在官方组织合作、企业组织合作、民间组织合作等各个层面全面启动，使海峡两岸暨港澳地区可以跨越政治体制差异实现旅游应急合作的良好发展。具体而言，官方组织包括四地政府旅游部门以及公共安全、气象、地震等政府专业部门；企业组织包括六要素旅游企业、保险公司、相关科技企业、旅行援助公司等企业，以及代表企业的行业协会；民间组织包括各类志愿者救援组织、公益基金等民间机构。

第三，建构旅游应急合作顶层架构。对海峡两岸暨港澳地区的旅游应急合作进行顶层设计，明确海峡两岸暨港澳地区旅游应急合作的战略导向、目标任务和具体的合作业务等核心内容。旅游应急合作的治理对象应覆盖各区域需共同应对的各类突发事件类型,包括涉旅自然灾害、事故灾难、公共卫生事件和社会安全事件等。旅游应急合作的核心业务应覆盖旅游应急工作的核心过程,具体包括旅游应急沟通合作、预防预备合作、监测预警合作、处置救援合作与善后恢复合作等各方面的合作内容。

2. 体系形成阶段官方组织的建设任务

体系形成阶段是旅游应急合作体系的建设形成期,是旅游应急合作建设工程的关键阶段。官方旅游主管部门在旅游应急合作体系的设计、建构和形成过程中仍需发挥主导作用。官方旅游主管部门应该推动形成旅游应急合作的制度架构、平台体系,推动旅游应急要素的协同建设,以建构起旅游应急合作的软件和硬件基础。具体的建设任务包括以下内容。

第一,建立旅游应急合作的体系架构。旅游应急合作体系是旅游应急合作体制、旅游应急合作机制、旅游应急合作法制和旅游应急预案等一系列旅游应急合作的协议和制度的产物,完整的旅游应急合作体系是旅游应急工作顺利开展的制度基础。因此,海峡两岸暨港澳地区的相关行政主管机构在设定旅游应急合作架构时,应该从体制、机制、法制和预案等完整的层面进行系统的设定和建构,确保体制、机制、法制和预案的统一性和顺畅性,确保依托体系建设旅游应急合作的工作网络,能为旅游应急合作工作的开展提供运作基础。

第二,建立旅游应急合作的法制基础。旅游应急合作体系的内部运作需要法制约束,合作体系在四地的实际运作也需要对接四地的法制体系。因此,法律法规、制度的对接是海峡两岸暨港澳地区开展旅游应急合作的重要基础,是建立交流平台、开展应急合作的前提条件。因此,要将旅游应急合作纳入四地法制体系,根据各区域旅游应急合作的联动要求健全开展旅游应急合作的制度文件,规范区域间的旅游应急合作行为。要将海峡两岸暨港澳地区旅游应急合作法规制度和预案体系纳入四地日常监管体系,加强对相关法规预案的督促检查,确保紧跟实际需要,着力推动海峡两岸暨港澳地区旅游应急合作法规预案的落实。

第三,建立旅游应急合作的平台体系。旅游应急合作平台是旅游应急合作开展的物质技术基础,是旅游应急合作体系的硬件系统,它主要包括信息支撑平台、决策支持平台、应急指挥平台和应急资源平台,是决定合作工作效率的基础设施。要通过平台体系建设形成旅游应急工作联络网、旅游应急法规与预案库、旅游应急合作救援队伍库、旅游应急合作专家库、旅游应急合作的典型案例库、旅游应急合作救援物资库等"一网五库"。旅游应急合作的硬件平台需要与应急合作体系的体制、机制、法制和预案等软件因素进行有机融合，需要依照体系架构的战略与战术要求进行整体设计，这是提升旅游应急合作成效的基础。

第四，推动旅游应急要素的协同建设。旅游应急合作需要平台体系的支撑，也需要应急要素的支撑。由于合作工作是在中国内地与香港、澳门、台湾等两两主体间或多元主体间进行，因此旅游应急合作的具体实施要考虑四地人员的技术接受度、标准接受度、技术指令的标准化、平台沟通术语的统一化等基础问题。具体而言，海峡两岸暨港澳地区应该在旅游应急合作的标准、旅游应急合作的资金、旅游应急合作的技术、旅游应急合作的物资等各种资源要素上进行协同建设，强化企业组织和民间组织参与协同建设的力度，实现旅游应急要素的统一化、标准化，这样有利于为旅游应急合作的具体实施提供基础。

3. 执行落实阶段官方组织的建设任务

执行落实阶段是旅游应急合作的执行期，也是旅游应急合作成效的检验阶段。官方旅游主管部门在旅游应急合作的远期应该承担合作计划执行者、合作开展引导者、合作行为监督者等多种角色。管方旅游主管部门要在扩大参与主体、优化合作体系上发挥积极作用。具体的建设任务应包括以下几点。

第一，丰富旅游应急合作的利益主体网络。行政主管部门除积极参与设计旅游应急合作架构外，还要动员旅游企业、行业协会、民间志愿者组织、各类基金机构等不同的利益相关者积极参与旅游应急合作。其中，旅游企业是跨区域旅游活动的组织者、旅游项目的提供者，甚至可能成为重大旅游突发事件的微观发生场所，在海峡两岸暨港澳地区旅游应急合作中扮演重要角色，要通过强制性政策、激励性政策等来加强旅游企业在旅游应急合作中的引导作用。行业协会和公益组织是海峡两岸暨港澳地区旅游应急合作的重要补充力量，可以通过激励性或引导性政策激发它们参与旅游应急合作的积极性。既要在利益主体的类型上不断扩展合作主体，也要在利益主体的数量上不断扩展成员规模。海峡两岸暨港澳地区参与旅游应急合作的组织机构越多，利益主体的网络就越丰富，合作网络的功能与作用也就越大。

第二，积极开展旅游应急合作工作。官方旅游主管部门应该按照应急合作架构的设置要求，基于旅游应急合作平台开展各类突发事件的应对工作，不断提升合作应急成效。政府旅游部门还应积极开展旅游应急合作的宣导引导工作。比如，推出旅游应急合作指南、手册和宣传片，向民众介绍旅游应急合作体系、警报系统、预警信号、求救渠道、撤离路线、避难场所等应急知识；加强对旅游从业人员的应急培训，对四地旅游从业人员进行联合培训，提升旅游从业人员的应急能力。

第三，优化旅游应急合作体系。旅游应急合作体系的建设是一个持续优化过程，需要不断分析应急合作过程中存在的障碍与问题、困难与挑战，需要根据旅游应急合作的实际需要进行优化调整。对此，四地官方旅游主管部门应该对旅游应急合作的体制、机制、法制和预案进行定期的研讨，总结应急合作开展过程中的经验与教训，吸收更先进的处置方式和技术手段，通过持续的体系优化来提升旅游应急合作的效率。

三 海峡两岸暨港澳地区企业组织层面旅游应急合作体系建设的阶段任务

企业组织是旅游应急合作的中坚力量，是旅游应急现场的直接参与者。推动各类旅游企业和旅游应急的相关企业参与旅游应急体系的建设，有助于优化旅游应急合作的体系结构，有助于提升旅游应急合作的质量水平。由于涉及港澳台等境外地区，因此从企业层面开展旅游应急合作比官方层面的应急合作更容易获得支持，合作效率也更容易得到提升。企业组织层面旅游应急合作体系建设的阶段任务见表6-2。

表6-2 企业层面旅游应急合作体系建设的阶段任务

阶段	应急合作任务
合作筹备阶段	◆ 基于旅游应急机制优化业务流，将旅游应急的机制过程与业务过程进行融合来规避旅游突发事件； ◆ 开发旅游应急相关的商业产品，开拓适用海峡两岸暨港澳地区的风险提示、安全装备、安全引导、应急救援、旅行安全服务、旅游保险等各种商业产品； ◆ 优化四地的出境旅游保险产品，加强出境旅游的保险保障，降低个人保费

续表

阶段	应急合作任务
体系形成阶段	◆ 落实旅游应急合作"一案三制"要求，建立完备的旅游企业应急体系； ◆ 对接旅游应急合作的平台体系，实现企业应急资源接口与应急合作平台接口的整合； ◆ 推动旅游应急的全过程合作，实现预防预备、监测预警、处置救援、恢复重建等核心过程的合作应对； ◆ 加强旅游行业协会的应急功能建设，通过行业协会推动旅游应急合作工程
执行落实阶段	◆ 推动旅游保险和商业救援市场的持续扩容，推动旅游应急行业的发展，发挥市场力量的主导作用； ◆ 扩大旅游应急业务的合作网络，提升旅游应急业务的质量水平

1. 合作筹备阶段企业组织层面的建设任务

合作筹备阶段是企业组织接受旅游应急观念、导入旅游应急合作体系的初始阶段。旅游企业和承担旅游应急业务的相关企业扮演着旅游应急合作工程的参与者和配合者角色。旅游企业及相关企业组织在官方的引导下才会逐渐认同和接受旅游应急观念，并逐渐自主推动旅游应急业务的创新与发展。海峡两岸暨港澳地区旅游企业和旅游应急相关企业的建设任务包括以下内容。

第一，基于旅游应急机制优化业务流程。增强旅游业务活动的安全性，有助于海峡两岸暨港澳地区旅游应急合作工程的开展。受产业传统的影响，许多旅游企业并没有接受安全与应急管理的观念，也没有将旅游应急的机制过程与业务过程进行融合来规避旅游突发事件。在这个领域，需要官方进行持续的沟通和引导，使旅游企业愿意基于旅游应急机制来优化旅游业务流程。例如，目前内地与港澳台的部分旅游救援机构主要开展即时援助以及事后理赔服务，并没有根据旅游地的安全风险结构来提供旅行前的信息咨询、救援产品宣传等前置干预服务。而事实上，游客缺乏安全常识是导致旅游突发事件发生的重要原因，游客缺乏安全意识导致的旅游突发事件占据一定比例。同时，许多旅游突发事件的发生与游客的自身安全素养不高存在紧密的关联关系，这些事件大多可以通过信息前置干预业务来降低或避免。因此，旅游要素企业和商业救援公司都可以通过增加风险信息提示、安全教育、安全预警、安全设施配置等前置干预服务来完善旅游业务过程，以避免旅游突发事件发生，减少旅游应急资源的消耗。

第二，开发旅游应急相关的商业产品。加速旅游应急业务产品的商业开发是增加旅游应急资源，支撑旅游应急合作的重要基础。旅游突发事件的应对是一个事关游客和企业安全的综合工程，公共资源、公益资源和商业资源在旅游突发事件的应急管理过程中都具有重要作用。在中国内地，将旅游应急管理作为一个商业产品进行开发的意识还没有完全树立。总体上，旅游应急涉及风险提示、安全装备、安全引导、应急救援、旅行安全服务、旅游保险等各种商业产品，这是一个有待开拓的庞大商业市场。例如，港澳台民众的保险意识和商业救援观念较强，因此港澳台的旅游保险产品较为丰富，商业救援的相关行业也比较发达。中国内地游客虽然逐步树立起出境旅游买保险的意识，但是单独购买商业救援险的观念还没有完全建立，而在内地进行境内旅游时的保险意识就更弱了。这使得中国内地的商业救援市场偏小，商业救援机构也较少，这是一个亟须改善的市场局面。因此，内地应推动旅游保险产品的发展，推动商业救援市场的成熟。商业救援机构可拓展的业务见表 6-3。

表 6-3 商业救援机构可拓展的业务

商业救援机构名称	现有业务	可拓展业务
国际 SOS 救援中心	• 提供医疗救援、国际医疗保健服务，安全服务和外包服务的机构	• 提供前置干预服务，推动旅行救援市场的成熟发展 • 开展前置干预合作业务，通过两地机构的联合力量，为身处异地的游客提供安全信息、安全常识、安全咨询、产品宣传等服务 • 开展游客安全装备配置服务，强化游客的安全保障 • 开展旅游要素企业的安全装备配置业务，提高旅游要素的安全装备水平 • 拓展其他旅游应急相关业务
国旅总社旅行救援中心	• 以发展救援代理业务为主，向境外救援公司和国内外的保险公司提供代理服务	
安盛旅行援助服务有限公司	• 提供医疗转送、遗体转送回国、医疗费用垫付、医疗费用理赔、贵宾服务等救援服务	
安联全球救援集团	• 包括汽车道路救援、旅行保险与医疗救援以及健康服务	
中国银河绿十字公众应急救援服务系统	• 可 24 小时全方位快速响应，提供中国大陆境内（含入境人士）、境外高效、完整、配套一体化的应急救援服务保障	

资料来源：国际 SOS 救援中心，https://www.internationalsos.com/cn/；
国旅总社旅行救援中心，http://www.cits.cn/；
安盛旅行援助服务有限公司，http://www.axa-assistance.com.cn/；
安联全球救援集团，http://www.allianz-assistance.com.cn/；
中国银河绿十字公众应急救援服务系统，http://www.inhey.com/。

第三，优化四地的出境旅游保险产品。优化出境旅游保险产品将为旅游应急合作提供保障基础。通常，出境旅游产品的风险程度要高于一般的境内旅游产品，当因旅行社原因发生旅游突发事件时，团队游客可以从旅行社责任险获得保险保障。但是这种保险保障在很多情形下的保障力度不够，甚至会出现无法保障的情况。例如，旅行社责任险通常只保障旅行社存在过失等有责情形和列明的交通事故等意外情形，其附加的紧急救援险严格限制在意外或猝死等范围内。因游客个人原因或自身疾病等造成的伤害，游客需要通过个人保险来负担损失。但是，中国内地赴港澳台的中老年游客比例不低，中老年游客患慢性疾病的可能性较大，针对这些游客的覆盖医疗保险的个人保险产品费用会非常高，市场接受度低。可见，中国内地的个人旅游保险需要进行创新设计。设想，如果这种个人保险产品保障紧急救援转运和必要急救医疗的费用，后续治疗转回国内治疗，那么这种个人旅游保险产品的费用就会大大降低。可见，从出境旅游产品的保险保障来看，各地的旅游保险产品还有提升优化的空间（见表 6 - 4）。

表 6 - 4　中国内地旅游保险产品举例

保险公司	旅游保险产品名称	旅游保险保障范围
安联财产保险（中国）有限公司	香港－澳门旅行保险计划	特别为出行港澳台的游客所设计，包括旅行过程中乘坐公共交通意外伤害及医疗费用，保障涵盖随身财产安全、行李延误以及个人责任等。
中国平安财产保险股份有限公司	境外旅游保险——港澳台地区	承保在港澳台地区旅行的意外、突发急性病医疗及身故、24 小时境外紧急救援、旅行延误、行李证件损失等
美亚财产保险有限公司	"宝岛游踪"境外旅行保障	提供意外伤害、公共交通伤害、疾病/意外医疗、医疗运送和送返服务
太阳联合保险（中国）有限公司	爱游台湾旅游险	提供意外伤害、公共交通伤害、疾病/意外医疗、医疗运送和送返服务
丘博保险（中国）有限公司	"爱环岛"台湾旅行保障	提供意外伤害、公共交通伤害、疾病/意外医疗、医疗运送和送返服务

2. 体系形成阶段企业组织的建设任务

在体系形成阶段，旅游企业和旅游应急业务的相关企业是应急合作体系的主要建设者，在商业应急业务的创新发展中企业组织要承担主导角色。为推动海峡两岸暨港澳地区的旅游应急合作，企业组织应积极落实旅游应急合作"一案三制"要求，配合建设旅游应急合作的分支平台，对旅游应急合作的资源要素进行协同建设。海峡两岸暨港澳地区旅游企业和旅游应急相关企业的建设任务包括以下内容。

第一,落实旅游应急合作"一案三制"要求。旅游企业作为微观的执行主体,必须积极对接旅游应急合作的"一案三制"要求,明确旅游企业体制、机制建设任务,建立旅游突发事件的预防准备、监测预警、处置救援和善后恢复等四个阶段的职责机制,将应急任务和职责分配到每个部门、每个岗位和每个员工,并积极开展旅游应急合作的宣传培训、预防演练工作,加强对旅游安全与应急工作的基础投入。

第二,对接旅游应急合作的平台体系。要积极对接旅游应急合作平台,实现企业应急平台与旅游应急合作平台的整合,在沟通、技术、机制、物资等方面实现功能协调。其中,信息沟通平台的对接尤其重要。跨企业、跨部门、跨区域的信息共享,有助于提升旅游突发事件的响应速度和处置成效。信息沟通平台能够促进旅游企业与行政主管部门、商业救援机构、保险公司、公益组织之间的有效沟通,有利于发挥各方力量共同应对旅游突发事件。有效的信息沟通平台有助于旅游企业了解其他部门或机构应对旅游突发事件的处置方案,推动旅游企业旅游应急管理体系的完善和发展。

第三,推动旅游应急的全过程合作。旅游风险事件根据其严重程度可描述为"安全隐患—安全问题—安全事件—安全危机"等四个层级,每个层级需要采取不同强度的管理方式。旅游应急合作过程则包括预防预备合作、监测预警合作、处置救援合作、恢复重建合作等不同应急阶段。旅游企业的应急工作则包括应急机制和资源的建设、风险监测与发布、现场应急与救援资源协调、善后赔偿与形象恢复等类型。旅游企业的应急工作既需要与合作旅游企业合作应对,也需要协调风险评估、紧急救援、医疗救助等专业应急资源。建立全过程应急合作机制是科学应对旅游突发事件的重要基础。

第四,加强旅游行业协会的应急合作功能建设。海峡两岸暨港澳地区旅游领域的行业协会十分丰富,强化旅游行业协会的应急合作功能,通过行业协会来推动旅游企业开展应急合作,是一条重要的建设发展途径。中国内地的旅游行业协会主要包括海峡两岸旅游交流协会(ATETS)、中国旅游协会(CTA)、中国旅行社协会(CATS)、中国旅游饭店业协会(CTHA)、中国旅游车船协会(CTACA)、中国旅游景区协会(CTAA),香港的旅游行业协会包括旅游业议会、香港中国旅游协会、香港酒店业协会等行业组织，澳门的旅游行业协会主要包括澳门旅游商会、澳门旅行社协会、澳门旅游业议会等行业组织，台湾的旅游行业协会主要包括海峡两岸观光旅游协会（台旅会）、海峡交流基金会、台湾旅行业品质保障协会、台湾旅游协会、台湾休闲旅馆协会等行业组织。海峡两岸暨港澳地区旅游行业协会的建设任务见表 6 - 5。

表 6 - 5　海峡两岸暨港澳地区旅游行业协会的建设任务

地区	行业组织	建设任务
中国内地	海峡两岸旅游交流协会（ATETS）	◆ 对接旅游应急合作平台，建立旅游应急合作的分支端口； ◆ 开展旅游应急合作领域的宣传和推广，推动行业共识的形成； ◆ 鼓励和引导协会成员对接旅游应急合作平台，加强应急合作资源的导入； ◆ 积极联络当地旅游应急相关企业、民间组织加入合作平台； ◆ 组织协会成员开展旅游应急合作的交流培训，推动海峡两岸暨港澳地区同类组织间的应急交流与培训； ◆ 对协会成员的旅游应急合作进行考核和表彰
中国内地	中国旅游协会（CTA）	
中国内地	中国旅行社协会（CATS）	
中国内地	中国旅游饭店业协会（CTHA）	
中国内地	中国旅游车船协会（CTACA）	
中国内地	中国旅游景区协会（CTAA）	
中国香港	香港旅游业议会	
中国香港	香港中国旅游协会	
中国香港	香港酒店业协会	
中国澳门	澳门旅游商会	
中国澳门	澳门旅行社协会	
中国台湾	海峡交流基金会、海峡两岸观光旅游协会（台旅会）、台湾旅游协会	
中国台湾	台湾旅行业品质保障协会	
中国台湾	台湾休闲旅馆协会	

3. 执行落实阶段企业组织的建设任务

第一，推动旅游保险和商业救援市场的持续扩容。尽管海峡两岸暨港澳地区的保险公司推出了各种旅游救援保险产品，并且这一市场正在持续扩大，但是专门从事旅行援助服务的商业救援机构并不多。这不仅是因为目前的市场容量远未饱和，也是因为公众和企业对这一市场的认知度不够，甚至不知道旅行援助市场的存在。① 因此，保险公司和商业救援企业

---

① 谢朝武．我国旅游救援体系发展及推进策略研究［J］．西南民族大学学报，2010（11）：166 - 168.

应积极加强宣传推广，不断开拓专业的旅游救援服务，以扩大市场认知度和接受度。要在旅游风险评估、旅游安全设计、紧急医疗救援服务、旅行支援服务、保险理赔服务等领域面向市场提供更广泛的商业服务项目，推动商业救援市场的规模化发展，逐步实现旅游应急类企业作为主体专业力量主导海峡两岸暨港澳地区旅游应急业务的开展。

第二，扩大旅游应急业务的合作网络。旅游要素企业是旅游产业链上的重要环节，是旅游应急工作的重要参与者、配合者。旅游突发事件的发生对旅游要素企业会产生不良影响，旅游突发事件后果越严重，对旅游企业的不良影响就越大。因此，加强对旅游企业的宣导引导，促使旅游企业重视旅游应急工作就显得非常重要。要使旅游企业充分认识到，积极参与旅游应急合作网络建设，在各类旅游应急工作中共享应急信息等应急资源，对于旅游企业的安全发展具有重要作用。要在应急预防、应急监测、应急预警、应急响应、应急救援、恢复重建等各类应急业务中进行合作，细分应急业务的类型并不断扩大其合作网络。旅游行业协会、应急类专业协会等机构应努力引导和推动应急合作网络的建设。

四 海峡两岸暨港澳地区民间组织层面旅游应急合作体系建设的阶段任务

旅游应急相关的民间公益组织包括了志愿者救援组织、志愿者心理咨询组织、公益律师服务组织、医疗救护及旅游救援基金组织、旅游产业帮扶基金组织、突发事件发生时的临时公益组织等各类组织机构，这些机构主要基于志愿服务或社会公益资源无偿向受突发事件影响、需要帮助的游客提供专业服务或应急资源。引导各类民间组织参与海峡两岸暨港澳地区的旅游应急合作，既是推动海峡两岸暨港澳地区民间交流的重要方式，也是提升旅游应急合作平台资源实力的重要支撑。具体任务见表6-6。

表6-6 民间组织层面旅游应急合作体系建设的阶段任务

阶段	应急合作任务
合作筹备阶段	◆ 推动旅游应急类民间组织的建设和发展，民间公益组织自身也应该抓住发展的机会，提升运作效率和社会效益； ◆ 加强旅游应急类民间组织的宣传和推广，民间组织要了解旅游应急业务过程中的公益需求，并向大众进行广泛的宣传推介，提升社会认知度

续表

阶段	应急合作任务
体系形成阶段	◆ 旅游应急类民间组织应对接旅游应急合作平台，服务旅游应急合作平台的任务需求，也可从旅游应急合作平台获取知识、技术和资源； ◆ 实现与公共应急资源的整合，并能在各种应急任务中发挥辅助甚至支撑作用； ◆ 加强四地民间组织间的交流合作，依托旅游应急合作平台进行专业和资源交流
执行落实阶段	◆ 丰富旅游应急类民间组织的机构网络，实现民间公益组织的群组化、专业化、网络化； ◆ 丰富旅游应急类民间组织的合作业务，积极发展旅游应急类的公益服务，开创海峡两岸暨港澳地区合作交流的新空间、新范式

1. 合作筹备阶段民间组织层面的建设任务

民间公益组织是旅游应急合作的辅助资源提供者，行政主管机构应该引导各类民间组织熟悉旅游应急业务中的公益需求，鼓励民间组织向需要帮助的游客提供相关专业服务。在旅游应急合作筹备阶段，政府应该推动民间公益组织的发展，服务海峡两岸暨港澳地区旅游应急合作的需求。

第一，推动旅游应急类民间组织的建设和发展。从目前的情况来看，海峡两岸暨港澳地区与旅游应急相关民间组织都不是非常成熟，红十字会、医疗救护机构等传统的公益组织对旅游应急业务不太熟悉，也不了解旅游应急业务中的相关专业需求。因此，海峡两岸暨港澳地区与旅游应急相关的民间公益组织类型体系不全面、数量规模较小、业务能力较弱。对此，官方组织应该积极推动民间公益组织的建设和发展，通过各种激励引导措施推动民间公益组织的成长，扶持民间公益组织为海峡两岸暨港澳地区的游客和从业人员提供旅游应急领域的专业服务。民间公益组织自身也应该抓住发展的机会，提升运作效率和社会效益。

第二，加强旅游应急类民间组织的宣传和推广。民间组织和官方组织都应该加强宣传和推广工作。一方面，很多民间组织都不为人所知，规模小、社会关注度不够、获取公益资源的机会少，因此这些组织需要通过宣传推广来引起社会的重视，积累自身的运作资源，壮大公益实力。另一方面，官方组织也应该为民间公益组织多做宣传推广工作，也可为民间组织提供宣传推广的平台，还应该对海峡两岸暨港澳地区旅游应急合作过程中的公益点进行宣传介绍，吸引公益资源的关注，推动相关民间公益组织的形成。因此，民间组织自身的宣传推广和官方组织的宣传引导是推动民间组织参与海峡两岸暨港澳地区的旅游应急合作的重要手段。

2. 体系形成阶段民间组织的建设任务

在旅游应急合作体系形成阶段，容纳成熟的民间组织对接旅游应急合作平台，有助于发挥民间组织的资源辅助作用，提升旅游应急合作平台的资源实力。民间组织应关注的建设任务包括以下内容。

第一，对接旅游应急合作平台。民间组织通常具有公益性和独立性，成熟的民间组织具有广泛的社会声誉，从而有助于公益资源的筹集。以志愿者救援组织等为首的相关民间组织应该积极对接旅游应急合作平台，在技术层面、资源层面与旅游应急平台进行功能对接。民间公益组织既可以服务旅游应急合作平台的应急任务需求，也可从旅游应急合作平台获取知识、技术和资源，实现双向的互惠互利。当然，许多民间组织实力较弱，缺乏技术设施条件，旅游应急合作平台通过投入适当的技术设施资源，可以吸纳和培养相关组织为合作平台服务。

第二，实现与公共应急资源的整合。被纳入旅游应急合作平台的民间应急机构应该实现与公共应急资源的整合，并能在各种应急任务中发挥辅助甚至支撑作用。例如，民间志愿者救援组织应该与公共救援机构建立旅游应急合作机制，拥有游客定位及接受报警和呼叫的技术终端，能接入公共应急信息联动端口。通过技术端口和机制的整合联动，民间应急资源才能得到最大程度的整合利用。

第三，加强四地民间组织间的交流合作。民间组织的公益性使其特别依赖社会资源的支持，其组织网络越大，资源实力通常越强，也就能够在跨区域的旅游应急工作中扮演重要角色。例如，中国内地许多省市都成立了志愿者救援联盟，这些救援组织大部分都是由户外运动爱好者发起，逐渐发展到有户外运动爱好者、专业搜救人员和医护人员多领域专业人士共同参与。区域间的志愿者救援联盟还经常进行交流合作，遇到紧急救援案例时常常进行专业探讨，优化救援方案。但是，海峡两岸暨港澳地区民间组织还缺乏广泛的交流，如果能够依托旅游应急合作平台进行专业和资源交流，必然有助于推动双方的实力增长。

3. 执行落实阶段民间组织的建设任务

执行落实阶段是民间组织参与旅游应急合作，基于旅游应急合作规范开展公益应急业务，从旅游应急辅助力量向旅游应急支撑力量转变的阶段。旅游应急相关的民间组织应该依托应急合作平台加速成长，推动机构网络化、规模化，推动公益应急业务的多元化。

第一，丰富旅游应急类民间组织的机构网络。民间组织因为长期在某一个专业领域进行运作，因此在特定领域拥有较强的专业实力和业务支撑作用。例如，西方许多国家的探险救援就依靠志愿者救援组织，而不是依靠政府的公共救援，原因在于志愿者救援组织长期执着于救援工作，专业技能强、商业色彩较淡，因而成为公众信赖的救援力量。丰富旅游应急类的民间组织，形成网络化的服务平台和服务模式，不仅有助于提升相关民间组织的专业实力，也有助于提升旅游应急合作的专业成效。以应急救援为例，应急救援业务就包括了山地救援、水上救援、沙漠救援、城市救援、地震救援等专业体系，需要救援、交通、医疗、通信、媒体等各种专业力量或专业组织的参与。民间公益组织的群组化、专业化、网络化是其发展的必然趋势。相关紧急救援组织建设任务见表6－7。

表6－7　海峡两岸暨港澳地区紧急救援的相关组织

地区	组织名称	建设任务
中国内地	北京市登山协会山岳救援队、北京绿野援救队、北京蓝天志愿救援队、北京饕拾贰户外救援联盟、河南户外救援联盟、广西户外运动救援队、珠海市登山探险协会救援队、重庆奥特多救援队、上海市综合救援队、新疆山友户外运动救援队、中国山岳救援队、深圳山地救援队、壹基金志愿救援联盟等	• 要进一步完善规章制度，推动海峡两岸暨港澳地区旅游救援组织之间旅游应急合作的常态化； • 丰富海峡两岸暨港澳地区旅游应急救援的经验交流活动； • 适时开展跨境旅游应急救援的联合演练活动； • 建立与行政主管部门信息共享机制，获取权威的灾情信息和救援信息，做到救援资源的合理配置和使用
中国香港	香港圣约翰救护机构、香港红十字会、香港民众安全队、香港山岭搜救中队、香港无国界医生组织等	
中国澳门	澳门红十字会等	
中国台湾	中华救助总会、台湾红十字会总会等	

第二，丰富旅游应急类民间组织的合作业务。旅游应急工作涉及旅游突发事件的预防预备、旅游突发事件风险的监测预警、旅游突发事件的应急响应与紧急救援、旅游突发事件后的恢复重建等一系列的重要任务，其关注点既有游客，也有旅游企业，还有从业人员。民间公益组织应该把主要关注点放在需要救助的游客、从业人员身上。重灾区的旅游地恢复重建

还牵涉到庞大的资源筹集问题。这些应急工作都有民间公益组织参与的空间。因此，民间公益组织应该积极发展旅游应急类的公益服务，不要因为旅游是个经济产业、游客中可能存在强势群体而忽视弱势游客、弱势企业和弱势灾区的困难与面对的挑战。在海峡两岸暨港澳地区间进行旅游应急业务的拓展，将开创海峡两岸暨港澳地区合作交流的新空间、新范式。

第二节　旅游应急合作体系建设的难点与路径

海峡两岸暨港澳地区的旅游发展需要旅游应急合作的支撑。但在目前阶段，海峡两岸暨港澳地区的旅游应急合作还是一个战略构想，它的推进和实施必将是一个系统工程，是一个需要官方组织、企业组织和民间组织共同努力的过程。旅游应急合作体系的建设过程也将面临不少困难，需要通过科学的机制和路径来达成。

一　海峡两岸暨港澳地区旅游应急合作体系建设的难点

海峡两岸暨港澳地区开展旅游应急合作体系的建设是一个前所未有的战略工程，它需要行政主管机构的积极运作，需要协调海峡两岸暨港澳地区的政府组织、企业组织和民间组织。在旅游应急合作体系建设过程中，它可能面临的难点包括以下内容。

第一，旅游应急合作观念的融合。旅游应急合作是中国内地和港澳台为了共同应对涉旅突发事件，避免灾难性事件发生而采取的治理方式。但旅游应急合作的形式、机制、参与主体、架构等需要在海峡两岸暨港澳地区之间进行观念碰撞和设计构想，四地要形成统一的共识、达成相互谅解的战略方案，需要海峡两岸暨港澳地区的官方组织、企业组织和民间组织都有相对一致的合作观念，而观念的改变、调整与融合是一个艰难的过程。

第二，旅游应急合作体制的融合。旅游应急合作体系的建设需要依托各地的政治经济体制，而中国内地与港澳台之间具有不同的政治经济体制。海峡两岸暨港澳地区在旅游行政运作、旅游安全管理体制、基础应急管理体制等方面就存在巨大的差别。旅游应急合作体系的建设首先必须依托海峡两岸暨港澳地区的旅游行政管理机构，需要设立功能机制上相对统一的部门和机构来负责旅游应急合作工作，并需要设立一个联合指挥枢纽。这种体制融合可以在内地与香港、内地与澳门、大陆与台湾等两两主体之间进行，也可以在海峡两岸暨港澳地区同时进行，但旅游应急合作过程中的体制融合将是一个巨大的障碍。

第三，旅游应急合作平台的融合。旅游应急合作平台应该是一个融合了信息沟通、风险监测、预警发布、联动响应、救援协调、联合决策、指挥调度、资源共享、交流学习等多元功能需求的平台，是一个机制过程、技术手段和物资资源完整融合的平台，其建构过程还需要充分考虑海峡两岸暨港澳地区在技术接口、标准接口、术语习惯、资源体系等各方面的差异，这种平台的设计和建构过程会面临大量复杂的难题。

第四，旅游应急合作环境的融合。旅游应急合作体系的建设将是在现实的社会、政治、经济和文化环境中进行，其建设过程将面临来自海峡两岸暨港澳地区旅游业发展形势、政治改革与形势变动、经济发展水平、社会民意情绪等各种因素的挑战和影响。再考虑到旅游应急合作体系的建设是一个持续过程，建设周期可能很长，它所面临的环境影响和约束将更为复杂，因此环境条件的协调与融合将是海峡两岸暨港澳地区旅游应急合作体系建设的又一难题。

二　海峡两岸暨港澳地区旅游应急合作功能建设的难点

海峡两岸暨港澳地区旅游应急合作体系的建设过程实质上是旅游应急合作功能的建设与形成过程。旅游应急合作功能包括了应急预防与准备合作功能、应急监测与预警合作功能、应急处置与救援合作功能、应急恢复与重建合作功能、应急沟通与保障合作功能等主要的功能模块。由于旅游应急合作体系的功能需要在海峡两岸暨港澳地区进行融合调整，因此会面临不少困难（见表6－8）。

表6－8　海峡两岸暨港澳地区旅游应急合作体系的建设难点

事态进展	应急合作功能	旅游应急合作的难点
事前	预防与准备合作	旅游应急合作的"一案三制"建设和物资资源等基础设施建设需要综合考虑四地实际，平衡四地旅游应急水平差异
事发	监测与预警合作	海峡两岸暨港澳地区旅游风险监测网络的设置、信息共享和同步预警

事态进展	应急合作功能	旅游应急合作的难点
事中	处置与救援合作	对公共救援、企业的商业救援、民间组织的公益救援进行一体融合、跨境合作
事后	恢复与重建合作	恢复重建支撑要素的合作建设；恢复重建机制、资源、要素的设计、筹集、安排
全程	应急沟通与保障合作	海峡两岸暨港澳地区旅游应急合作资金、物力和人力的储备与协调，应急沟通与共享的实现

1. 海峡两岸暨港澳地区旅游应急预防与准备合作的难点

旅游应急预防与准备合作是海峡两岸暨港澳地区旅游应急合作的起点，是为了预防旅游突发事件所进行的风险预控和全面准备工作的统称，其主要任务是进行旅游应急合作的"一案三制"建设和物资资源等基础设施建设。由于建设过程需要综合考虑内地、香港、澳门和台湾地区的实际情况，对接内地与香港、澳门、台湾差别较大的体制现状，平衡内地与香港、澳门、台湾的旅游应急水平差异，因此其面临的困境和难题需要引起重视。同时，海峡两岸暨港澳地区旅游应急机构、人员、技术设施的配合牵涉多个部门、多种机构，涉及大量的事务环节，还涉及大量人力、物力、财力的调拨工作，因此在成本消耗、运作程序等方面都存在较多的难点。

2. 海峡两岸暨港澳地区旅游应急监测与预警合作的难点

旅游应急监测与预警合作主要指在海峡两岸暨港澳地区旅游风险监测、识别、分析和警示等环节的工作。旅游监测与预警合作需要风险监测网络的支撑，需要建立人防、物防和技防相结合的监测平台，需要内地与香港、澳门、台湾地区能共享监测资源。由于海峡两岸暨港澳地区地理范围广，旅游六要素企业的规模十分庞大，因此要实现旅游活动场所风险监测的全覆盖，实现海峡两岸暨港澳地区旅游风险监测的同步共享，这是一个异常严峻的挑战。因此在建设初期，重点在于对重点景区及重点的旅游要素场所进行风险监控和资源共享。此外，在海峡两岸暨港澳地区旅游风险监测网络建成之后，怎样通过旅游应急合作平台与相关的官方旅游主管部门、行业协会组织、企业组织和民间组织、游客群体等实现有层次、有分别的信息共享，也是旅游应急监测与预警合作面临的又一挑战。

3. 海峡两岸暨港澳地区旅游应急处置与救援合作的难点

旅游应急处置与救援合作主要承担旅游突发事件紧急响应、现场处置、涉事人员的搜救和治疗等环节的工作。处置与救援合作是旅游应急合作的关键环节，是最能体现旅游应急合作成效的环节。旅游应急处置与救援合作功能的形成需要海峡两岸暨港澳地区将官方的公共救援、企业的商业救援、民间组织的公益救援进行一体融合，需要旅游保险产品的保障和各类技术设施的支撑，需要内地和香港、澳门、台湾共同对机构、人员、工作关系、职责、任务流程等进行制度化的安排。如果需要进行跨境救援合作，其处置过程将面临更复杂的环节因素，诸如境外救援的启动程序、旅游救援人员签证、物资入境等方面的法律问题，如何实现合作机制的简单化、畅通化等，都成为处置与救援阶段面临的难点议题。

4. 海峡两岸暨港澳地区旅游应急恢复与重建合作的难点

旅游应急恢复与重建合作主要承担旅游突发事件善后处理、旅游企业和旅游地的形象与市场恢复、旅游行业秩序及发展能力恢复等工作，其服务对象包括游客、从业人员、旅游企业，甚至包括旅游地。人员层次的善后恢复需要有力的保险保障和较强的医疗技术能力，旅游企业和旅游地的形象与市场恢复需要海峡两岸暨港澳地区能共同制定系列化的形象恢复与营销计划，以逐步提升市场信心。在重灾环境下，旅游地的恢复与重建工作需要多种资源要素的支撑，包括政策制度的衔接、共同资金的投入、人才队伍的共建、技术条件的共享、保险产品的合作等。这些机制、资源、要素的设计、筹集、安排是一个复杂的充满困难的议题。

5. 海峡两岸暨港澳地区旅游应急沟通与保障合作的难点

旅游应急沟通与保障工作贯穿旅游应急合作的整个过程，是海峡两岸暨港澳地区开展旅游应急合作的基础。这一功能模块的建设难点主要在于旅游应急资金保障、物力保障和人力保障方面的合作问题。从体系建设的角度而言，设置何种机制来筹集和分配资金，如何整合公共资源、企业资源和社会公益资源来共同参与合作保障，如何分配旅游应急平台的各种资源要素，当各地都发生旅游突发事件时如何进行沟通和优先顺序的安排等，都是机制设计上的难题。在人员保障方面，海峡两岸暨港澳地区还需要对旅游应急合作人员的工作观念、技术能力、工作标准、行为习惯等进行融合调整，需要解决跨文化层面的合作难题。

二　海峡两岸暨港澳地区旅游应急合作体系建设的路线计划

海峡两岸暨港澳地区旅游应急合作体系建设是一个系统工程，它需要政府组织、企业组织和民间组织的共同努力。海峡两岸暨港澳地区的政府旅游部门应成为合作体系建设战略的主导机构，在不同的建设阶段采用针对性的战略推动方式，实现应急合作体系建设过程的有序、科学、合理。作为对政府组织、企业组织和民间组织等参与建设任务的总结，可以将海峡两岸暨港澳地区旅游应急合作体系的建设过程和路线计划归纳为顶层设计、功能体系形成和落地方案建设等三个核心阶段（见图 6 - 1）。

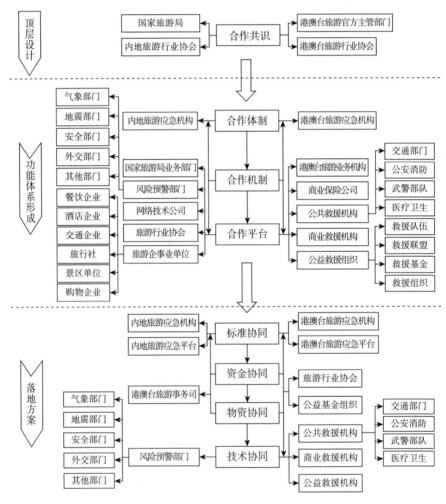

图 6 - 1　旅游应急合作体系建设的路线计划

1. 旅游应急合作体系建设的顶层设计阶段

海峡两岸暨港澳地区的旅游应急合作是一个重大战略工程，这个工程可以首先在中国内地与香港、中国内地与澳门、祖国大陆与台湾等两两区域之间进行合作共建，以减少旅游应急合作的困难。作为一个共同的议题，中国内地与港澳台之间必须形成旅游合作共识，并在此基础上形成对旅游应急合作战略的顶层设计。从执行主体来看，国家旅游局和港澳台的旅游主管机构是形成合作共识和进行顶层设计的主导机构。国家旅游局主管安全的综合司、负责港澳台实务的港澳台司、香港的旅游业监管局（筹）、澳门的旅游危机处理办公室、台湾的"观光局"等可以负责具体协商和设计过程。海峡两岸暨港澳地区的主要旅游行业协会应该在顶层设计中发挥决策参考作用，如海峡两岸旅游交流协会、中国旅游协会、香港旅游业议会、澳门旅游商会、台湾海峡两岸观光协会等应该积极参与研讨设计。通过汇聚官方组织和行业组织的集体意见，最终形成旅游应急合作的战略导向与方针政策，并通过官方旅游主管部门和旅游行业协会进行宣传推广，从而推动顶层设计构想的逐层下推，提升旅游应急合作战略的行业接受度。

2. 旅游应急合作体系建设的功能体系形成阶段

旅游应急合作体系建设的功能体系形成阶段是旅游应急体系建设的关键阶段，是全面建设和形成旅游应急合作的功能机制平台（"一案三制"）、技术支撑平台（技术设施）和物资资源平台（人、财、物）的阶段。首先，中国内地和港澳台应该明确实施合作体系建设的应急机构。在建设阶段，四地旅游部门应该共同成立旅游应急合作管理委员会，由合作方的分管负责人出任委员；旅游应急合作管理委员会下面专设负责体系建设和运营管理的旅游应急合作管理办公室，负责管理机构的日常业务。在这样的应急合作体制下，再共同确定旅游应急合作的业务机制和合作平台。旅游应急合作机制主要包括应急预防与准备合作机制、应急监测与预警合作机制、应急处置与救援合作机制、应急恢复与重建合作机制、应急沟通与保障合作机制等内容。旅游应急合作平台则是融合旅游应急合作信息支撑平台、决策支持平台、应急指挥平台和应急资源平台在内的统一平台体系。由于涉及的功能机制和资源要素众多，因此需要官方旅游主管部门，气象、地震、安全等专业部门，旅游要素企业及保险公司等旅游应急类商业企业，公益救援组织等民间机构的共同参与。旅游应急合作体系建设的功能体系形成意味着旅游应急合作行动具备了功能、技术和物质基础，基本可以付诸实施。

3. 旅游应急合作体系建设的落地方案阶段

旅游应急合作体系建设的主要目的是实现海峡两岸暨港澳地区之间的旅游应急协同，能够整合海峡两岸暨港澳地区或两两地区之间的旅游应急资源，减少旅游突发事件的发生，或者降低旅游突发事件造成的损害后果和不良影响。在旅游应急合作体制、机制和平台建构完整的基础上，要发挥旅游应急合作体系的功能机制的作用，旅游应急合作体系还需要能配合旅游地的资源与环境现状，并能实现平台应急资源与旅游应急资源的协同整合。因此，在旅游应急合作体系建设的落地方案阶段，海峡两岸暨港澳地区需要对旅游应急合作标准、旅游应急合作资金、旅游应急合作物资和旅游应急合作技术等旅游应急合作要素进行协同建设，实现标准接口、资金接口、物资接口和技术接口的融合协调，实现旅游应急合作行为的标准化、统一化，以保障旅游应急合作成效的可控和稳定。

| 第七章 |

海峡两岸暨港澳地区旅游应急
合作体系建设的政策机制

受历史和现实因素的影响，海峡两岸暨港澳地区在政治管理体制、法律法规标准、民众应急观念、人员应急技能等方面存在明显的差异，因此海峡两岸暨港澳地区的旅游应急合作必然会存在体制、法律、观念和能力等方面的阻碍。要推进海峡两岸暨港澳地区的旅游应急合作，推动旅游应急合作体系的建设和成形，需要在政策和标准等层面进行驱动和引导。作为旅游应急合作的主导力量，中国内地需要建立健全旅游应急合作的政策措施，提升港澳台等三地相关主体参与旅游应急合作的积极性，保障海峡两岸暨港澳地区旅游应急合作的顺利进行。

第一节　旅游应急合作体系建设的政策框架

旅游应急合作政策是驱动和保障海峡两岸暨港澳地区旅游应急合作进程的政策基础。在政策制定过程中，中国内地需要综合考虑海峡两岸暨港澳地区的政策环境，明确驱动政策的体系框架和治理重点，确立政策的制定和执行主体，这对于推动旅游应急合作工程的开展具有重要意义。

一　海峡两岸暨港澳地区旅游应急合作政策的基础框架

海峡两岸暨港澳地区旅游应急合作政策是指导应急合作工作顺利开展的重要基础，对旅游应急合作的全过程具有重要的指导作用。由于跨区域旅游应急合作涉及多区域、多主体、多阶段，因此相关政策的制定必须明确各利益相关者的职能定位与旅游应急合作全过程涉及的内容要素。此外，指明海峡两岸暨港澳地区旅游应急合作政策的治理目标和保障体系对相关政策的制定和执行具有重要的指向和保障作用。

1. 海峡两岸暨港澳地区旅游应急合作政策的执行主体

旅游应急管理涉及政府部门、旅游企业、旅游从业人员、游客、第三方机构和社会力量等多个主体，而海峡两岸暨港澳地区跨区域的旅游应急合作又涉及中国内地、香港、澳门和台湾四个地区。为确保旅游应急合作的顺利开展，必须对现有主体进行整合，在相关政策中明确参与海峡两岸暨港澳地区旅游应急合作的主体，指明它们的权利和义务、职责，从而形成高效运作、权责明确的应急合作运行机构，避免出现推诿责任、杂乱低效等现象。

海峡两岸暨港澳地区应该整合现有部门，明确旅游应急合作的主体机构。由于政治体制、市场机制、文化观念等不同，内地与香港、澳门、台湾在政府部门、支持机构、行业协会、社会力量等旅游应急主体上存在较大差别，为实现海峡两岸暨港澳地区间旅游应急合作的顺利开展，必须依托"一国两制"、优势互补、互利共赢等原则对现有主体进行有效整合，明确海峡两岸暨港澳地区旅游应急合作的指挥机构、支持机构等部门。中国内地、香港、澳门、台湾四地现有相关主体具体如表 7 - 1 所示。

表 7 - 1　海峡两岸暨港澳地区旅游应急现有相关主体

现有主体	区域	具体部门
政府主管部门	中国内地	国务院境外中国公民和机构安全保护工作部际联席会议、国务院涉外突发事件应急总指挥部、外交部和国家旅游局应急领导小组、国家旅游局综合业务司、国家旅游局国际联络司、国家旅游局港澳台旅游事务司、国务院台湾事务办公室
	中国香港	香港旅游业监管局（筹）、香港保安局、香港旅游事务署、旅游业议会、香港旅游发展局驻内地办事处（北京、上海、广州、成都）
	中国澳门	澳门特别行政区安全委员会、澳门特别行政区政府旅游局、旅游危机处理办公室
	中国台湾	台湾旅游主管部门、行政主管部门"大陆委员会"

续表

现有主体	区域	具体部门
支持机构	中国内地	气象部门、地震部门、安全部门、外交部门、交通部门、公安消防部门、武警部队、医疗卫生和防疫部门等部门
	中国香港	渔农自然护理署、建筑署、医疗辅助队、民安队、食物环境卫生署、消防处、卫生署、民政事务处、香港天文台、警务处、医院管理局、政府新闻处、保安局、运输署等32个部门
	中国澳门	治安警察局、消防局等11个军事化部队及治安部门，地球物理暨气象局、卫生局等10个政府部门
	中国台湾	警政、消防、卫生等相关单位
商业力量	中国内地	六要素旅游企业、旅游保险公司、相关科技企业、旅游援助公司等
	中国香港	
	中国澳门	
	中国台湾	
行业协会	中国内地	中国旅游协会、海峡两岸关系协会、亚洲旅游交流中心、海峡两岸旅游交流协会等
	中国香港	旅游业议会、旅游业赔偿基金管理委员会等
	中国澳门	澳门旅游协会、澳门专业导游协会等
	中国台湾	财团法人台湾观光协会、财团法人海峡交流基金会、台湾海峡两岸观光旅游协会、台湾省旅行商业同业公会联合会
社会公益力量	中国内地	北京蓝天救援队、重庆奥特多救援队、深圳山地救援队等
	中国香港	香港圣约翰救护机构、香港红十字会、香港民众安全服务队等
	中国澳门	澳门红十字会等
	中国台湾	中华救助总会、台湾红十字会总会等

　　海峡两岸暨港澳地区应指明主体权责，规范引导各相关主体发挥作用。海峡两岸暨港澳地区旅游应急合作涉及四个区域的政府部门、支持机构、旅游企业等众多主体，必须通过相关政策进行规范引导，明确各主体在旅游应急合作中的地位、职能，如规范、引导政府部门和商业力量分别在重大旅游突发事件与常规旅游突发事件中发挥主导作用。此外，还要确立旅游应急合作运行机制、突发事件应对机制等，实现海峡两岸暨港澳地区旅游应急合作各相关主体各司其职、指挥配合有力、高效运作等目标。

2. 海峡两岸暨港澳地区旅游应急合作政策的内容要素

综合性的旅游应急管理机制体系包括旅游应急预防预备机制、旅游应急监测预警机制、旅游应急处置救援机制和旅游事后恢复重建机制几个方面，[①] 海峡两岸暨港澳地区旅游应急合作体系的建设也应从以上几个方面入手。此外，由于海峡两岸暨港澳地区旅游应急合作存在跨区域、跨体制等因素，进行旅游应急合作必须建立合理有效的通报磋商机制，确保信息畅通和快速响应，因此，海峡两岸暨港澳地区旅游应急合作政策的内容需包括旅游应急预防预备、监测预警、处置救援、恢复重建和沟通保障等几个维度，对旅游应急合作全过程进行政策规定，推动中国内地、香港、澳门和台湾在旅游应急各阶段合作的有序进行。具体如表 7 - 2 所示。

表 7 - 2　海峡两岸暨港澳地区旅游应急合作政策的内容要素

政策内容要素	具体规定内容
旅游应急沟通与保障	• 应急沟通平台搭建； • 应急沟通内容、方式的规定； • 应急资源保障要素供给
旅游应急预防预备	• 海峡两岸暨港澳地区旅游应急合作"一案三制"建设：包括海峡两岸暨港澳地区旅游应急体制、机制、法制和预案； • 应急资源的共享机制：包括海峡两岸暨港澳地区旅游应急队伍、设施设备、应急资金、教育培训等资源； • 区域间旅游应急保险的推广：指在内地、香港、澳门和台湾各区域间均可通用的旅游应急保险； • 海峡两岸暨港澳地区旅游安全规划的编制
旅游应急监测预警	• 旅游突发事件监测信息共享与报告机制； • 事件级别分类的统一； • 预警级别和预警方式的统一
旅游应急处置救援	• 分级响应程序：包括事件分级规定、响应层级规定； • 不同事件类型响应程序：包括突发事故灾难、突发自然灾害、突发社会安全事件和突发公共卫生事件； • 救援力量互派机制：包括救援队伍、设施设备准入机制，事发地与协助地职能定位规定； • 新闻发布机制：对旅游突发事件相关新闻审核发布制度进行规定，统一海峡两岸暨港澳地区发布内容
旅游事后恢复重建	• 事发地与协助地旅游事后恢复重建职责

[①]　谢朝武. 旅游应急管理［M］. 北京：中国旅游出版社，2013：138.

3. 海峡两岸暨港澳地区旅游应急合作政策的任务与职能

海峡两岸暨港澳地区旅游应急合作政策的制定与执行是为旅游应急合作体系的建设服务的，根据政策性质的不同分别具有强制、激励、引导和保障等方面职能，促进各相关主体强制地或自愿地参与到旅游应急合作中来，推动中国内地与香港、澳门、台湾之间旅游应急合作体系的合理建设和有效运行，具体见表7-3所示。

表7-3　海峡两岸暨港澳地区旅游应急合作政策的任务与职能

政策任务与职能	相关说明
强制职能	通过制定各区域适用的旅游应急合作法律法规、标准等，实现对各区域各相关主体的管控，明确其在旅游应急合作过程中必须完成或明令禁止的事项，以达到海峡两岸暨港澳地区旅游应急合作的最低要求
激励职能	通过税收政策、补贴政策等影响相关市场经济主体，推动其积极参与到海峡两岸暨港澳地区旅游应急合作当中来
引导职能	通过基于意识转变和道德规劝等相关政策的制定和普及，潜移默化地影响游客、公益组织等主体的应急合作观念
保障职能	通过制定一系列相关政策保障海峡两岸暨港澳地区旅游应急合作的有效推进，如旅游应急人才保障政策、旅游应急资金保障政策、旅游应急设施设备保障政策等

二　海峡两岸暨港澳地区旅游应急合作政策的重点

相关政策的制定与执行是海峡两岸暨港澳地区进行旅游应急合作的重要保障，但中国内地与香港、澳门、台湾之间存在政策体制差异、文化观念差异等阻滞因素，导致相关政策在制定之初就困难重重，更可能无法实际执行。因此，切实推动海峡两岸暨港澳地区旅游应急合作政策的内容订立和有效执行，并在政策运作过程中不断实现动态优化是海峡两岸暨港澳地区旅游应急合作政策的重点。

（一）海峡两岸暨港澳地区旅游应急合作政策的内容订立

海峡两岸暨港澳地区旅游应急合作政策内容的订立是其具体执行与动态优化的基础，它使得中国内地与香港、澳门和台湾之间的旅游应急合作有章可循，实现"有法可依"，但完成该项任务具有以下难点。

第一，各区域现有相关政策制定主体和制定程序不同。综观中国内地、香港、澳门和台湾现有旅游应急相关政策的制定主体发现，各区域政策制定主体层级、制定程序等存在较大差异。总体来说，海峡两岸暨港澳地区在行业协议的制定主体和程序上较为类似，主要表现为行业协会主导。但从法律法规和制度标准来说，中国内地与香港、澳门、台湾之间存在较大差异。就中国内地而言，相关政策制定主体具有严格的等级梯度，上下级部门表现明显，从上至下分别颁布法律、行政法规、部门规章、地方政府规章、规范性文件、标准等，涉及众多层级；香港、澳门和台湾则在长期的历史过程中逐渐形成不同于内地的政策主体等级体系和政策制定程序，如香港的法律制定程序主要依据《香港法例的草拟和制作过程》进行，由法律草拟科负责草拟所有政府倡导的法例。海峡两岸暨港澳地区各区域现有相关政策制定主体具体见表 7 - 4。

表 7 - 4　海峡两岸暨港澳地区各区域现有相关政策制定主体

区域	现有相关政策制定主体
中国内地	全国人民代表大会常务委员会、国务院、国家旅游局、地方旅游局、地方人民政府、行业协会等
中国香港	香港特别行政区立法会、香港特别行政区政府律政司、香港特别行政区保安局、行业协会等
中国澳门	澳门特别行政区行政长官、保安司司长、行业协会等
中国台湾	台湾行政主管部门"大陆委员会"、台湾旅游主管部门、行业协会等

资料来源：根据网站资料整理。

第二，现有旅游应急政策具体内容存在较大差异。海峡两岸暨港澳地区进行旅游应急合作政策的制定必然会参考各区域现有政策，但目前四地相关法律标准、预案、协议等政策内容表现出较大的差异性。以海峡两岸暨港澳地区目前旅游应急预案来看，存在的主要差异包括灾害/突发事件范围界定、灾害规模/突发事件等级、应变措施/相应层级等方面，海峡两岸暨港澳地区在这些方面的政策规定上除内容不同外还存在较为明显的专业用语差异，即同一思想表达用语区别较大，具体见表 7 - 5 所示。

表 7 - 5　海峡两岸暨港澳地区当前旅游应急预案/体系内容差异

应急预案/体系内容	区域	具体内容
灾害/突发事件范围界定	中国内地	自然灾害、事故灾难导致的重大游客伤亡事件；突发公共卫生事件造成的重大游客伤亡事件；突发社会安全事件特指重大涉外旅游突发事件和大型旅游节庆活动事故
	中国香港	境内：任何需要迅速应变以保障市民生命财产或公众安全的自然或人为事件；① 境外：灾难事件可能是天灾（例如地震、水灾、海啸、风暴、山泥倾泻或火灾），亦可能是人为事故（例如飞机、船只、火车或巴士意外、建筑物倒塌或工业事件），甚至可能涉及传染病、犯罪事件（例如恐怖分子炸弹袭击、劫机或骚乱事件），或有香港居民在动乱地区受动乱影响②
	中国澳门	严重意外、灾祸或灾难
	中国台湾	观光旅游灾害（事故）：旅游紧急事故、国家风景区事故、游乐区事故、旅宿业事故；其他灾害；③ 灾害：风灾、水灾、震灾、旱害、寒害、泥石流灾害等天然灾害；火灾、爆炸、公用气体与油料管线及输电线路灾害、矿灾、空难、海难、陆上交通事故、森林火灾、毒性化学物质灾害等灾害
灾害规模/突发事件等级	中国内地	特别重大事件、重大事件、较大事件、一般事件四级
	中国香港	境内：三级事件； 境外：紧急应变行动计划区分为一级事故、二级事故、三级事故
	中国澳门	严重意外、灾祸、灾难三级
	中国台湾	甲级、乙级、丙级三级
应变措施/响应层级	中国内地	重大（Ⅰ级）事件响应； 较大（Ⅱ级）及以下层级事件响应
	中国香港	境内：三级应变措施（紧急服务）；启动紧急事故支援组、通知保安局当值主任；启动紧急监援中心）； 境外：一级事故响应、二级事故响应、三级事故响应
	中国澳门	紧急预防状态；拯救状态；灾祸或灾难状态
	中国台湾	甲级规模事件响应、乙级规模事件响应、丙级规模事件响应。

注：①政府总部、保安局、紧急行动支援组［Z］.香港特区紧急应变系统，2000.5.

②政府总部、保安局、紧急行动支援组［Z］.香港境外紧急应变行动计划，2007.11.

③中国台湾旅游主管部门［Z］.灾害防救紧急应变通报作业要点，2014－11－20.

资料来源：根据《国家旅游局旅游突发公共事件应急预案（简本）》、台湾旅游主管部门《灾害防救紧急应变通报作业要点》、香港与澳门应急管理体系等资料整理。

（二） 海峡两岸暨港澳地区旅游应急合作政策的执行优化

旅游突发事件具有明显的突发性特征，需要在事件发生时立即启动旅游应急合作预案，快速调配应急队伍、资金和设施设备。因此，旅游应急合作政策在制定之后是否能够及时有效地执行至关重要，但实现该目标存在以下难点。第一，不同政策类型强制程度存在差异。海峡两岸暨港澳地区旅游应急合作政策包括强制性、激励性、引导性和保障性政策，不同类型的旅游应急合作政策执行难度不一。具体来说，强制性政策和激励性政策具有法律效力，可由各区域相关部门进行严格的执行监督；相较之下，引导性政策有较高的自愿性，且相关政策涉及中国内地、香港、澳门和台湾的众多主体，包括政府相关部门、旅游企业、行业组织、游客等，因此难以全面严格地监督该类政策的执行，最后可能形同虚设。第二，各区域间体制差异可能使政策执行受阻。例如，祖国大陆与台湾目前尚未统一，各政党所持政见不同，如果发生执政党轮换将可能使原先制定的旅游应急合作政策失效，导致应急合作工作难以开展。

区域间的旅游应急合作是一个持续性过程，需要在动态环境中进行调整优化，这是保证旅游应急合作成效的重要导向。海峡两岸暨港澳地区旅游应急合作政策在制定之后并非一成不变，其在实际执行当中必然会出现相应的问题，包括政策条款不适应实际情况、解释不清、执行不力等，需要中国内地与香港、澳门、台湾不断地进行协商探讨，对已有政策进行调整、修改或补充完善，实现海峡两岸暨港澳地区旅游应急合作政策的动态优化，提高政策的实用性、适用性并实现可持续发展。

第二节　旅游应急合作体系建设的驱动政策

加强旅游应急合作是中国内地与香港、澳门、台湾等四地旅游业健康发展的重要保障，因此必须加快推进海峡两岸暨港澳地区旅游应急合作体系的建设。下文总结分析海峡两岸暨港澳地区旅游应急合作的现有基础并分析其特征，为进一步开展旅游应急合作、推进旅游应急合作体系的建设提供指导性意见。

一　海峡两岸暨港澳地区旅游应急合作的已有政策项目

中国内地与香港、澳门、台湾之间目前已形成一定的应急合作与旅游应急合作基础，本研究根据国家政府层面、区域政府层面、非政府机构层面、学术交流层面等几个合作层面进行现有合作项目的总结，具体如表7-6所示。

表7-6　海峡两岸暨港澳地区旅游应急合作已有具体项目

合作区域	合作层面	合作内容
中国内地与香港、澳门	中央政府层面	• 2002年，中国内地、香港、澳门三地设立卫生行政高层联席会议机制，每年于三地轮流举办，截至2014年已举办13届。以2014年会议为例，三地就新型传染病防控加强专家层面合作机制等达成共识① • 2003年，中国内地与香港、澳门签署《关于建立更紧密经贸关系的安排》（CEPA），该"安排"及其补充协议一至十所作出的顶层设计方案为两地旅游合作的开展提供了方向② • 2005年，中国内地与港澳共同签署了《关于突发公共卫生事件应急机制的合作协议》，提出就重大突发公共卫生事件进行相互通报和应急处置协调联动，并在培训和科研等方面加强相关合作③ • 2011年，中国内地-香港-澳门于广东从化市开展突发重大动物疫情联合应急演练，内容包括疫情监测报告与先期处置、应急响应启动与应急处置、应急响应终止与善后处置等④
	区域政府层面	• 2001年，粤澳双方达成《粤澳紧急医疗和消防救援会谈纪要》 • 2005年，粤港双方就建立突发公共卫生事件应急处理机制达成共识，合作内容包括加强监测合作、健全预警机制、实施联防联控和技术资源共享几个方面⑤ • 2007年，《粤澳紧急医疗和消防救援合作机制协议》签署生效，并举行了首次紧急医疗救援跨境联合演习⑥ • 2008年，广东与香港、澳门签署《粤港应急管理合作协议》《粤澳应急管理合作协议》，逐渐形成定期交流会议制度、信息共享机制、合作协调机制等 • 2009年，粤港、粤澳应急管理联动机制专责小组第一次会议分别召开，截至2013年、2014年共召开5次，会议就粤港应急管理领导干部联合培训、口岸应急处理机制、粤澳海上搜救合作机制等区域合作重点、难点问题进行了讨论⑦ • 2009年，粤港、粤澳突发事件通报机制及信息共享专题工作小组第一次会议分别召开，截至2011年已召开3次⑧ • 2009年，粤港、粤澳共同应对区域突发事件专题工作小组第一次会议分别在广州和澳门召开，会议就粤港双方进行航空和海上搜救合作、海上搜救飞机跨区域搜救合作机制、粤澳强化搜救信息沟通机制和建立搜救事后工作评估机制等展开探讨⑨

续表

合作区域	合作层面	合作内容
		• 2010 年、2011 年，《粤港合作框架协议》和《粤澳合作框架协议》分别签署生效 • 2010 年，广东省海上搜救中心与香港海事处、澳门港务局分别签署《粤港海上搜救合作安排》《广东与澳门海上搜救合作安排》[⑩] • 2010 年，粤港、粤澳跨部门应急联动演练三方专题工作小组成员召开粤港澳三地海上搜救联合演练协调会，并于 6 月举行三地海上搜救联合演练[⑪] • 2011 年，粤港澳三地就应急救援队伍、应急物资在协同处置突发事件时快速进入对方辖区的"绿色通道"建设进行协调沟通，现已建立应急物资"绿色通道"应急联络机制[⑫]
	民间组织层面	• 香港乐施会致力于在中国推行扶贫发展及防灾救灾工作，目前已在中国设立多个项目办公室和开展防灾救灾项目
	学术交流层面	• 2004 年，首届粤港澳地震科技研讨会召开，每两年举办一次，至 2014 年已举办 6 届，搭建了粤港澳地区地震科技学术交流平台。以 2014 年为例，三地就地震应急信息互通机制的建立、粤港澳地震预警台站联网改造项目推进等达成共识[⑬] • 2010 年，首届粤港澳台应急管理论坛召开，开了海峡两岸暨港澳地区应急管理合作先河，截至目前已召开两届[⑭] • 2013 年，四川大学与香港理工大学合作成立启用的全球首个灾后重建与管理学院落户川大，就应急装备研发、地震预报等项目开展合作研究[⑮]
大陆与台湾	中央政府层面	• 2008 年，《海峡两岸关于大陆居民赴台湾旅游协议》签署生效，协议中双方同意各自建立应急协调处理机制，在发生紧急事故、突发事件时履行告知义务，相互配合 • 2009 年，《海峡两岸空运补充协议》生效，协议涉及航空安全内容，双方同意建立航空安全联系机制 • 2009 年，海峡两岸关系协会与台湾海峡交流基金会进行第四次会谈，就两岸共同防御自然灾害达成共识 • 2010 年，《海峡两岸医药卫生合作协议》生效，合作领域涉及传染病防治、紧急救治等 • 2010 年，由海峡两岸航运交流协会、中国海上搜救中心、中华搜救协会、金门县政府、厦门市政府、海峡两岸海上搜救等相关部门共同执行的两岸首次大规模海陆空联合搜救演练在厦金海域进行，并定于往后每隔一年轮流举办一次演练[⑯] • 2013 年，海峡两岸交流协会与财团法人台湾海峡两岸观光旅游协会在 2013 年海峡两岸旅游交流圆桌会议上达成《海峡两岸旅游安全突发事件合作处理共识》 • 2014 年，《海峡两岸地震监测合作协议》生效，合作范围包括地震监测业务合作、地震监测应用技术交流合作、地震防灾宣传和科普教育等

续表

合作区域	合作层面	合作内容
	区域政府层面	• 2014 年,《海峡两岸气象合作协议》生效,合作范围包括气象业务交流与合作、气象业务技术交流合作、气象业务人员交流等
		• 2013 年,福建省气象局与台湾大学大气科学系签订《海峡两岸气象科技交流合作框架协议书》,进一步加强福建和台湾在灾害性天气预警、航运气象等方面的预防应用合作,提升海峡气象防灾减灾服务能力⑰
		• 2015 年,《福建省海上搜寻救助规定(草案征求意见稿)》发布,拟建立闽台两岸海上搜救协同合作机制⑱
	企业与民间组织层面	• 2008 年,中国航海学会救捞专业委员会和台湾民间中华搜救协会于大连签署《海峡两岸救助打捞合作意向书》,建立沟通协调长效机制与定期互访交流机制⑲
		• 2011 年,台湾 9 家医院与从事医疗和旅行救援的安联全球救援集团(AGA)签约,为赴台的大陆游客和商务人士提供紧急医疗和转运服务⑳
		• 2012 年,厦门市医学会、台湾厚生基金会、中国医院院长杂志社三方签署备忘录,提出合力建设海峡两岸医疗产业合作基地,合作项目涉及跨海峡紧急医疗合作机制等内容㉑
	学术交流层面	• 从 2004 年开始,中华搜救协会连续 5 年组织专家学者参加大陆"中国救捞国际论坛";大陆救捞系统专家也先后赴台与"中华搜救协会"联合举办海上救助打捞技术研讨会㉒
		• 2011 年,武汉理工大学危机与灾害研究中心与台湾大学气候天气灾害研究中心签署了合作意向书,合作内容涉及跨区域应急救援、重大灾害衍生与扩散机理研究等

注:①第十三届中国内地、香港、澳门三地卫生行政高层联席会议在安徽省合肥市召开 [EB/OL]. http://www.gdemo.gov.cn/gzyw/gn/201411/t20141129_205769.htm.

②中国内地与港澳关于建立更紧密经贸关系的安排 [EB/OL]. http://tga.mofcom.gov.cn/article/zt_cepanew/.

③中国内地港澳签署突发公共卫生事件应急机制合作协议 [EB/OL]. http://www.gov.cn/jrzg/2005 - 10/23/content_81416.htm.

④中国内地 - 香港 - 澳门联合举行突发重大动物疫情应急演练 [EB/OL]. http://www.gdemo.gov.cn/yjyl/gnyl/201112/t20111206_153189.htm.

⑤粤港为防御禽流感构建卫生应急联动机制 [EB/OL]. http://news.qq.com/a/20051104/001578.htm.

⑥黄华华、何厚铧共同主持联系会议　粤澳签订 4 个合作协议 [EB/OL]. http://www.gdstc.gov.cn/HTML/kjdt/gdkjdt/12221566309791895099949381469280.html.

⑦粤港应急管理联动机制专责小组第五次会议在广东省召开 [EB/OL]. http://www.gdemo.gov.cn/gzyw/sn/201310/t20131023_187409.htm.

⑧粤港突发事件通报机制及信息共享专题小组会议在港召开 [EB/OL]. http://www.gd.gov.cn/gdgk/gdyw/200908/t20090824_101020.htm.

⑨粤港共同应对区域突发事件专题工作小组第一次会议在广州召开 [EB/OL]. http://www.gdemo.gov.cn/gzyw/sn/200909/t20090926_103544.htm.

⑩2010 年粤港应急管理合作大事记 [EB/OL]. http://www.gdemo.gov.cn/dashiji/qyyjglhzdsj/201403/t20140325_195514.htm.

⑪粤港澳举行三地海上搜救联合演练 [EB/OL]. http://news.sohu.com/20100611/n272710490.shtml.

⑫务实创新　全力推进粤港澳应急管理合作 [EB/OL]. http://www.szemo.gov.cn/zwgk/gqdt/yjjw/201112/t20111222_1793092.htm.

⑬第六届粤港澳地区地震科技研讨会在广州召开 [EB/OL]. http://www.cea.gov.cn/publish/dizhenj/464/495/20140404170245871968975/index.html.

⑭首届粤港澳台应急管理论坛 [EB/OL]. http://www.gdemo.gov.cn/zt/2010ygat/.

⑮全球首个减灾应急管理领域专门学院落户成都 [N]. 天府早报, 2013 - 5 - 9: 03 版.

⑯两岸大规模海陆空联合搜救演练　上午在厦金海域举行 [EB/OL]. http://www.taiwan.cn/local/lianganqing/201009/t20100917_1531256.htm, 2015 - 05 - 05.

⑰陈荣凯率团赴台北与气象学界人士开展交流合作 [EB/OL]. http://roll.sohu.com/20130312/n368509417.shtml.

⑱闽拟建闽台两岸海上搜救合作机制 [EB/OL]. http://digi.dnkb.com.cn/dnkb/html/2015 - 01/03/content_359824.htm.

⑲海岸两岸签订加强海上救助打捞合作意向书 [EB/OL]. http://news.xinhuanet.com/tw/2008 - 09/17/content_10070927.htm.

⑳台湾医界携手国际公司为来台大陆人士提供紧急医疗救助 [EB/OL]. http://news.xinhuanet.com/2011 - 11/25/c_111194946.htm.

㉑两岸医疗产业合作基地项目在厦门签约 [EB/OL]. http://news.xinhuanet.com/fortune/2012 - 11/25/c_113793774.htm.

㉒架起两岸海上救生的"金桥" [EB/OL]. http://news.xinhuanet.com/tw/2009 - 12/15/content_12652312.htm.

资料来源：根据网页资料整理。

二　海峡两岸暨港澳地区旅游应急合作政策的现有基础与不足

由上可知，中国内地与香港、澳门、台湾之间已在官方层面、企业与民间组织层面以及学术交流层面等进行了相关应急合作，通过已有的具体合作项目可以发现各区域间的合作具有较为明显的特征，也存在较为明显的不足之处。

（一）海峡两岸暨港澳地区旅游应急合作现有基础特征

通过对中国内地与香港、澳门、台湾之间现有应急合作具体项目进行统计分析发现其具有以下几点特征：（1）当前现有合作及相关政策以大方向应急合作为主，主要从突发公共事件应急合作、海上搜救合作等角度出发进行协商制定，较少从旅游这一视角进行具体应急合作的协商探讨；（2）当前海峡两岸暨港澳地区应急合作的执行以政府应急主管部门和其他政府支持机构为主，只涉及少数企业和行业协会，公益组织等其他相关主体基本没有提及；（3）内地与港澳、台湾的官方层面应急合作涉及中央层面和区域层面，其中内地与港澳以区域合作更为典型，大陆与台湾则以中央政府层面为主；（4）从强制性、激励性、引导性和保障性政策来看，现有相关政策以强制性政策为主，其中以协议类政策最多，其他类型政策较为缺乏。

（二）海峡两岸暨港澳地区旅游应急合作现有基础不足

海峡两岸暨港澳地区的应急合作已形成一定的基础，但存在以下不足。（1）发展不平衡。这里所指的不平衡包括两个方面：区域发展不平衡与内容发展不平衡。通过表7-6可知，内地与港澳的应急合作集中在广东一省，相较之下中央政府层面的应急合作很少；从应急合作的内容来看，大陆与台湾的应急合作领域较为广泛，涉及海上搜救、医疗卫生、气象等方面，但内地与港澳之间主要集中于突发公共卫生事件这一领域，发展极不平衡。（2）部分机制流于形式。内地与香港、澳门、台湾之间为实现应急合作已签订众多相关协议、意向书等，并定期召开联席会议，但相较之下在应急预案的具体编制、应急资源的共享方面仍存在较大的局限，并没有实质性的推进。（3）应急保障有待加强。应急队伍、应急资金、应急设施设备和应急技术是进行应急合作的重要保障，在跨区域应急合作中应做好应急资源统计和应急资源入境保障两方面工作，就当前海峡两岸暨港澳地区已有应急合作来看，这两方面的工作都有所欠缺，其中台湾地区更为明显。（4）平台体系难以对接。内地与香港、澳门、台湾在政治体制、语言文化等方面存在较大差异，导致当前已有的旅游应急合作阻碍重重。海峡两岸暨港澳地区间各自已有的旅游应急法制、报警求救系统、相关机构人员编排等具有鲜明的区域特征，导致区域间合作对接困难，如港澳旅游报警电话以粤语和英语两种语言为主，使内地游客在港澳地区报警求救受阻。

三　海峡两岸暨港澳地区旅游应急合作体系建设的驱动政策

海峡两岸暨港澳地区旅游应急合作涉及大量的机构主体和复杂的合作内容，为有力推动内地与香港、澳门、台湾之间的旅游应急合作，海峡两岸暨港澳地区应该加强驱动政策的设置和实施，以推动旅游应急合作工作的开展，推动旅游应急合作体系的早日建成。旅游应急合作体系建设驱动政策的制定应注重以下特点：（1）重视相关法律法规的制定，使海峡两岸暨港澳地区旅游应急合作实现有法可依；（2）重视利用市场机制激励相关旅游企业和其他相关组织机构积极参与海峡两岸暨港澳地区旅游应急合作，综合运用税费、补贴奖励等多样政策工具；（3）积极制定引导性政策，引导相关支持机构、旅游企业、公益组织等的旅游应急合作意识，促进组织决策者和公众观念的转变；（4）重视保障性政策的制定与执行，提高海峡两岸暨港澳地区旅游应急合作的队伍保障、资金保障和应急设施设备保障等。

（一）推进海峡两岸暨港澳地区旅游应急合作体系建设的强制性政策

强制性政策是具有法律约束力的制度文件，它的制定与执行有利于把海峡两岸暨港澳地区旅游应急合作纳入各地法制体系中，使得应急合作有法可依。应通过强制性政策的制定确立海峡两岸暨港澳地区旅游应急合作的总体导向、指挥领导机构、各相关主体的基础义务等，为海峡两岸暨港澳地区旅游应急合作体系的建设提供法制基础。

1. 制定海峡两岸暨港澳地区旅游应急合作框架协议

海峡两岸暨港澳地区旅游应急合作框架协议是进行旅游应急合作的基础指导文件，它的制定与执行有利于加强海峡两岸暨港澳地区旅游应急合作顶层设计，为其他相关政策的制定执行提供指导。海峡两岸暨港澳地区旅游应急合作框架协议的制定应注意以下几个方面。

第一，在现有法制法规指导下进行。如前所述，内地与香港、澳门、台湾拥有各自的应急法制法规，且在此基础上形成了跨区域应急合作的相关协议、指导文件等。因此，应立足于现有法制法规，根据旅游应急合作现实需要进行海峡两岸暨港澳地区旅游应急合作框架协议的制定。具体来说，应在不违背各区域自有法律法规基础上，根据内地与港澳《关于建立更紧密经贸关系的安排》、大陆与台湾《海峡两岸经济合作框架协议》等已有协议的要求，进行海峡两岸暨港澳地区旅游应急合作框架协议的制定。

第二，确保协议的可执行性和指导性。由于海峡两岸暨港澳地区各区域间政治体制、文化观念甚至行文用语都存在差异，因此在旅游应急合作框架协议的制定过程中，必须充分考虑这些因素并极力克服，确保海峡两岸暨港澳地区旅游应急合作框架协议在内地、香港、澳门和台湾都能具体落实并为旅游应急合作提供正确的指导。具体来说，要通过协商明确海峡两岸暨港澳地区旅游应急合作的目标、原则、合作内容、机构安排等事项，并将该协议纳入各区域法制体系中使其拥有法律效力，如有需要应适时增加补充协议和针对特殊问题的议定书，完善海峡两岸暨港澳地区旅游应急框架协议。

2. 建构海峡两岸暨港澳地区旅游应急合作法律法规体系

内地、香港、澳门和台湾四地针对旅游应急已出台的相关法律法规，是海峡两岸暨港澳地区旅游应急合作法律法规制定的重要依据。海峡两岸暨港澳地区旅游应急合作法律法规的制定应不悖于现有法律法规，应通过四地法制部门、旅游主管部门等共同协商制定，符合海峡两岸暨港澳地区旅游应急合作实际情况。各区域现有法律法规基础如表7－7所示。

表7－7　海峡两岸暨港澳地区旅游应急现有法律法规

区域	相关法律法规
中国内地	《中华人民共和国突发事件应对法》《中华人民共和国旅游法》《中国公民出国旅游管理办法》等
中国香港	《紧急救援基金条例》《海上保险条例》等
中国澳门	《订定规范中国人民解放军驻澳门部队协助维持社会治安和救助灾害的事宜》《民航意外事故调查及航空安全资料保护法》等
中国台湾	《民间团体赴大陆交流注意事项》《台湾地区与大陆地区保险业务往来许可办法》等

海峡两岸暨港澳地区旅游应急合作法律法规的建设应该注重以下工作和方向：第一，将海峡两岸暨港澳地区旅游应急合作协议法制化，提高协议的强制性；第二，对相关政府部门、旅游企业等主体在旅游应急合作中的义务进行明确规定；第三，针对旅游应急合作中涉及的保险业务、医疗业务等作出规定，避免因跨区域等因素导致合作受阻；第四，将具备保险保障等旅游应急资源作为出境旅游签注的必要条件。

3. 编制海峡两岸暨港澳地区旅游应急合作预案

旅游应急合作制度标准是进行旅游应急合作的重要依据，它使得实际旅游突发事件合作应对行动有章可循。应参考四地当前已有相关标准、应急预案等进行旅游应急合作制度标准的制定，与内地、香港、澳门、台湾已有预案相衔接。各区域现有可供参考的相关制度预案如表7－8所示。

表7-8   海峡两岸暨港澳地区旅游应急现有预案、标准

区域及案例	相关预案、标准
中国内地	《中国公民出境旅游突发事件应急预案》《旅游突发公共事件应急预案（简本）》《导游服务规范》《旅游景区服务指南》等
中国香港	《紧急应变系统》《天灾应变计划》《香港空难应变计划》《海空搜索及救援应变计划》《香港境外紧急应变行动计划》《外游领队作业守则》《导游作业守则》等
中国澳门	《澳门特别行政区突发公共事件之预警及警报系统》等
中国台湾	《旅游安全维护及紧急意外事故处理作业手册》《灾害防救紧急应变通报作业要点》《台湾旅客于大陆旅行发生意外之处理》《大陆观光客在台旅行意外事件之处理》等
合作案例	《粤澳紧急医疗和消防救援合作机制协议》《粤港应急管理合作协议》《粤澳应急管理合作协议》《海峡两岸旅游安全突发事件合作处理共识》《海峡两岸气象合作协议》《海峡两岸空运补充协议》《海峡两岸地震监测合作协议》等

海峡两岸暨港澳地区旅游应急合作预案的编制应注意以下两个方面。

第一，制定多类型旅游突发事件应急合作预案。旅游突发事件涉及多种类型，包括事故灾难、自然灾害、公共卫生事件和社会安全事件等类型，各类型事件在发生机理、预防预备与处置救援重点、善后恢复手段等方面都存在较大的区别。因此，要根据实际重点制定区域内、区域间常发且后果严重的事件类型应急合作预案，兼顾其他事件类型应急合作预案，如内地与港澳以涉旅突发公共卫生事件应急合作预案为主，大陆与台湾以涉旅突发自然灾害、海上搜救应急合作预案为主。

第二，完善海峡两岸暨港澳地区旅游应急合作预案体系。内地、香港、澳门和台湾均拥有各自下属的行政区域，其中内地行政区域极广，涉及众多行政区域主体。此外，在旅游突发事件发生时根据属地负责原则应由事发行政主体负责，因此海峡两岸暨港澳地区旅游应急合作预案的编制除了国家层面外还应注重区域层面的完善。应根据现有基础先行编制"海峡两岸暨港澳地区旅游应急合作预案总体要求"，以指导各层面旅游应急合作预案的制定。

（二）推进海峡两岸暨港澳地区旅游应急合作体系建设的激励性政策

激励性政策主要是通过政策机制对海峡两岸暨港澳地区旅游应急合作的相关旅游企业、公益组织等主体发挥作用，激励其积极主动地参与旅游应急合作，以推进海峡两岸暨港澳地区旅游应急合作体系建设。激

励性政策包括税费优惠政策、奖励奖金与补贴政策、先锋试点政策、市场准入优先政策等。内地与香港、澳门、台湾四地应在各区域已有相关法律法规指导下，根据旅游应急合作需要制定符合实际、切实可行的激励性政策。

1. 出台海峡两岸暨港澳地区旅游应急合作税费优惠政策

税费优惠政策是利用税收来调节经济的一种手段，可以通过该政策扶持某些企业组织的发展。内地与香港、澳门、台湾进行旅游应急合作过程中，旅游企业、公益组织等发挥着重要的作用，可以通过推行税费优惠政策，进一步扶持这些行业组织的发展。制定海峡两岸暨港澳地区旅游应急合作税收优惠政策应注意以下两点。

第一，明确税收优惠政策的对象。海峡两岸暨港澳地区旅游应急合作税收优惠政策的对象主要包括积极参与海峡两岸暨港澳地区旅游预防预备、监测预警、应急处置救援和事后善后恢复等阶段的市场主体，包括旅游企业、行业协会、公益组织等。这些相关主体除在成立区域享有税收优惠政策外，对其服务网络进行跨区域拓展时也应该享受税收优惠政策，在现有框架协议下得到更进一步的优惠。例如，在美国等西方国家，参与慈善捐助、做志愿者和义工等行为均可以获得税收减免，接纳志愿者的企业可以获得税收优惠，这些政策支撑了志愿者组织的发展。我国目前已有慈善捐助的税收优惠政策。

第二，规范税收优惠政策的额度和程序。应对海峡两岸暨港澳地区旅游应急合作税收优惠政策的额度和程序进行明确规定，提高该政策的可行性。在进行相关程序制定时，应考虑到内地与香港、澳门、台湾相关企业组织参与旅游应急合作的认证工作，为它们享受税收优惠政策提供依据。此外，根据实际情况适当延长该类型企业组织的税收优惠申请时间，避免刚成立不久的公益组织等不堪税收重负而即刻消亡。

2. 推行海峡两岸暨港澳地区旅游应急合作资金奖励与补贴政策

第一，实行资金奖励与补贴政策，对各区域研发出旅游应急新产品或新技术的企业机构或个人予以奖金鼓励，对积极参与旅游应急合作的企业、行业组织、公益机构等实施财政补贴。资金奖励与补贴政策是除税收优惠政策外的又一项激励性政策，它的制定执行可以有效扶持相关企业组织的成立与发展，为海峡两岸暨港澳地区旅游应急合作体系的建设提供助力。同税收优惠政策相同，制定资金奖励与补贴政策时要对奖励补贴对象、奖励补贴额度和奖励补贴程序作出规定，对参与海峡两岸暨港澳地区旅游应急合作、研发相关新产品新技术的企业机构或个人加大资金奖励补贴、资源投入或贷款财政支持力度。

第二，选拔优势企业或相关机构，设立海峡两岸暨港澳地区旅游应急合作先锋试点，对其进行资金奖励和大力推广宣传。推进市场准入优先政策的实施，在市场准入上放宽对相关企业的条件要求。内地与香港、澳门、台湾应根据本区域实际情况，加快先锋试点和市场准入优先等激励性政策的制定，落实政策的具体执行，推动更多相关行业组织和个人参与到旅游应急合作当中来。

（三）推进海峡两岸暨港澳地区旅游应急合作体系建设的引导性政策

引导性政策是改变人们意识观念和道德感知的重要手段，与法律法规、制度标准等不同之处在于，引导性政策是自愿性质的，该类型政策的制定与执行不存在强制性。就目前来说，随着海峡两岸暨港澳地区旅游业的不断变革与深入发展，旅游应急合作意识开始显现，在此基础上制定引导性政策有利于加强海峡两岸暨港澳地区相关旅游企业、行业协会、游客等主体的旅游应急合作观念。旅游应急合作引导性政策的制定主体并不仅仅局限在政府相关部门，应激发旅游企业、行业协会、公益组织等在引导性政策制定上的主动性，鼓励它们向政府进行政策建议。

1. 建立政府机构带头开展应急合作的倡议政策

政府机构是海峡两岸暨港澳地区旅游应急合作的重要主体，实行政府带头强化合作的政策有利于发挥政府部门的带头和示范作用，引导其他相关主体积极参与旅游应急合作。具体来说，海峡两岸暨港澳地区政府相关部门可联合制定颁布"海峡两岸暨港澳地区旅游应急合作倡议书"，通过网络、电视、宣传单等多种媒介在各区域广泛开展合作宣讲和推广，不断强化旅游企业、公益组织、游客等相关主体的旅游应急合作意识，调动相关旅游企业、行业协会、公益组织的积极性。在此基础上，可通过旅游应急合作先锋试点来推动更大范围的旅游应急合作。如通过各区域政府部门调动本区域大型医疗机构的积极性，由它们率先进行旅游应急合作，联合发布"海峡两岸暨港澳地区紧急医疗救助合作倡议书"等，引导其他医疗卫生组织参与到旅游应急合作中来。此外，可由政府引导和规划，统一引进先进的旅游应急技术和前沿产品，对相关机构和企业的采购与使用给予指导。

2. 推行海峡两岸暨港澳地区旅游应急合作的示范项目政策

内地与香港、澳门、台湾要加强对过去合作经验的归纳总结，将成功案例设置为示范项目并进行大力推广，推进海峡两岸暨港澳地区旅游应急合作观念深化。此外，通过政府引导，由部分优秀企业、行业机构、公益组织先行组成合作联盟，如以大陆和台湾为例，可由两个区域的志愿者救援组织制定"大陆与台湾志愿者救援组织联合应急倡议书"，由大型医疗机构联合制定"大陆与台湾旅游紧急医疗合作意向书"等，通过以点带面的方式引导各类型主体参与到旅游应急合作中。

旅游应急合作引导性政策应该涵盖旅游应急合作的多个层面，要推动海峡两岸暨港澳地区各类主体机构的交流互访、学术讨论、应急技术合作研发等。如各区域旅游应急专家、高校可以开展旅游应急合作学术交流；公益救援队伍联合进行旅游应急设施设备参观；气象等政府相关支持机构进行自然灾害监测预警合作等。

（四）推进海峡两岸暨港澳地区旅游应急合作体系建设的保障性政策

保障性政策是保障海峡两岸暨港澳地区旅游应急合作顺利开展的重要基础，它有利于旅游应急合作队伍、应急合作专项资金和应急合作设施设备的储备和调动。内地与香港、澳门、台湾旅游应急合作的开展需要应急队伍、应急资金、应急设施设备、应急技术等资源的支持，保障性政策是通过制度文件的形式将区域应急合作中各种应急资源的统一协调调用机制确定下来。海峡两岸暨港澳地区旅游应急合作保障性政策的制定涉及应急资源统计规范、应急资源调用及准入制度等内容。

1. 规范海峡两岸暨港澳地区旅游应急资源统计与沟通

旅游应急资源包括应急队伍、应急资金、应急设施设备、应急技术等多项内容，应提前做好参与海峡两岸暨港澳地区旅游应急合作各项资源的统计工作，为旅游突发事件发生时的及时协调调用做好准备。具体来说主要包括以下几个程序：（1）内地、香港、澳门、台湾对各区域可以参与旅游应急合作的资源进行编号统计，包括资源类型、数量、特征等资料；（2）建立海峡两岸暨港澳地区旅游应急合作资源数据库，将各区域统计好的应急资源透明化；（3）对旅游应急合作资源的相关信息在平台上进行共享使用。

2. 明确海峡两岸暨港澳地区旅游应急资源准入和调用制度

海峡两岸暨港澳地区应落实跨区域旅游应急资源调用和准入制度，为旅游突发事件发生时跨区域旅游应急资源可以及时入境并迅速投入使用提供保障。海峡两岸暨港澳地区应对纳入旅游应急合作平台的应急人员、应急设备、应急资金等各类应急资源进行系统的规划、筛选和入库，确立应急资源纳入应急合作平台的准入制度。同时，对于旅游应急合作平台上的资源调用也应该确立规范的使用制度。具体来说，要在相关政策中对协助请求报告、协助请求程序、应急资源调用程序、应急资源入境通道等作出具体明确的规定，并根据实际情况与历史经验进行实时调整完善，为跨区域旅游应急合作的顺利进行提供保障。

旅游应急合作体系的建设需要有效的政策体系的支撑和驱动。海峡两岸暨港澳地区要围绕强制、激励、引导、保障这四大政策职能进行政策的设定和执行，要将强制性政策作为旅游应急合作的发展规范，将激励性政策作为旅游应急合作的发展动力，将引导性政策作为旅游应急合作的发展方向，将保障性政策作为旅游应急合作的发展基础，全面推动各类政策文件的制定和实施，有效驱动旅游应急合作体系的建设与发展。各类政策要素具体见表 7 - 9。

表 7 - 9　海峡两岸暨港澳地区旅游应急合作的驱动政策

政策框架	政策内容	具体政策做法
强制性政策	旅游应急合作法律法规	• 将海峡两岸暨港澳地区旅游应急合作纳入法制渠道； • 明确各区域相关政府部门、旅游企业等主体在旅游应急合作中的义务； • 对跨区域旅游应急保险、医疗业务等方面合作作出规定； • 将具备旅游应急资源作为出境旅游签注的必要条件
	旅游应急合作制度标准	• 确立海峡两岸暨港澳地区旅游应急预防预备、监测预警、处置救援、善后恢复、通报磋商等合作机制； • 设立海峡两岸暨港澳地区旅游突发自然灾害、事故灾难、社会安全事件、公共卫生事件应急合作标准；
	税收优惠政策	• 免除参与海峡两岸暨港澳地区旅游应急合作企业、公益组织等应缴的全部或部分税收，或者依一定的比例予以返还

续表

政策框架	政策内容	具体政策做法
激励性政策	资金奖励与补贴政策	• 为相关企业或个人成功研发海峡两岸暨港澳地区旅游应急合作新技术和新产品提供资金奖励； • 对参与海峡两岸暨港澳地区旅游应急合作的公益组织和行业协会进行资源投入和鼓励； • 加大对参与海峡两岸暨港澳地区旅游应急合作企业的银行信贷支持力度，提供贷款补贴
	先锋试点政策	• 设立海峡两岸暨港澳地区旅游应急合作先锋试点，为其提供资金技术支持； • 加大对海峡两岸暨港澳地区旅游应急合作先锋试点的推广宣传
	市场准入优先政策	• 在市场准入时为积极参与海峡两岸暨港澳地区旅游应急合作的相关企业提供优惠，放宽部分条件要求
引导性政策	政府带头政策	• 海峡两岸暨港澳地区相关政府部门联合制定颁布"海峡两岸暨港澳地区旅游应急合作倡议书"，在各区域开展海峡两岸暨港澳地区旅游应急合作宣讲推广，加强各相关主体旅游应急合作意识； • 加强区域间政府相关部门交流，由政府引导和规划，统一引进先进的旅游应急合作技术和前沿产品
	示范项目政策	• 通过对以往成功合作经验进行总结，设立海峡两岸暨港澳地区旅游应急合作示范项目，推进旅游应急合作观念深化； • 设立海峡两岸暨港澳地区旅游应急合作先锋试点，引导其他相关主体参与进来
保障性政策	应急队伍保障政策	• 加强海峡两岸暨港澳地区旅游应急合作人才的培育和选拔； • 推进海峡两岸暨港澳地区旅游应急合作人员的统计和编制工作； • 落实海峡两岸暨港澳地区旅游应急合作人员的准入制度
	应急资金保障政策	• 设立海峡两岸暨港澳地区旅游应急基金，明确应急资金使用机制； • 抓好相关企业旅游应急保险工作，引导民间捐款对应急资金进行补充
	应急设施设备保障政策	• 加强海峡两岸暨港澳地区相关交流，推进应急设施设备的技术更新和产品换代； • 推进海峡两岸暨港澳地区旅游应急设施设备的统计和编制工作； • 落实海峡两岸暨港澳地区旅游应急设施设备的准入制度

第三节　旅游应急合作标准的订立与管理

旅游应急合作标准的制定和执行是旅游应急合作政策实施的重要环节，是旅游应急合作工作开展的重要依据。本节主要通过对海峡两岸暨港澳地区间旅游往来过程中发生的典型案例进行分析，总结事件处置过程及其特征，为旅游应急合作标准的订立提供参考依据。海峡两岸暨港澳地区各相关部门要切实做好旅游应急合作标准的执行工作，并依据实际情况及时进行标准的优化管理。

一　海峡两岸暨港澳地区旅游应急合作标准的订立

旅游应急合作标准是内地与香港、澳门、台湾等进行旅游应急合作的重要参考依据，在现有合作基础上，综合考虑过去合作的经验与不足，制定海峡两岸暨港澳地区旅游应急合作标准，有利于进一步规范和推动旅游应急合作工作的开展。旅游应急合作标准的订立是其具体执行及优化管理的基础。由于政治体制、应急观念、语言文化等的差异，在进行旅游应急合作标准的订立过程中，需明确标准的制定主体，统筹现有基础并规范相关用语，以确保标准的适用性及实用性。

1. 明确旅游应急合作标准的制定主体

海峡两岸暨港澳地区旅游应急合作标准的订立是其具体执行的前提，应首先明确旅游应急合作标准的制定主体。综观内地与香港、澳门、台湾当前各区域旅游应急相关法规制度的制定主体，具有涉及部门众多且机构性质不一的特点。因此，为完成海峡两岸暨港澳地区旅游应急合作标准的制定必须共同协商，委派相关部门和人员共同组成旅游应急合作标准制定小组，在遵守各自法律法规前提下共同探讨标准细节，为跨区域旅游应急合作提供标准依据。

2. 统筹旅游应急合作标准的要素基础

进行海峡两岸暨港澳地区旅游应急合作标准的制定，必须在遵守各区域相关法律法规前提下进行，在此基础上对各区域应急资源要素、已有应急合作资源进行统筹和整理，为标准中应急资源调配使用提供数据信息基础。具体而言，海峡两岸暨港澳地区旅游应急资源要素主要包括应急人员要素、应急设施设备要素、应急物资要素、应急资金要素、应急技术要素等。应借鉴现有合作经验，坚持优势互补、灵活调配原则，根据实际情况建立应急资源要素标准，保留符合条件的应急资源要素，构建内地与香港、内地与澳门、大陆与台湾旅游应急合作资源数据库，为海峡两岸暨港澳地区旅游应急合作标准的制定提供资源信息基础（见表7－10）。

表7－10　海峡两岸暨港澳地区旅游应急合作要素标准

应急合作要素	标准
应急人员要素	• 公共救援、商业救援、民间救援机构及人员均应持有双方共同认证的有关专业资格证明； • 定期进行联合培训和旅游应急合作演练； • 根据优势互补原则及区域旅游突发事件实际救援人员需求进行合理比例配置
应急设施设备要素	• 公共救援、商业救援、民间救援机构的应急救援设施设备均应持有双方共同认证的有关合格证明； • 定期进行设施设备维护保养和更新换代； • 根据优势互补原则及区域旅游突发事件实际救援设施设备需求进行合理比例配置
应急物资要素	• 政府官方部门、商业机构、民间力量提供的应急物资均应通过双方合格检测； • 符合被支持区域的物品入境要求，如食品、医疗用品入境要求等； • 根据优势互补原则和区域旅游突发事件实际救援物资需求进行合理比例配置； • 确保应急物资全部用于旅游突发事件实际救援中
应急资金要素	• 成立旅游应急合作基金，资金来源应符合双方法律法规规定； • 确保应急资金全部用于旅游突发事件实际救援中
应急技术要素	• 跨区域旅游应急技术的应用只限于旅游突发事件应急救援，不应用于其他非法用途； • 定期进行应急技术交流
……	……

3. 规范旅游应急合作标准的专业用语

海峡两岸暨港澳地区旅游应急合作标准涉及预防预备、监测预警、处置救援、善后恢复等几个阶段，除书面标准之外，应急合作标准中所规定的日常沟通机制和紧急网络、电话联系、专家合作交流、联合培训演练等都会使用到旅游应急专业用语。就目前来说，内地与香港、澳门、台湾各自的旅游应急专业用语存在较大区别，如不进行统一规范将可能对跨区域旅游应急合作产生不良影响。因此，在进行海峡两岸暨港澳地区旅游应急合作标准制定之前，内地与香港、内地与澳门、大陆与台湾应就该问题组成相关解决小组，通过协商方式规范合理、双方适用的旅游应急专业用语，为海峡两岸暨港澳地区旅游应急合作标准的制定及后期合作的顺利进行提供顺畅的语言沟通环境。

4. 确立旅游应急合作标准的内容框架

通过对已有合作相关资料的搜集和整理，根据应急标准的常用规范，本书认为海峡两岸暨港澳地区旅游应急合作标准可由七大内容要素组成，即总则、组织机构及工作职责、应急预防预备合作、应急监测预警合作、应急响应与救援合作、善后恢复与重建合作和附则七大方面，具体如表7-11。

表7-11　海峡两岸暨港澳地区旅游应急合作标准框架

旅游应急合作标准的内容要素	具体内容
总则	• 编制目的 • 工作原则 • 编制依据 • 适用范围
组织机构及工作职责	• 应急合作组织机构 • 应急合作组织机构工作职责
应急预防预备合作	• 应急资源统计沟通与准入制度 • 应急合作保障和演练
应急监测预警合作	• 信息监测 • 信息共享及预警发布
应急响应与救援合作	• 突发事件等级及响应 • 突发事件报告 • 突发事件应急救援 • 新闻发布
善后恢复与重建合作	• 善后合作 • 恢复合作
附则	• 文书格式 • 标准履行与变更 • 应急合作要素标准 • 其他事项

二　海峡两岸暨港澳地区旅游应急合作标准的执行与优化

海峡两岸暨港澳地区相关部门应重视旅游应急合作标准的执行与优化管理工作，通过标准执行规范旅游应急合作工作的开展，通过标准优化推动旅游应急合作工作成效的提升。

（一）海峡两岸暨港澳地区旅游应急合作标准的执行

海峡两岸暨港澳地区旅游应急合作标准在订立后需落实到日常的旅游安全管理及事件发生时的应急处置当中，要通过深化各相关主体的旅游应急合作观念，将标准推广至各层级主体和部门，并在此基础上明确标准执行的监督主体，为海峡两岸暨港澳地区旅游应急合作标准的执行提供推动力。

1. 深化海峡两岸暨港澳地区各相关主体旅游应急合作观念

海峡两岸暨港澳地区各相关主体旅游应急合作观念的深入是旅游应急合作标准有效执行的基础。中国内地与香港、澳门、台湾旅游应急合作标准涉及旅游主管部门、其他相关行政部门、旅游企业、行业组织、游客等众多主体，要通过多种方式深化各主体旅游应急合作观念，提高其遵循旅游应急合作标准的意愿。

具体来说，深化海峡两岸暨港澳地区各相关主体旅游应急合作观念的方法主要包括以下几种：（1）由旅游主管部门、行业协会（如海协会、海旅会、香港旅游业议会）等机构进行旅游应急合作的大力宣传，通过电视、广告等多种媒体方式播放海峡两岸暨港澳地区旅游应急合作已有案例、合作标语等，潜移默化地影响相关主体；（2）由旅游应急专家对海峡两岸暨港澳地区旅游应急合作进行研究探讨，通过会议发言、论文发表等形式将应急合作观念传播给各相关主体；（3）通过强制性政策、激励性政策、引导性政策和保障性政策等规范旅游应急合作工作，深化旅游应急合作观念。

2. 促进海峡两岸暨港澳地区旅游应急合标准的推广

海峡两岸暨港澳地区旅游应急合作标准制定之后，主要通过各区域旅游主管部门进行推广。中国内地与香港、澳门、台湾各区域旅游主管部门应以文件的形式将旅游应急合作标准逐层下发，并在此基础上要求各层级制定相应的旅游应急合作标准，根据区域间具有共性、较为常发的旅游突发事件类型制定分类旅游应急合作标准，使其更加符合实际执行要求，最终形成海峡两岸暨港澳地区旅游应急合作标准横向、纵向协调，全面发展的格局。

3. 明确海峡两岸暨港澳地区旅游应急合作标准执行监督主体

中国内地与香港、澳门、台湾应通过相关部门的有力监督来确保海峡两岸暨港澳地区旅游应急合作标准的有效执行。因此，应将海峡两岸暨港澳地区旅游应急合作标准法制化，并赋予监督部门相应权力，以对不遵守、不执行旅游应急合作标准的主体进行惩处。就监督部门来说，可与海峡两岸暨港澳地区旅游应急合作标准制定小组合二为一，该小组既负责标准制定，也负责标准的执行监督，针对不遵守、不执行旅游应急合作标准的情况制定相应的惩处方案并具体操作，为海峡两岸暨港澳地区旅游应急合作标准的执行提供法制保障。

（二）海峡两岸暨港澳地区旅游应急合作标准的优化管理

旅游应急合作标准是依据现实条件进行订立的，在旅游形势、旅游突发事件类型、旅游应急技术等发生改变的背景下必须进行相应的优化管理。海峡两岸暨港澳地区相关部门可以通过召开旅游应急专家研讨会及在旅游突发事件后总结反思等方法实现标准的进一步优化。

1. 定期召开海峡两岸暨港澳地区旅游应急合作专家研讨会

海峡两岸暨港澳地区旅游应急合作标准是在当前跨区域旅游突发事件类型、已有应急合作经验、应急合作资源等基础上制定而成的，这些基础并非一成不变。随着时间的推移，各区域内游客的消费偏好、旅游突发事件类型、旅游应急合作资源等都会发生或好或坏的变化。因此，要通过定期召开海峡两岸暨港澳地区旅游应急合作专家研讨会，探讨当前时期进行旅游应急合作的相关环境和条件，及时对旅游应急合作标准进行修改完善，从而使其更加适应新时期旅游应急合作的特征。

2. 重视海峡两岸暨港澳地区旅游应急合作标准与实际合作的比较优化

海峡两岸暨港澳地区旅游应急合作标准是为海峡两岸暨港澳地区间进行旅游应急合作服务的，经过一段时间的跨区域旅游应急合作，特别是海峡两岸暨港澳地区间发生较为重大的旅游突发事件后，实际的合作经验会凸显原有标准的不足之处，需进行调整、改进或彻底推翻重建。因此，中国内地与香港、澳门、台湾应在合作过程中，及时发现问题并根据实际情况进行标准的优化改进，提高海峡两岸暨港澳地区旅游应急合作标准的适用性。

三　旅游应急合作标准的参考范例

海峡两岸及港澳地区旅游应急合作标准参考范例见表 7 - 12。

表 7 - 12　旅游应急合作标准的参考范例

（一）总则

1. 编制目的

科学应对和及时妥善处理内地与香港、内地与澳门、大陆与台湾间跨区域旅游突发事件，充分利用各地旅游应急优势，推进和规范区域间旅游应急合作，实现旅游应急资源的有效共享和合理利用，提高跨区域旅游突发事件的处置能力，建立健全海峡两岸暨港澳地区旅游应急合作机制，有效预防、及时控制和最大限度降低海峡两岸暨港澳地区间旅游突发事件的负面影响，最终实现互利共赢。

2. 工作原则

（1）求同化异。在进行旅游应急合作过程中，内地与港澳坚持"一国两制"原则，大陆与台湾坚持"平等互惠"原则，针对各区域间存在的政治体制差异、专业用语差异、应急观念差异等进行协调，暂停争议，求同化异。

（2）以人为本。在海峡两岸暨港澳地区旅游应急合作中，把保障游客、工作人员及其他涉事相关人员的生命安全作为第一要务，动用各区域一切相关资源和力量为涉事人员提供救援、救助，最大限度地减少旅游突发事件造成的人员伤亡。

（3）依法规范。依据海峡两岸暨港澳地区间现有相关法制法规和已有合作文件，建立健全海峡两岸暨港澳地区旅游应急合作的法制体系，使跨区域旅游应急合作工作规范化、制度化、法制化。

（4）预防为主。高度重视海峡两岸暨港澳地区间日常的涉旅安全合作，加强应急合作演练、应急合作平台建设、涉旅安全监测预警等常态工作，做好共同应对重大旅游突发事件的准备。

（5）属地负责。在本区域政府部门领导下，旅游行政主管部门进行总体指挥协调；以事发地救援力量为主体，跨区域旅游应急资源作为重要补充力量，其调配使用应服从事发地相关部门的协调指挥。

（6）及时通报。各区域旅游行政主管部门在接到相关预警消息或救援报告时，应在第一时间向上级部门和涉事区域相关部门通报消息，并在事件处置过程中及时汇报和沟通最新进展，为跨区域旅游应急合作提供信息基础。

3. 编制依据

（1）《中华人民共和国旅游法》

（2）《中华人民共和国安全生产法》

（3）《中华人民共和国传染病防治法》

（4）《突发公共卫生事件应急条例》

（5）《国家突发公共事件总体应急预案》

（6）《中国公民出国旅游管理办法》

（7）《紧急救援基金条例》

（8）《香港境外紧急应变行动计划》

（9）《香港境外紧急应变行动计划》

（10）《澳门特别行政区突发公共事件之预警及警报系统》

（11）《民防》

（12）《旅游安全维护及紧急意外事故处理作业手册》
（13）《灾害防救紧急应变通报作业要点》
（14）《台湾旅客于大陆旅行发生意外之处理》
（15）《大陆观光客在台旅行意外事件之处理》

4. 适用范围

本标准适用于在中国内地、香港、澳门、台湾地区因自然灾害、事故灾难、突发公共卫生事件、突发社会安全事件而导致的重大游客伤亡事件。

根据事件发生过程、性质和机理等的不同，涉旅突发公共事件的范围包括以下几点。

（1）自然灾害导致的重大游客伤亡事件：主要包括台风、暴雨等气象灾害；泥石流、滑坡等地质灾害；地震灾害；海洋灾害等。

（2）事故灾难导致的重大游客伤亡事件：主要包括航空、道路、水运等重大交通安全事故；公共区域或景区酒店等地的设施设备事故；其他重大安全事故。

（3）公共卫生事件导致的重大游客伤亡事件：主要包括食物中毒、传染病疫情、群体性不明原因疾病及其他严重影响游客生命健康的事件。

（4）社会安全事件导致的重大游客伤亡事件：主要包括恐怖袭击、群体性骚乱、大规模踩踏等事件。

（二）组织机构及工作职责

1. 应急合作组织机构

为了加强领导和统一指挥跨区域旅游应急合作，成立中国内地与香港、中国内地与澳门、大陆与台湾涉旅突发事件应急合作协调领导小组，作为常设的跨区域旅游应急合作综合协调议事机构，统一领导跨区域各类重大旅游突发事件应急工作。该领导小组以各区域旅游主管部门应急工作最高负责人为组长，各区域旅游主管部门中旅游安全负责人为副组长（大陆与台湾的领导小组中以海协会、海基会负责人为副组长），其他相关涉事部门负责人为小组成员。领导小组下设办公室，在各区域旅游主管部门设置办事处。

2. 应急合作组织机构工作职责

应急协调领导小组负责协调指导涉及跨区域合作的重大旅游突发事件预防预备、监测预警、应急救援和善后恢复等相关处置工作，制定相关决策；有权决定本标准的启动与终止；对各类信息进行分析汇总，并由各区域负责人上报相关机构。应急协调领导小组办公室主要负责收集、分析、通报相关区域间涉旅重大突发事件信息；具体执行领导小组决策，承办日常工作。

（三）预防预备合作

1. 应急资源统计沟通与准入制度

建立健全海峡两岸暨港澳地区旅游应急合作资源统计沟通和协调调用机制。

（1）开设旅游应急合作资源平台，在应急合作协调领导小组主导下，遵循平等自愿、优势互补原则进行旅游应急资源的统计和登记录入，包括区域间旅游应急人员、设施设备及其他相关物资的编制和相互认证，建立专家数据库、应急救援队伍数据库和物资储备信息数据库等；

（2）完善海峡两岸暨港澳地区旅游应急资源准入制度，为发生重大旅游突发事件时跨区域旅游应急队伍、设施设备迅速进入救援现场提供常设的"绿色通道"，将应急合作落到实处。

2. 应急合作保障和演练

（1）针对区域内可能发生的重大旅游突发事件定期进行相关培训交流并举行联合救援演练，熟悉区域间旅游应急合作相关预案和程序，确保重大旅游突发事件发生时相互间信息沟通顺畅、响应及时、应急资源协调调配高效，提高跨区域旅游应急合作的效率、效果；

（2）建立区域间旅游应急管理专家交流合作机制，通过专家间的学术交流、理论研讨为区域间旅游应急合作工作的开展提供有效的决策咨询和相关建议。

（四）监测预警合作

1. 信息监测

内地与香港、内地与澳门、大陆与台湾要在各方自有监测平台基础上建立监测合作机制，针对区域间可能发生的重大旅游突发事件进行实时监测，通过各方商定进行相关数据资料的及时交换，共同监测相互区域间涉旅自然灾害、事故灾难等事件的相关信息，针对区域特点对不同类型事件进行重点监测。其中，内地与香港就强迫购物事件对相关旅行社、导游、购物商场等主体进行重点监督监测；大陆与台湾就常发自然灾害（如台风、地震等）进行重点监测，在已签订的《海峡两岸气象合作协议》等相关文件基础上，加强对涉旅突发事件的监测。

2. 信息共享及预警发布

充分利用跨区域旅游应急合作平台，建立日常信息沟通机制及警告、警示通报机制。内地与香港、澳门、台湾要及时进行涉旅突发事件信息交换并进行相关预警。

（1）当监测到本区域即将发生重大旅游突发事件信息时，依据本区域相关程序上报并适时通过相关媒体发布预警，此外要通过事先协商好的方式及时向另一方传达相关报告，另一方收到报告后根据本区域相关规定进行预警发布。

（2）当监测到另一区域即将发生重大旅游突发事件信息时，及时通过事先协商好的方式向另一方传达相关报告，并在双方同意情况下向本区域涉事区域、旅游企业和相关人员发布旅游预警，不得在未通报前擅自发布对方可能发生重大旅游突发事件的预测信息。

（五）应急救援合作

1. 突发事件等级及响应

内地与香港、澳门、台湾任一方发生一定等级旅游突发事件时，应立即通知对方。当前，海峡两岸暨港澳地区在旅游突发事件等级区分上具有较大差别，应通过相互协商确定通报及合作响应的事件等级，具体如下：

（1）内地发生较大及以上等级旅游突发事件（参考《旅游突发事件信息报告办法（征求意见稿）》事件等级分类标准）；

（2）香港发生危急情况或灾难；

（3）澳门发生灾祸及以上等级事件；

（4）台湾发生乙级及以上等级事件；

（5）事件未达到响应等级，但涉及另一方游客；

（6）事件未达到响应等级，但有一方提出协助请求时，另一方应及时地进行响应并提供相关协助。

2. 突发事件报告

事发地突发事件达到一定等级或需要请求另一方协助时，应向另一方提供突发事件报告，具体内容包括以下几个方面：

（1）事件发生的时间、地点、信息来源；

（2）事件简要经过、伤亡人数、影响范围；

（3）事件发生原因和发展趋势判断；

（4）事件处置进展；

（5）需要协助事项；

（6）报告人姓名、单位、联系电话。

如若事件涉及另一方游客，则还需报告以下两方面内容：

（7）游客或其家属要求；

（8）公众及媒体的反应。

以上所列事项在事发时无法获得全部信息的，应先行报告，确定核实后再补充；报告后相关信息有所变动的应及时更新并报告。

3. 突发事件应急救援

（1）相应等级旅游突发事件发生后，事发地先行采取相关措施，积极组织救援力量以尽量控制事态发展，根据实际情况提出救援协助请求；

（2）非事发地一方在接到救援协助请求后，迅速启动响应机制并就救援资源派遣事宜与事发地相关部门进行协商，必须在取得事发地同意情况下进行救援资源派遣；

（3）救援资源到位后，由应急合作协调领导小组进行指挥调配，其中以事发地相关部门为主。

4. 新闻发布

对跨区域旅游突发事件应急合作的新闻报道工作实行审核制，相关新闻报道须通过应急合作协调领导小组的审核，确保新闻报道及时、真实，避免因信息延误或失真导致错误舆论爆发，对各区域相关部门、企业及人员造成不良影响，甚至沦为政治舆论工具。

（六）善后恢复合作

1. 善后合作

（1）当旅游突发事件涉及另一方游客时，双方应就事后伤员治疗、转移、遗体火化、家属往返等工作进行协商合作，在最大程度上满足伤员和家属提出的合理要求；

（2）当旅游突发事件涉及另一方游客时，双方应就伤员及死者的保险理赔工作进行协商合作，共同督促相关企业和保险理赔机构的工作进展。

2. 恢复合作

（1）旅游突发事件发生后，任一方应对事发地旅游业形象重建等提供帮助，如通过协商好的方式进行事发地旅游形象宣传；

（2）通过对本次旅游突发事件应急合作的总结，进一步完善海峡两岸暨港澳地区旅游应急合作机制，健全应急合作标准，为最大限度减少旅游突发事件带来的人身伤亡和财产损失提供合作基础。

（七）附则

1. 文书格式

内地与香港、内地与澳门、大陆与台湾进行旅游突发事件信息通告交换、查询及业务联系等，使用双方共同商定的文书格式。

2. 标准履行与变更

内地与香港、澳门、台湾共同遵守本标准。

本标准进行变更需经双方协商同意，并通过书面形式确定下来。

3. 应急合作要素标准

4. 其他事项

本标准如有未涉及的事项，双方通过适当形式另行商定。

资料来源：国家旅游局．旅游突发事件信息报告办法（征求意见稿）［S］．国家旅游局网站．

第四节　旅游应急合作的案例实践

近几年，在中国内地民众赴港澳台旅游及港澳台民众赴中国内地旅游过程中，造成重大影响的旅游突发事件时有发生，引起了海峡两岸暨港澳地区政府和民众的高度关注。在旅游突发事件发生后，中国内地和港澳台的应急处置过程包含了部分应急合作实践。本节通过总结海峡两岸暨港澳地区间典型的事故灾难、自然灾害、社会安全事件及公共卫生事件，分析海峡两岸暨港澳地区在旅游应急处置过程中的合作经验与特征，以提供认识基础。

一　事故灾难——"5·23"台湾游客在漳车祸

1. 案例简介

2014 年 5 月 23 日 12 时 30 分许，一辆旅游客车在福建省道 208 线漳州华安县境内沙坑口路段发生坠江交通事故。该客车隶属厦门众游天下国际旅行社，旅行团由台湾五福旅行社组织，车上共 26 人，其中 2 人为大陆籍地陪和司机，24 人为台湾籍游客。据悉，该旅行团于 23 日中午从华安土楼返回厦门，客车行驶至漳州市华安县沙建镇路段时，疑因大雨路面湿滑，客车失控掉入九龙江。[①]

事故发生后，17 名台湾籍游客和 2 名大陆籍地陪和司机先后被救起，其中领队和 2 名台湾籍游客伤势较重，[②] 坠江 7 人均为台湾籍游客。截至 5 月 30 日，6 名台湾游客确认死亡，1 名游客仍下落不明。[③] 台湾"交通部观光局"表示，这是近 10 年来台湾民众赴大陆旅游最严重的死伤事故。[④]

2. 处置过程

坠江事故发生后，大陆和台湾相关机构高度重视，分别采取相关措施进行搜救和其他善后工作，具体如表 7-13 所示。

---

① 台湾旅行团漳州遭遇车祸　罹难旅客遗体今火化 [EB/OL]. http://news. ifeng. com/a/2014 0526/40462391_0. shtml.

② 国际 SOS 将福建车祸受伤旅客顺利转运回台湾 [EB/OL]. http://finance. sina. com. cn/stock/usstock/mtszx/20140529/201019268875. shtml.

③ 台湾陆委会. 两岸将研拟标准作业程序　处理重大事故 [EB/OL]. http://news. xinhuanet. com/tw/2014-05/30/c_126567688. htm.

④ 台湾游客坠江　或为 10 年来台湾客登陆最严重事故 [EB/OL]. http://tw. people. com. cn/n/2014/0524/c14657-25059257. html.

表 7 – 13 "5·23" 台湾游客在漳车祸处置过程

	相关机构	相关措施
大陆	政府部门	• 漳州市委、市政府迅速组织强大力量投入搜救工作，主要包括沿江干部群众、军队等救援力量；及时召开新闻发布会。 • 国台办在事故发生后迅速启动涉台突发事件的应急处理机制；国台办、国家安监总局应急指挥中心协调部、国家旅游局港澳司相关负责人与省政府办公厅、省台办、省旅游局等相关部门领导均专程赶赴漳州共同研究部署处置工作
	医疗部门	• 漳州市医院针对每一个住院伤员制定救治方案，并安排专门的护工、护士进行护理；省纪委专门派出专家组到漳州指导相关会诊和救治工作
	相关部门	• 海协会迅速启动涉台突发事件应急处理机制
台湾	政府部门	• 台湾"交通观光局"指派上海办事处官员前往医院慰问伤者和家属，通过台旅会请福建省旅游局协助善后；要求五福旅行社妥善处理善后理赔工作事项
	商业机构	• 国际 SOS 台北援助中心在接受请求后，第一时间启动北京、台北及香港的医疗救援暨协调团队，赶赴现场提供支持。 • 国际 SOS 台北援助中心召开紧急会议，制定相关计划，在相关政府部门、医疗机构的协调配合下，完成医疗转运任务
合作	多元机构	• 国台办、海协会与台湾"陆委会"、海基会及台湾旅行公会全联会等相关机构就伤者及家属搭乘包机返台事项进行协调合作。 • 大陆与台湾有关部门积极协调，为国际 SOS 台北救援中心专机转运伤员等提供"绿色通道"。 • 海峡交流基金会沿请海协会协助安排，并委派相关负责人到漳州了解事故发生原因，慰问伤者及家属，协调后续保险理赔、医疗及赔偿事项

资料来源：①漳州台胞车祸牵动众人心 百船千人参与搜救 [EB/OL]. http://news. workercn. cn/629/201405/29/140529052347648. shtml.

②漳州全力做好"5·23"道路交通事故处置工作 [EB/OL]. http://zz. mnw. cn/news/756035. html.

③台湾海基会派员赴闽协助理赔漳州坠江事故 [EB/OL]. http://news. 163. com/14/0526/14/9T66PMH900014JB6. html#from = relevant#xwwzy_35_bottomnewskwd.

3. 事件处置特征总结

通过对"5·23"台湾游客在漳车祸相关资料的搜集整理，本书发现大陆与台湾在跨区域旅游安全事件处理上具有如下特征：（1）大陆与台湾在事故搜救进展、理赔善后等方面主要依靠台旅会、海旅会以及海协会、海基会进行沟通协调；（2）跨区域旅游安全事件发生后，搜救、医疗等力量主要依赖于事发地；（3）从事发紧急搜救、事后理赔善后等的处理手段和方式看，大陆主要依靠政府相关部门进行协调处理，台湾则商业救援力量较为成熟；（4）台湾游客在大陆旅游安全事件的发生，不仅要考虑到游客人身伤亡和财产损失，还要考虑事件可能引起的政治舆论，因此受到了大陆国务院台湾事务办公室等相关部门的重视。

二　事故灾难——"2·4"台湾复兴航空坠机事故

1. 案例简介

2015 年 2 月 4 日 10 时 56 分，台湾复兴航空一架 ATR - 72 轻型民航客机在执飞台北至金门航线时，于台北南港基隆河附近失事。该机上共有 53 名乘客及 5 名机组人员，其中包含 2 个大陆观光团，分别由厦门旅游集团国际旅行社和厦门航空国际旅行社组织，共计 31 名大陆游客。①

事故发生后，台湾相关消防单位积极展开相关救援工作。截至事发当日 19 时，寻获 38 人，23 人罹难，15 人受伤。其中包括 5 名大陆游客，3 人受伤，2 人死亡。② 截至 7 日 17 时 30 分，31 名大陆游客中，26 人已确认罹难，3 人受伤，另有 2 人失联。③ 12 日下午 5 时 30 分许，最后一名失踪大陆旅客陈某的遗体被寻获。至此，复兴航空坠机事故搜救工作结束。根据台湾灾难应变中心统计，该事故共造成 43 人罹难，15 人受伤；31 名大陆旅客中，28 人被确认罹难，3 人受伤。④

2. 处置过程

台湾复兴航空坠机事故发生后，大陆和台湾各方面高度重视，积极采取相关措施进行人员搜救及善后工作，具体如表 7 - 14 所示。

---

① 台湾坠河客机载有 2 大陆观光团　共含陆客 31 人 [EB/OL]. http://news. xinhuanet. com/tw/2015 - 02/04/c_1114251484. htm.

② 复兴航空失事班机事故寻获 38 人　死亡 23 人 [EB/OL]. http://news. xinhuanet. com/tw/2015 - 02/04/c_1114256599. htm.

③ 台湾复兴航空坠机事故仍有 3 人下落不明 [EB/OL]. http://news. xinhuanet. com/tw/2015 - 02/07/c_1114291743. htm.

④ 复兴航空坠机最后一名罹难者寻获　为大陆旅客 [EB/OL]. http://news. xinhuanet. com/tw/2015 - 02/12/c_1114354624. htm.

表7-14 "2·4"台湾复兴航空坠机事故处置过程

	相关机构	相关措施
大陆	政府部门	• 习近平主席和李克强总理高度重视，分别就台湾复兴航空坠机事故作出重要批示。 • 国家旅游局立即启动突发事件应急处置机制，成立事故应急处理工作组，与台湾有关方面保持密切联系，请台方进行全力救治并及时通报搜救工作最新进展情况；派遣工作组赴台，并召集海旅会驻台办事处以及福建和厦门等有关机构相关人员参加工作协调会。 • 福建省旅游局第一时间派遣相关部门负责人赶赴厦门协助开展工作；厦门市于第一时间启动旅游应急机制，成立应急协调小组，并由旅游局、国台办等有关部门负责人组成先遣工作小组抵达台湾并投入工作。 • 国台办及海协会第一时间启动应急机制，通过台湾"陆委会"与海基会了解事故的相关情况
	相关部门	• 海旅会驻台北办事处启动24小时值班机制，相关负责人前往医院探望大陆受伤游客。 • 海协会副秘书长率工作组赴台，协助家属处理善后工作
	商业机构	• 两家涉事旅行社在事后迅速开启24小时家属联络电话，并安排相关人员到涉事医院及航空公司实时跟进信息；制定紧急处置流程，进行家属安抚、赴台善后、保险理赔等相关工作
台湾	政府部门	• 台北市立即召集相关部门成立应变小组，积极展开相关搜救工作，投入消防人员、车辆、船艇、直升机、声呐扫描系统等搜救力量。 • 成立"复兴GE235班机空难善后联合服务中心"，为遇难者家属提供一系列相关服务；出入境管理部门提供绿色通道，方便大陆游客家属办理入台证件。 • 台北市政府与复兴航空公司举行复兴航空坠机事故联合公祭
	相关部门	• 台旅会负责整体协调大陆游客的善后工作，并积极与海旅会及时进行沟通协调。 • 台湾"金管会"就保险理赔事宜进行跟进处理
	医疗部门	• 台湾汐止国泰医院、台北医科大学附设医院、内湖三总等医院表示不会停止接受飞机失事伤员，将全力进行抢救
	商业机构、行业组织	• 涉事的地接社、复兴航空公司、台湾旅行商业同业公会总会负责游客家属接待工作，并负责制定遇难游客的遗体处置方案。 • 慈济义工对家属进行心理安慰。 • 复兴航空召开理赔说明会，就相关理赔工作与家属进行商谈
	其他	• 复兴航空公司、涉事地接社、台湾旅行商业同业公会总会、事故搜救组、卫生服务部门和相关保险公司共同召开事故善后说明会，就事故搜寻最新进展、保险理赔、遗体火化及运回等相关事宜进行通报

续表

相关机构		相关措施
合作	—	• 国家旅游局与台湾"观光局"按照《海峡两岸旅游安全突发事件合作处理共识》，启动旅游突发事件应急处理机制。 • 海旅会驻台北办事处协调台湾旅行商业同业公会总会成立事故处理应急小组，采取招募志工等方式为接待大陆游客家属做好相关准备工作。 • 海峡两岸关系协会会长与台湾海峡交流基金会董事长进行沟通，就事故搜救、伤员救治、家属安抚及善后处理等工作进行交流商讨。 • 两岸旅游及相关部门为涉事的游客家属安排专职陪护和联络人员。 • 大陆民航主管部门接受台湾有关方面邀请，派员赴台参与协助调查台湾复兴航空坠机事故。 • 国家旅游局工作组就遇难游客遗体运回工作与海协会、福建方面以及海基会和复兴航空进行沟通，并积极协调两岸的运输、边检、卫生、防疫、殡葬等有关方面，为遗体运回开设绿色通道

资料来源：①台湾复兴航空再现空难　牵动大陆亿万人心 [EB/OL]. http://news.163.com/15/0204/20/AHKTK11200014JB5.html.

②两岸启动合作应急机制 5 日将有 24 名大陆游客家属入岛 [EB/OL]. http://www.arats.com.cn/yw/201502/t20150206_8956084.htm.

③厦门全力做好乘客家属安抚和善后处理工作 [EB/OL]. http://www.arats.com.cn/yw/201502/t20150206_8956083.htm.

④陈德铭希望海基会协调做好复兴航空客机坠河事故善后工作 [EB/OL]. http://www.arats.com.cn/yw/201502/t20150206_8954624.htm.

⑤国家旅游局成立台湾复兴航空坠机事故应急处理工作组 [EB/OL]. http://www.cnta.com/html/2015-2/2015-2-4-%7B@hur%7D-4-52166_11.html.

⑥国家旅游局工作组抵台开展工作 [EB/OL]. http://www.cnta.com/html/2015-2/2015-2-6-%7B@hur%7D-38-05426.html.

⑦国家旅游局工作组在台稳步推进善后工作 [EB/OL]. http://www.cnta.com/html/2015-2/2015-2-10-9-54-99616.html.

⑧国家旅游局工作组推动善后工作取得阶段性进展 [EB/OL]. http://www.cnta.com/html/2015-2/2015-2-11-10-35-23297.html.

⑨国家旅游局工作组在台全力开展工作 [EB/OL]. http://www.cnta.com/html/2015-2/2015-2-7-%7B@hur%7D-43-06424.html.

⑩国家旅游局工作组在台工作取得新进展 [EB/OL]. http://www.cnta.com/html/2015-2/2015-2-9-%7B@hur%7D-41-06966.html.

⑪国台办、海协会要求台方全力抢救机上大陆乘客 [EB/OL]. http://www.gwytb.gov.cn/wyly/201502/t20150204_8934070.htm.

⑫大陆民航部门将派员赴台参与协助调查 [EB/OL]. http://www.gwytb.gov.cn/wyly/201502/t20150205_8949965.htm.

⑬台湾班机失事追踪："第一时间让家属成行去台湾" [EB/OL]. http://www.chinanews.com/tw/2015/02-04/7036039.shtml.

⑭台湾医院：不停止接受坠机伤员 [EB/OL]. http://www.chinanews.com/tw/shipin/2015/02-04/news545540.shtml.

3. 事件处置特征总结

通过对"2·4"台湾复兴航空坠机事故相关资料的搜集整理，本书发现大陆与台湾在跨区域旅游安全事件处理上具有如下特征：（1）大陆与台湾在事故发生后形成了较为固定的对接机制，其中国台办主要与台湾"陆委会"对接、海协会与台湾海基会对接、海旅会则与台湾台旅会相对接；（2）事故搜救力量以事发地一方为主，大陆与台湾在整个事故处理过程中的合作主要集中在善后事宜方面，包括事故原因调查、死者遗体火化运回、保险理赔等方面；（3）在事件处置过程中，台湾多个类型主体发挥重要作用，包括政府相关部门、涉事航空公司及保险企业、旅游行业组织、医疗部门等，事件处置过程较为流畅，处理机制较为成熟。

三 自然灾害——台湾苏花公路事件

1. 案例简介

因受台风"鲇鱼"影响，台湾各地普降大雨。2010年10月21日，暴雨导致苏（澳）花（莲）公路发生严重的塌方，在苏花公路113.5千米处和116千米处，各有一辆巴士遭土石掩埋，台湾创意旅行社与弘泰旅行社的两辆巴士失去联系。事件造成32辆各式车辆及402名游客或民众被困，其中包括269名大陆游客或领队，249人在事发时脱困，20人失联，失联大陆民众包括弘泰旅行社北京领队、创意旅行社18名珠海团游客和1名领队。①

事故发生后，台方积极投入各种救援力量进行人员搜救。截至10月26日晚，249名大陆游客中有247人离台返回大陆，另外2名游客继续在台接受治疗，失踪的20名大陆游客或领队仍未被寻获或确定身份。② 10月28日，搜救人员于25日在宜兰沿海发现的尸体确认为创意旅行团团员遗体。③ 11月3日，19名失踪大陆民众的家属向台湾检方申请领取死亡证

---

① 台湾苏花公路塌方事故：两车被掩埋两车仍失联 [EB/OL]. http://news. qq. com/a/2010
1022/001192. htm.
② 台湾苏花公路事故现场发现大型游览车底盘（图）[EB/OL]. http://www. chinanews. com/
tw/2010/10－28/2619317. shtml.
③ 本报特约撰稿　梅锋. 台湾全力营救大陆失踪游客 [N]. 中国国防报，2011－11－02010.

明。① 11 月 19 日，经对找到的残骸进行 DNA 检定，创意旅行团团员关水来的身份被确定。截至当日，在苏花公路中失踪的 20 名大陆民众仍有 18 名未被寻获或确定身份。②

2. 处置过程

苏花公路塌方事件发生后，大陆和台湾各方高度重视，积极采取相关措施进行人员搜救及善后工作，具体如表 7 - 15 所示。

表 7 - 15　"10·21"台湾苏花公路事故处置过程

	相关机构	相关措施
大陆	政府部门	• 珠海市先后派出两批"10·21"事故应急协调小组赶赴台湾
	相关部门	• 由海旅会秘书长、台北办公室主任等共同组成"海旅会10·21事故前方工作组"
台湾	政府部门	• 台湾当局相关部门成立"梅姬台风中央灾害应变中心"，协调有关单位，投入了以军方为主的搜救力量，并进行了地面搜索、海上搜救和空中救援，派出挖掘机械、舰艇、直升机等搜救设备。 • 宜兰"地检署"负责 DNA 比对、死亡证明书核实分发等工作
	商业机构、行业组织	• 由台湾旅行商业同业公会全联会、保险公司和律师等共同商讨，并为大陆民众伤亡者家属提供协助，做好理赔善后工作 • 台湾旅行商业同业公会全联会组成"旅行公会10·21苏花事故应变小组"，主要负责来台家属的服务与协助工作。
合作	-	• 根据《海峡两岸关于大陆居民赴台旅游协议》，台旅会和海旅会共同建立应急协调处理机制；与大陆派出的"海旅会10·21事故前方工作组"密切沟通协作。 • 海基会与海协会建立联系机制，任何消息由海基会在第一时间通报海协会。 • 海基会就苏花公路事故罹难及失踪的大陆游客的亲属关系公证书事宜与大陆相关部门进行协调联系

资料来源：台湾苏花公路塌方事故失联大陆居民均已被认定罹难［EB/OL］. http://news. ifeng. com/gundong/detail_2010_11/03/2990798_0. shtml；苏花公路事故案　海基会协处公证书验证［EB/OL］. http://www. sef. org. tw/ct. asp?xItem = 169209&ctNode = 4327&mp = 1；高孔廉：我方尽全力救灾　搜救失踪大陆旅客［EB/OL］. http://www. sef. org. tw/ct. asp? xItem = 167685&ctNode = 4327&mp =1.

---

① 苏花失踪陆客家属领取死亡证明书明先家祭后公祭［EB/OL］. http://news. yninfo. com/china/gdxw/201011/t20101104_1613075. htm.
② 台湾苏花公路事故再确定一大陆罹难者身份［EB/OL］. http://news. 21cn. com/domestic/taihaijushi/2010/11/20/7956179. shtml.

3. 事件处置特征总结

通过对"10·21"台湾苏花公路事件相关资料的搜集整理,本书发现大陆与台湾在跨区域旅游安全事件处理上具有如下特征:(1)大陆游客在台发生安全事件后,相关救援消息等主要通过"小两会"和"大两会"的沟通得知;(2)安全事件发生后,相关搜救力量主要由台湾相关主管部门投入,行业组织和商业机构在善后等方面也起到重要作用;(3)救援主要由台方负责,大陆的救援队伍与设备并未进入,派遣到台的工作人员主要协助处理善后事宜。

四 社会安全事件——香港假导游气死前乒乓国手

1. 案例简介

2010年5月21日,中国"乒乓球108将",前国家队乒乓球员陈佑铭与其妻子参加四日三夜旅行团到香港旅游。5月22日中午12时许,陈佑铭与其妻子、团友被导游安排至红磡半岛广场一个已登记的珠宝店购物。其间,疑因不满导游强迫其留在店内购物不许离开,陈佑铭与导游发生争执,最终诱发心脏病,不治身亡。①

5月24日,陈佑铭的家属正式向香港旅游业议会投诉,要求其对导游及相关旅行社进行惩处,并提出赔偿要求。随后,香港旅游业议会就此事展开调查,之后发现涉事导游为无牌导游,而涉事旅行社"永盛旅游有限公司"则涉嫌违规聘用无证导游。② 2013年9月17日,涉事导游被判入狱两周。③

2. 处置过程

该事件发生后,香港相关旅游部门积极展开调查。此后,一段游客在香港旅游过程中受导游胁迫的视频曝光,两起事件的发生引起中国内地、香港各方面的重视,并采取一系列举措,具体如表7-16所示。

---

① 前乒乓国手陈佑铭在香港被导游强逼购物猝死 [EB/OL]. http://city. ifeng. com/cskx/2011 0216/38538. shtml.

② 内地旅客香港旅游被导游气死 [EB/OL]. http://business. sohu. com/20100603/n272541067. shtml.

③ 前乒乓国手被香港假导游气死 女导游被判入狱两周 [EB/OL]. http://news. xinhuanet. com/fortune/2013-09/17/c_125405801. htm.

表 7-16　香港假导游气死前国家乒乓球国手事件处置过程

	相关机构	相关措施
内地	政府部门	• 国家旅游局要求内地各省市涉事旅游部门和旅行社彻查相关事件。 • 国家旅游局质监所发出赴港旅游服务警示，提醒游客注意防范相关事件的发生
香港	政府部门	• 旅游事务署就涉事旅行社开展调查，要求其进行解释
	相关部门	• 事后，由香港旅游业议会接受投诉并展开调查，5月28日推出相关举措，包括不得强迫旅客自由出入店铺或以任何形式强迫购物
	商业机构、行业组织	• 由香港旅游业议会、旅行社、导游公会、登记店铺等100多名代表组成"集思会"，就接连出现的强迫内地旅行团购物事件进行检讨，并讨论监管措施
合作	—	• 国家旅游局与香港旅游主管部门进行工作沟通，了解情况

资料来源：①国家旅游局发布赴香港旅游警示［EB/OL］. http://www.51zheng.com/Article_Show.asp?ArticleID=33622.
②国家旅游局发布赴香港旅游警示［EB/OL］. http://news.big5.anhuinews.com/system/2010/07/19/003282712.shtml.
③导游绝不能强留旅客在店铺购物［EB/OL］. http://www.tichk.org/public/website/b5/news/2010_05_28_a/html.

3. 事件处置特征总结

通过对香港假导游气死前乒乓国手事件相关资料的搜集和整理，本书发现中国内地和香港在处理此类事件时具有如下特征：（1）事件调查及后期相关事项处理以事发地为主；（2）就事件处置主体来看，内地主要以旅游主管部门（即国家旅游局）为主，香港则涉及旅游主管部门、旅游行业组织、商业机构等主体。

五　公共卫生事件——2013 年 H7N9 禽流感

1. 案例简介

2013 年 3 月 31 日，国家卫生和计划生育委员会通报上海和安徽发现 3 例人感染 H7N9 禽流感病例，通报时已 2 人死亡、1 人病危。① 截至 2013 年

① 上海、安徽发生 3 例人感染 H7N9 禽流感确诊病例［EB/OL］. http://www.nhfpc.gov.cn/yjb/s3578/201303/1d2509cd264c4e36af1dc5505d4ba577.shtml.

4月5日17时，全国各地共报告禽流感确诊病例16例，其中6人死亡。[①] 此后，病例在一段时间内一直处于散发状态，国家卫生和计划生育委员会对疫情信息进行日发布。截至4月24日16时，内地共报告108例确诊病例，其中死亡23人。总体而言疫情开始趋缓，疫情信息由日发布改为周发布。[②] 截至5月31日，内地共报告131例确诊病例，死亡39人。疫情信息由周发布改为每月10日发布。[③] 截至10月31日，内地共报告136例人感染禽流感确诊病例，死亡45人。内地禽流感病例分布于全国12个省市的42个地市。[④]

2013年12月2日，香港确认首例人感染H7N9禽流感个案。[⑤] 12月6日，香港出现第二宗人感染甲型禽流感确诊个案。[⑥] 12月31日，台湾继4月25日出现首例人感染H7N9禽流感后又增加一确诊个案。[⑦]

2. 处置过程

自2013年大陆首例人感染禽流感病例出现后，内地与香港、澳门、台湾四地均高度重视H7N9疫情的发展，积极采取各项措施进行H7N9疫情防控，具体处置措施如表7-17所示。

表7-17 2013年H7N9禽流感处置过程

	相关机构	相关措施
内地	政府部门	• 疫情发生初始，国家卫生和计划生育委员会就积极研究落实各项疫情处置措施。 • 国家旅游局信息中心发布《世卫组织不建议因H7N9禽流感限制旅游》

---

① 4月5日人感染H7N9禽流感疫情信息［EB/OL］. http://www.nhfpc.gov.cn/yjb/s3578/201303/1d2509cd264c4e36af1dc5505d4ba577.shtml.

② 4月24日人感染H7N9禽流感疫情信息［EB/OL］. http://www.nhfpc.gov.cn/yjb/s3578/201304/238eae9e33cd4138892608d6910ae577.shtml.

③ 人感染H7N9禽流感疫情防控工作初现成效［EB/OL］. http://www.nhfpc.gov.cn/yjb/s3578/201306/8a945b75a8b742f585b942ee4e4f3155.shtml.

④ 2013年10月人感染H7N9禽流感疫情概况［EB/OL］. http://www.nhfpc.gov.cn/yjb/s3578/201311/fb3e66ae0f5c4601a2ca137bd2625fd4.shtml.

⑤ 食物及卫生局局长就香港确认首宗人类感染甲型禽流感（H7N9）个案会见新闻界的开场发言［EB/OL］. http://www.info.gov.hk/gia/general/201312/03/P201312030014.htm.

⑥ 卫生防护中心调查香港第二宗人类感染甲型禽流感（H7N9）确诊个案［EB/OL］. http://www.info.gov.hk/gia/general/201312/06/P201312060698.htm.

⑦ 卫生防护中心密切监察台湾一宗人类感染甲型禽流感（H7N9）个案［EB/OL］. http://www.info.gov.hk/gia/general/201312/31/P201312310792.htm. 25日台湾首例H7N9禽流感最新消息：被送台大医院 情况不佳（图）［EB/OL］. http://bj.bendibao.com/news/2013425/101970.shtm.

续表

区域	相关机构	相关措施
香港	政府部门	• 出入境关口检疫部门加强戒备，采取体温探测、派发宣传单、张贴相关海报、进行广播、加强口岸卫生环境巡查等方式进行监测预防，对疑似个案进行隔离。 • 通过会议和通讯向旅游业界定期更新疾病资讯
澳门	政府部门	• 在国际机场启动红外线测温仪，对来自内地华东地区的旅客进行体温检测
台湾	政府部门	• 台湾"卫生署疾病管制局"就大陆出现的 H7N9 禽流感病例，立即在各机场、港口加强对大陆、港澳入境者的检疫监测；针对码头体温超过正常值的入境旅客采取相关措施。 • 台湾"中央流行疫情指挥中心"建议"陆委会"发布大陆旅游警示，"陆委会"呼吁台湾民众赴大陆时要加强自我保护，相关机构建议近期赴大陆旅游避开有疫情的长三角地区
合作	—	• 大陆初始疫情确认后，立即向港澳台地区通报，后期继续加强与港澳台地区相互之间的疫情信息通报交流。 • 港澳台与内地保持密切联系，派遣专家前往上海了解 H7N9 病毒特征。 • 大陆与台湾的卫生防疫部门积极沟通，大陆同意向台湾转交 H7N9 病毒株。 • 香港确认首例感染病例后，内地当即派遣专家组赶往广东进行指导与协助

资料来源：世卫组织不建议因 H7N9 禽流感限制旅游 ［EB/OL］. http://www. cnta. gov. cn/html/ 2013 - 4/2013 - 4 - 8 - 10 - 2 - 16942. html；内地禽流感病例震动港澳台 ［EB/OL］. http:// www. huanqiu. com/www/coprdata/hqsb/2013 - 04/3792090. html；面对 H7N9 禽流感　港澳台各自出招 ［EB/OL］. http://scitech. people. com. cn/BIG5/n/2013/0409/c1007 - 21063604. html；卫生计部门切实加强冬春季人禽流感疫情防控工作 ［EB/OL］. http://www. nhfpc. gov. cn/yjb/s3578/201312/ e7be12b56aff4487b46b39f740ea61dd. shtml；大陆 H7N9 禽流感增至 21 例　台湾提升疫情等级 ［EB/OL］. http://news. qq. com/a/2013 0408/000683. htm.

3. 事件处置特征总结

通过对海峡两岸暨港澳地区应对 2013 年 H7N9 禽流感的相关资料进行搜集和总结，本书发现其具有以下特征：（1）疫情最开始在内地发生，但由于海峡两岸暨港澳地区间地缘邻近且往来密切，港澳台地区也高度重视疫情相关进展并采取相关措施；（2）在此次公共卫生事件中，中国内地与港澳台地区之间加强了信息通报、专家交流等合作；（3）公共卫生事件，特别是传染病疫情的发生，在处置过程中以各地卫生主管部门为主，旅游主管部门作为支持单位主要辅助执行出入境旅客检疫监测或推送旅游警示工作。

六　海峡两岸暨港澳地区旅游应急合作工作的实践特征

内地与香港、澳门、台湾针对四类不同的旅游突发事件，其应急合作方式各有不同，但总体来说具有以下特征：（1）各类涉旅突发事件发生后，紧急救援和事后调查处置以事发地为主，客源地相关力量一般在紧急救援后期才逐渐参与进来；（2）在涉旅突发事件的处置主体上，大陆以政府相关部门为主，如各级旅游局，而港澳台除了政府相关部门外，其行业组织、商业机构具有重要作用，目前依靠行业组织、商业机构进行跨区域紧急救援和善后恢复的机制已较为成熟；（3）在紧急救援人员、设施设备和其他物资方面，当前海峡两岸暨港澳地区间并未明确相应的准入制度，而是在事件发生时由各方临时协调，开辟"绿色通道"准予放行；（4）台湾在与大陆的沟通方式上与港澳存在较大差异，主要通过"小两会"和"大两会"来进行，而非相应主管部门间直接通话。

第八章

区域旅游应急合作及体系建设的理论总结

我国的应急管理合作在新世纪得到了高度重视。国务院 2005 年发布了《国家突发公共事件总体应急预案》，2007 年颁布了《突发事件应对法》，为我国应急管理工作的开展打下了坚实的基础。2006 年，国务院发布了《国务院关于全面加强应急管理工作的意见》（国发〔2006〕24 号），明确提出要"加强地区、部门和应急机构间的协同联动，推进资源整合与信息共享"，同时要求进行"应急管理领域的国际交流与合作，参与国际应急救援活动"。[①] 2014 年，国务院发布《关于促进旅游业改革发展的若干意见》（〔2014〕31 号），明确提出要"推动区域旅游一体化"，"大力拓展入境旅游市场"，"优化旅游发展环境，保障旅游安全"。可见，旅游产业开展国际和区域间的应急交流与合作具有十分重要的战略意义，这既是响应国家应急管理政策的要求，也是适应我国旅游产业外向型发展的需要，是推动旅游产业安全发展的重要保障。本章主要基于对海峡两岸暨港澳地区旅游应急合作实践和战略构想的理论总结，归纳提出区域旅游应急合作的治理结构、体系框架和建设流程。

第一节　区域旅游应急合作的治理结构

随着大众旅游时代的到来，跨区域旅游突发事件趋于增多，区域旅游应急合作也逐渐凸显其重要性。区域旅游应急合作在理念上逐步形成共

---

① 国务院 . 国务院关于全面加强应急管理工作的意见（国发〔2006〕24 号）〔Z〕. 2006 – 06 – 25.

识，在实践层面也实现了一定积累。但总体而言，我国区域旅游应急合作的实践和理论研究起步都相对较晚，对于区域间旅游突发事件风险的探索尚不够深入，基于实践的理论探讨和研究相对欠缺。因此，对海峡两岸暨港澳地区旅游突发事件案例数据的统计分析和检验，有利于为区域旅游应急合作机制研究提供科学认知基础，有利于从理论层面对区域旅游应急合作及其体系建设进行提升和总结，从而指导区域旅游应急合作实践的开展，并为后续研究奠定基础。

一 转型发展期区域旅游应急合作的治理背景

1. 旅游市场规模转型与区域旅游应急合作

我国旅游业是培育中的战略性支柱产业，旅游市场规模不断扩大，其产业效益和国际影响力不断提升。2016 年，我国国内旅游人数达到 44.4 亿人次，国内旅游总收入达到 3.9 万亿元人民币，分别同比增长 11% 和 14%；其中，中国公民出境人数达 1.22 亿人次，同比增长 4.3%，入境旅游人数达到 1.38 亿人次，同比增长 3.8%，实现国际旅游收入 1200 亿美元，同比增长 5.6%。① 由此可见，我国国内旅游、出境旅游及入境旅游规模不断增长，三大旅游市场也不断扩容。除此之外，我国不断有新的旅游地正在开发和成长，游客更加注重旅游体验，不再只是关注传统热门景点，一些新兴的小众的旅游地也逐渐赢得游客的青睐，游客的旅游路径也不断扩大，旅游方式、体验要求也随着市场发展不断变化，跨区域旅游人次增多，区域间的旅游流动更加频繁和复杂。这要求转变传统旅游应急管理思维，增强区域旅游应急合作思维，强化区域理念，突破以往单一行政区域负责旅游应急处置的观念局限。

2. 旅游产品体系转型与区域旅游应急合作

随着散客旅游时代的到来，游客对旅游产品的需求也呈现差异化的特征，原有的旅游产品体系产生变化，传统观光旅游产品逐渐向深度体验休闲旅游产品转变，同时也催生各类细分市场上不同的旅游产品，诸如徒步探险旅游、高风险旅游等新奇旅游产品。这类旅游产品能够满足游客感官刺激的需求，也对旅游企业经营管理提出更高的管理要求。此外，自由行

---

① 国家旅游局. http://www.cnta.gov.cn/xxfb/jdxwnew2/201701/t20170109_811854.shtml.

的盛行也改变了传统旅游包价市场的格局，以往一条龙服务的旅游产品逐步被拆分成个单一的旅游产品，如咨询产品、餐饮住宿产品、交通产品等。因此，旅游产品体系的转型，在创造更多经济利益的同时也催生了更多细化、烦琐的运作环节，更多风险因素也隐含其中，这使旅游应急的治理对象发生改变，这要求应急主体能通过跨区域合作增强对旅游风险的认知能力和管控能力。区域旅游应急合作必须能跟上旅游产品升级换代的节奏，旅游应急合作系统必须不断同步升级和完善。

3. 旅游产业结构转型与区域旅游应急合作

我国当前正大力推进"互联网＋"的相关政策，以期通过发挥互联网的优势促进传统产业的转型升级。旅游产业也正努力抓住时代发展机遇，利用政策契机与互联网进行融合，由此促进了旅游技术装备的升级，并且大力推动了旅游线上线下的不断融合，规模性旅游企业不断出现，旅游产业要素也不断分化。在互联网的推动下，旅游产业结构转型也面临新一轮的市场竞争。大型 OTA 企业不断出现融资、收购整合现象，另有一些小众旅游互联网公司不断兴起，它们的出现填补了线上市场的空白，丰富了旅游产品体系，为游客提供了个性化、便捷化的服务和产品。在此背景下，不管是传统线下旅游企业还是新兴的线上旅游企业都加剧了旅游市场竞争的激烈程度，也加速了旅游产业结构转型升级。在这个趋势下，区域旅游应急合作应着眼于新的业态，综合考虑复杂的因素，做到应急合作的发展顺应旅游业转型升级的发展规律，实现与市场发展、产业发展阶段相契合。

4. 旅游安全体制转型与区域旅游应急合作

完善旅游安全管理现已成为旅游业界的共识，是保障旅游业健康有序发展的前提，这也是国家战略层面达成的共识。旅游安全管理的相关措施被作为专章载入《中华人民共和国旅游法》，这也是旅游安全管理的历史性的突破和成就。旅游安全法制的完善也驱动了旅游安全体制的转型，强化了旅游安全需求。在法律硬性规定下，各地旅游安全管理的体制和机制建设更加完善，由此也催生了大量旅游安全机构，并促进这些机构类型的分化与改变，涌现更多的志愿者组织、协会组织及商业组织，不断补充和壮大旅游安全管理的力量。因此，旅游安全体制转型为区域旅游应急合作提供了宝贵契机，创造了更多有利条件。各地在区域旅游应急合作中应善于把握和利用旅游安全体制转型提供的资源。

5. 国际关系转型与区域旅游应急合作

旅游产业作为我国第三产业重要的组成部分，是具有战略性支柱作用的产业，与我国整体经济格局密切相关。国家的安全环境及重大战略部署都将密切影响旅游产业的发展，同时旅游产业的发展同样也会产生一定的影响。当前我国国际关系仍然较为复杂，国家外部安全环境并不完全乐观。同时，我国正积极进行"一带一路"建设，以努力为我国实现新一轮发展创造良好的周边国际合作关系，实现国际关系的有序转型。这也是我国开展区域旅游应急合作的重要时代背景。因此，我国旅游业应积极开展国际性的旅游应急交流，特别是顺应"一带一路"倡议的推行，推动我国与"一带一路"沿线国家的旅游应急合作，为我国旅游的"走出去"战略提供有力的安全保障。

二 区域旅游应急合作的治理挑战

区域间的旅游应急合作是一种跨越行政区域的联动治理行为，需要面对行政体制、法律环境、民意舆情、社会经济等多种背景因素的影响，也需要依托既有的技术设施条件来开展具体工作，还需要面对多个区域的旅游风险因素，这些构成了区域旅游应急合作面临的挑战因素（见图8-1）。

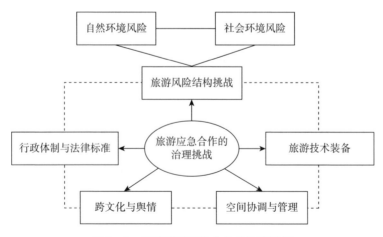

图8-1 区域旅游应急合作的治理挑战

(一) 旅游风险结构的挑战

旅游突发事件风险类型多样，主要包括自然灾害、事故灾难、公共卫生事件和社会安全事件等。由于旅游活动是游客在常住居住地以外的活动，因此行为活动主体的来源地和旅游突发事件的发生地往往是两个地方，这种异地性使区域旅游应急合作成为必然。从自然环境风险类型来看，自然界的风险不受社会人为划分的行政区域影响，而是受到自然地理状况因素的影响。从社会环境风险类型来看，游客的流动也并不受行政区域划分限制，随着游客活动范围半径的扩大，与之相关的社会风险也随之扩大影响范围。从自然环境风险与社会环境风险因素的相互作用来看，两者之间也会相互影响，原本单一性质的风险类型也会因为耦合其他性质的风险因素而扩大危害范围，造成更严重的后果。例如，环境污染、疾病疫情、台风灾害等重大风险因素往往具有跨区域性，其影响范围广、处置成本高，加强区域旅游应急合作是应对之根本。这对构建区域旅游应急合作体系提出了迫切需求，提高相关地区、部门之间的联动响应效率，建立良好的应急协调合作模式，才能有效应对跨区域的旅游突发事件。

(二) 行政体制与法律标准的挑战

区域旅游应急工作针对的是跨区域旅游突发事件，这类突发事件危及游客、旅游从业者的生命财产安全，破坏旅游市场的正常秩序，影响社会公共安全。这些事件就各级行政区划分而言，往往超出某一行政单位管辖的区域范围。目前，我国现行的旅游突发事件处置主要是以行政管辖权为基础，对于政府行政管辖区域内的突发事件一般要求属地处置。但是，对于跨区域旅游突发事件的处置，政府机构间的协调程序会比较复杂，应急处置的成效受到多种因素的影响。[①]

在我国，政府旅游部门掌握的应急资源较少，旅游部门往往是旅游应急工作的协调者，它需要依托专业部门来进行应急处置。同时，区域之间缺乏统一的管理和调度平台，部门之间难以有效进行配合。虽然我国当前

---

① 唐苏南，张玮. 跨区域突发公共事件应急处置体系研究 [J]. 三峡大学学报 (人文社会科学版)，2008 (S2)：27-30.

的法律法规对应急处置主体的权限和职责进行了部分规定，但是规定并不非常明确。在应急合作中各合作主体的权利和责任、处置程序、运作规则等都缺乏明确的法律标准，同时也缺乏相对完整有效的法律责任追究制度，这是阻碍区域旅游业应急合作的因素之一。

（三）旅游应急技术装备的挑战

区域旅游应急合作是一项复杂的系统性工程，涉及的利益主体众多，依赖的应急资源多样，应急管理环节较多且琐碎，需要功能较完善的技术设备支持。就目前情况来看，我国在公共安全风险预警、预防和处置方面加大了科研投入，并且不断研发新的应急救援装备，取得了一定成果。但在跨区域的重大突发事件应对中，仍然略显不足，尤其是针对跨区域的旅游应急救援的专项技术和设备更是较为欠缺。相对其他发达国家，我国旅游应急装备水平还是较为落后，因此我国应加大在旅游安全与应急技术装备领域的科研投入。此外，正是由于缺乏专项的旅游应急技术装备，对现有技术装备的转化和利用也是一个工作难点和重点。如何在区域旅游应急合作中合理利用并推广现有技术装备是今后面临的挑战之一。

（四）跨域文化与舆情的挑战

文化是一种内化于人心的力量，具有凝聚力。在构建区域旅游应急合作体系的进程中，跨区域文化将起到较大作用。较高的文化认同感将有助于推进区域旅游业应急管理，相反，对跨区域文化的不认可，将阻碍应急合作进程的推进。因此，培养跨区域旅游应急合作文化是应对旅游突发事件过程中的物质和精神财富的总和，也是推进该项工程的目标之一。但在实际推进过程中，在跨区域旅游应急合作文化培养与舆情控制方面仍然存在较多的问题和挑战。

首先，各利益主体之间的相互信任水平较低，应急合作意识缺位，共同目标和需求不够明确。其次，各区域在经济发展水平、管理方式、风土民情等方面具有差异性，这种长期形成的文化差异性容易导致各利益主体对跨域文化的不认同，在观念上产生分歧，从而阻碍区域旅游应急合作的实现。最后，还表现在舆情控制方面，政府一般主导旅游突发事件相关信息的发布，其他应急管理主体属于信息受众，相对被动，因此非政府间跨区域组织协同管理能力较弱，同时难以与政府实现"无缝隙”对接合作。

(五) 空间协调与管理的挑战

当前涉及跨区域的旅游突发事件包括多种类型，既包括发生在两个或者多个区域边界上或边界附近的旅游突发事件，也包括危害结果超越该区域的应急处置能力，需要其他区域协助进行处置的旅游突发事件，还包括发展和蔓延到其他区域，需要其他区域共同处置的旅游突发事件。[①] 因此，跨区域的旅游突发事件在空间上将对应急处置提出挑战。在不同空间地域内，救援人员、应急物资、应急设备等资源调配的时间成本和运营成本也将提升，加上我国长期以来实行“属地为主”的应急管理体制，缺乏跨区域的综合性应急管理常设机构。在应对旅游突发事件时，往往是临时组建指挥中心，在短时间内难以快速有效地进行资源整合。各地区及部门在救援行为协调方面也具有更大的难度，应急响应速度慢、应急反应能力较低，难以形成统一的应急救援力量。此外，由于缺乏完善的跨区域信息共享机制，部分重要信息难以在相关区域间实现有效的沟通和共享，容易降低应急能力与效果。而在跨区域旅游应急资源管理方面，也存在应急物资配置方式滞后、配置效率较低、物资分配不协调等问题。

三　区域旅游应急合作的治理对象

旅游应急管理的治理对象是旅游突发事件，其主要目的是避免或减少旅游突发事件的发生，减轻旅游突发事件造成的危害后果。区域旅游应急合作的治理对象是在发生区域、影响范围、游客组成或活动区域等方面具有跨区域特征，需要两个或两个以上区域的应急主体共同联合应对的旅游突发事件。通过开展区域旅游应急合作，在指挥协调、资源共享、功能整合和联合行动[②]等方面实现协同效应，将更加有效地提升旅游应急处置的效率和能力。

1. 发生范围跨区域的旅游突发事件

区域可理解为区域之间，它既包括具有连续、共同边界的区域间，也

---

① 邹巧柔. 区域旅游应急合作研究 [D]. 华侨大学硕士学位论文，2014.
② 汪伟全. 论区域应急联动的协同能力 [J]. 探索与争鸣，2013 (5)：50–53.

包括不连续、不存在共同边界的区域间。① 发生范围跨区域的旅游突发事件，是指从空间角度来讲，旅游突发事件的发生地点超出某一单个区域，即发生在两个或两个以上地区。例如，疾病疫情具有传染性和扩散性，其发生地点可能遍布多个旅游区域，因此需要跨区域的应急治理主体来共同应对。

2. 影响范围跨区域的旅游突发事件

影响范围跨区域的旅游突发事件是指事件产生的后果与影响跨越两个或多个区域的旅游突发事件。虽然部分旅游突发事件是在单一区域内发生，但是其造成后果的影响范围超出该区域，甚至在后续事态发展过程中，影响范围还存在继续扩大的可能性。例如，环境污染可能对两个或两个以上具有连续、共同边界的地区产生影响，恐怖袭击可能对两个或两个以上不连续、没有共同边界的地区造成伤害与影响。

3. 游客组成跨区域的旅游突发事件

该类型事件是指承载事件原因或结果的游客跨越多个来源区域的旅游突发事件。这是从人的角度来定义区域旅游应急合作的治理对象，并根据游客的地域构成来区分事件类型。如果在旅游突发事件中受影响的游客群体来自不同的地域，这类突发事件就属于游客组成跨区域旅游突发事件。显然，面对跨地域的游客群体应急处置的难度较大，需要协调更多的应急主体和应急资源。例如，2015 年泰国四面佛爆炸事件导致中国、泰国、菲律宾等多国游客死伤。

4. 旅游活动跨区域的旅游突发事件

该类型事件是指旅游活动的行程路线跨越多个区域的旅游突发事件。这是从活动的角度来定义区域旅游应急合作的治理对象，并根据旅游活动的开展区域来区分事件类型。如果在旅游突发事件发生时，游客所进行的旅游活动并非在单一区域内组织开展，而是涉及两个或两个以上地区，这种突发事件就属于旅游活动跨区域的旅游突发事件。跨区域的旅游活动如果遭遇突发事件，虽然事发地点是在单一区域，但是事发原因可能涉及另一区域，因此也会造成应急处置的困难。

----

① 吴军. 中国区域旅游合作时空演化特征分析 [J]. 旅游学刊, 2007, 22 (8): 35-41.

四　区域旅游应急合作的治理主体

区域旅游应急合作涉及政府、企业、民间组织等多方利益主体。这些利益主体既是旅游应急合作体系的受益者，同时也是推动应急合作体系建设进程的参与者。构建区域旅游应急合作体系是一项任务艰巨、周期较长的系统性工程，涉及的地域空间较广，利益主体较为复杂，单纯依靠政府力量的推动显然难以全面实现旅游应急合作体系的构建。因此，将除政府以外的利益主体也一并纳入应急合作体系构建的进程中，将是区域旅游应急合作体系构建的重要目标之一。整合社会不同群体的力量，将有利于加快旅游应急合作体系的构建进程。总而言之，构建区域旅游应急合作体系应充分发挥社会相关利益主体的作用，合理分工，弥补政府在区域旅游应急合作体系中的不足和薄弱之处，同时还应根据区域旅游应急体系建设不同阶段的任务特征，相应调整各利益主体在体系建设中的任务分工。

1. 政府组织

从短期来看，政府组织在区域旅游应急合作中起主导作用。当前，我国区域旅游应急合作尚在起步阶段，相关制度建设尚不够完善，需要由政府组织发挥主导作用。需要确定区域旅游应急合作发展的总体方向，推动应急合作的制度建设、法制建设、预案建设，同时从公共服务供给的角度进行应急救援物资储备，并且积极动员社会力量投入区域旅游应急合作体系建设当中。

从中远期来看，当区域旅游应急合作发展到一定水平，随着旅游市场主体角色作用的变化，政府组织要逐步实现职能作用的转化，由主导型角色转向服务型角色，将区域旅游应急管理工作的主导角色逐渐让渡给其他市场主体，政府主要起引导作用。其中，主要任务内容在于为区域旅游应急合作创造良好的政策环境，不断完善法制建设，细化修订旅游应急合作的相关专项法律法规，对应急预案进行动态调整，不断提升应急预案的可操作性；从宏观上，引导区域内旅游应急资源进行有效整合，合理协调应急资源的分配；同时持续减少行政权力的干涉，并通过一定激励性政策引导企业组织和民间组织，激发其区域旅游应急合作的主体意识，并鼓励其积极发挥更大作用。

2. 企业组织

旅游企业和旅游应急业务相关的企业也应作为重要的参与主体，根据市场经济发展规律，提供和补充旅游应急业务相关商业产品，增大旅游应急商品的市场容量。尤其是旅游商业保险企业、旅游应急救援企业、应急救援技术研发企业、应急软件开发企业等，应该积极参与旅游应急商业市场的发展。从短期来看，企业组织主要起到支撑作用。旅游企业组织作为市场上的微观主体，能够在第一时间获取信息，具备较强的灵活性，能够配合政府组织搭建区域旅游应急合作体系。例如，企业组织可以根据市场经济发展规律和市场活动秩序，建立旅游企业风险监控机构，收集并评估风险信息；成立技术研发机构，开展企业间联合应急培训活动，为旅游从业人员提供全方位的应急培训和教育等。

从中远期来看，为了推动区域旅游应急合作体系的长远发展，应该转变企业组织的作用和定位，逐步发挥企业组织的主导作用，充分发挥企业组织的竞争力，具有积极性、灵活性及创造性等优势，从纵深方向提升企业组织的作用。因此，应在原有基础上，延伸企业组织原有的任务范畴，建立企业层面的区域旅游应急信息网站，改善政府组织主导信息管理的现状，同时成立旅游企业应急救援联盟，协调区域旅游应急救援力量；建立跨区域的具有商业性质的应急救援机构，以提供高效专业的应急救援服务，分担政府应急救援的总成本。最后，在旅游灾后重建部分，可由企业组织通过项目投标注资参与到恢复重建工作中，由此一方面提升重建的专业性及效率，另一方面也提高旅游经济收益。

3. 民间组织

民间组织等非政府组织是区域旅游应急合作的重要角色，自身具备自发性、灵活性及专业性，能够有效弥补政府治理的不足，实现由政府处理框架性工作，而非政府组织在宏观框架体系结构下填补细节工作。[①] 从短期来看，民间组织主要起到辅助作用。民间组织多指具有共同信念追求的非营利性组织，具有相对独立性和公益性等特点。民间组织在区域旅游应急合作中，可以有效辅助政府组织进行相关政策、法律法规制定，积极为

---

① 湛孔星，陈国华. 跨城域突发事故灾害应急管理体系及关键问题探讨 [J]. 中国安全科学学报，2009（9）：172 - 177.

政府组织应急合作工作的开展献计献策。同时可以通过成立不同类型的组织机构辅助旅游应急合作工作，诸如成立社区旅游应急小组作为应急力量的补充，借助旅游协会、应急救援协会、律师协会等组织提供专业领域的服务，成立旅游应急合作的学术团体发挥智库作用，成立在应急救援及恢复重建方面提供志愿服务的志愿者公益性组织等。

从中远期来看，民间组织主要起到协调作用，也可在特定领域起到专业支撑作用。作为政府组织和企业组织之间的协调者，民间组织与二者之间的配合可以更为深入全面，并成为一个有机的整体。其中，民间组织仍将作为应急资源的筹集者、政府组织与企业组织的智囊团以及公益性服务的提供者。因此在未来的发展中，民间组织应积极参与区域旅游应急合作的调研及未来发展规划，推动区域应急技术交流与合作；同时推动成立专项应急协会、相关旅游行业应急协会，以发挥行业自律作用；通过募款集资成立具有公益性质的旅游应急救援基金会，作为政府组织公共服务、企业组织商业服务的有效补充。

四　区域旅游应急合作的治理原则

区域旅游应急合作涉及区域内多元主体的利益协调问题，既包括政府层面不同行政单位的利益平衡问题，也包括企业层面在旅游市场中的竞合关系问题，还包括民间组织与政府部门、旅游企业之间的协作问题等。因此，要顺利推进区域旅游应急合作，各利益主体应基于相同的理念、坚持相同的治理原则，才能够协调各种利益问题，妥善处理合作过程中出现的矛盾。根据我国既有的应急管理体制和旅游应急合作的现实需求，区域旅游应急合作的治理应坚持"求同化异、以人为本、依法规范、预防为主、属地负责、及时通报"等原则。

第一，求同化异。指在旅游应急合作过程中，各合作主体应坚持相同的原则，针对各区域间存在的体制差异、工作机制差异、应急观念差异等进行协调，暂停争议、求同化异，实现旅游应急合作体制、机制、法制、预案等的协调统一。

第二，以人为本。指应该把保障游客、旅游从业人员、旅游应急救援人员及其他涉事相关人员的生命安全作为第一要务，充分调动各区域应急救援力量，力求在第一时间提供紧急救援，以求最大限度地减少旅游突发事件造成的人员伤亡。

第三，依法规范。指区域间的旅游应急合作主体应该在已有的法制框架下，进行合作体系的建设工作，并依法开展各种旅游应急合作业务，做到区域旅游应急合作工作的规范化、制度化、法制化。

第四，预防为主。指将区域旅游应急合作的工作重点由事中及事后合作进行前移，更多关注事前的监测预警，加强应急合作演练、应急合作平台建设、涉旅安全监测预警等常态工作，以确保做到预防为主，提前消除旅游风险因素，并做好应对重大旅游突发事件的准备。

第五，属地负责。指在本区域政府部门领导下，旅游行政主管部门进行总体指挥协调，以事发地救援力量为主体，将跨区域旅游应急资源作为重要补充力量进行调配使用，来具体开展各种应急处置工作。各种合作性旅游应急资源应该服从事发地或上一级部门的协调指挥。

第六，及时通报，指区域内旅游应急合作主体在接到相关预警信息时，应第一时间在本区域内向上级部门进行报告，并向涉事区域及时通报相关信息，并且在整个突发事件处置的过程中都及时进行汇报和沟通进展，确保信息传递的及时性、准确性和真实性，为跨区域旅游应急合作提供信息基础。

第二节　区域旅游业应急合作体系的核心架构

区域旅游应急合作体系是指由旅游地政府部门、旅游企业及行业组织等为应对区域旅游突发事件所开展的一系列应急管理行为的总和，其主要目标在于预防区域旅游突发事件的发生和降低旅游突发事件带来的损失和伤害。根据旅游应急管理的范畴，其核心环节主要包括预防与预备、监测与预警、处置与救援、善后与恢复等四个主要阶段。因此，构建区域旅游应急合作体系的内容架构应基于上述四个基本环节，实现区域旅游业应急预防与预备合作、应急监测与预警合作、应急处置与救援合作及应急恢复与重建合作。这四个环节构成一个有机整体，也表明区域旅游应急管理是一个不断循环反复的周期性工作，需要持续不断地进行优化。当然，还需要针对这四个核心合作环节提供充沛的沟通和保障要素。

一　区域旅游应急合作体系的内容架构

（一）区域旅游应急预防与预备合作

区域旅游应急预防与预备合作是在发生旅游突发事件之前，为避免或有效应对突发事件、提高应急救援效率而提前采取的一系列措施。换言之，该阶段主要是提前发展和培养应对各类旅游突发事件的能力。其主要任务在于督促区域内各责任主体对应急响应有所准备，从思想上加强认识，强化风险意识及协作意识，从行动上提升应急响应的能力，做到在处理区域旅游突发事件时有法律依据，有足够的救援人员及物资可以供给。

因此，应急预防与预备合作的重点在于完善区域旅游应急合作的体制、机制、法制和预案，加强应急资源保障、信息共享管理、应急技术支持等基础工作。首要基础环节在于成立区域旅游应急管理机构，该机构负责该区域旅游应急培训与教育工作的组织开展，制定区域应急处置援助协议，明确区域旅游应急合作的救援程序，明确各自在应急处置过程中的职责和任务要求；在日常工作中，通过召开联席会议、强化区域之间的沟通交流，营造区域旅游应急合作管理的良好文化氛围；通过定期开展各种形式的交流活动，分享区域旅游应急管理的经验，并总结相关事件处理的经验与教训；提出改进应急处置流程和强化应急援助教育培训的措施，制定下阶段应对突发事件的计划与方案，有针对性地开展区域合作的宣传教育和演练活动；制定应急资源配置计划，为区域旅游应急救援准备充足的人力、物资、技术及资金等，并在旅游突发事件频发的地区部署应急物资调配措施，缩短区域旅游应急响应的时间，提高应急处置的效率。

（二）区域旅游应急监测与预警合作

区域旅游应急监测与预警合作是指旅游应急主体在风险监测、分析、预测、预警等过程中开展的相关合作，它主要发生在旅游突发事件从萌芽到爆发的阶段。旅游应急主体应该能够在跨区域突发事件发生的过渡期对发生的时间、地点、程度、未来趋势等进行分析，提前预警并消除潜在的风险因素。在旅游突发事件的监测预警阶段提前干预有助于为后期事件爆发后的应急救援争取更多时间，有利于减少损失和伤亡。①

区域旅游应急监测与预警工作的首要环节是依托旅游应急技术平台和旅游风险数据库建立起风险监测系统，收集风险信息，同时进行信息的分析、沟通及共享。要制定统一的区域旅游风险评价标准，设定具有不同层级的风险预警体系；在风险信息收集之后，应进行风险预测工作，根据风险要素的类型、分布范围、发展阶段等实际情况评估潜在危险的大小及发生的可能性，并评估人员伤亡、财产损失的可能性大小，由此形成旅游风险评估报告报送区域旅游应急管理机构，并确定最终发出相应层级的风险预警信息，向有关部门、游客、旅游经营企业等提出风险规避的建议与对策，以有效预防旅游突发事件的发生。

（三）区域旅游应急处置与救援合作

区域旅游应急处置与救援合作是指在旅游突发事件发生后，相关区域应急管理机构根据应急处置预案，成立跨区域旅游应急救援指挥小组，统一开展抢救伤员、保护财产、控制事故等一系列应急管理工作。相关行动主体在预案的基础上，根据旅游突发事件后果的严重程度及影响的范围大小制定应急救援计划，确定救援人员、物资的需求量，从而做出相应的应急资源调配计划。

应急处置与救援的关键是缩短应急响应时间，响应时间越短，则越能有效缩小伤亡范围和降低财产损失。应力争第一时间获取旅游突发事件的信息，提高应急响应的速度。旅游突发事件的信息共享与管理也是重要环节。灾情信息的控制及传播对于稳定游客情绪，开展应急合作处置具有重要影响。信息是否公开、是否能够及时准确地传递，都将影响应急响应时间的长短及救援处置的效率。因此，应在搭建区域旅游应急信息支撑平台的基础上，充分依托通信系统、数据网络系统、监控预警系统、视频会议系统、案例备份系统、信息发布系统等系统，进行应急信息的沟通和共享。

在应急协调能力方面，区域旅游应急管理机构应能迅速制定合适的救

---

① 湛孔星，陈国华. 跨区域突发事故灾害应急管理体系及关键问题探讨 [J]. 中国安全科学学报，2009（9）：172-177.

援计划，有效协调相关部门机构统一协作，明确各行动主体的职责和任务目标；同时整合区域内各种应急资源，确保有充足的应急物资支持，它需要区域协调一体化的应急资源系统的支持；要提升区域应急物资储备机制，并持续优化区域应急运输网络系统，建立具备最佳时效性的物资储备和供应机制，以达到在最短时间内实现应急响应。应持续不断地降低旅游应急供给成本。

（四）区域旅游应急恢复与重建合作

区域旅游应急恢复与重建合作主要是指在旅游突发事件发生后，旅游应急主体合作对游客、从业人员、当地居民、旅游企业等进行及时的善后处置，并合作对旅游地和旅游企业的基础设施、形象与市场等进行恢复重建。该阶段是旅游应急管理工作的最后环节，也是下一周期旅游风险事件的潜伏期，该阶段处置是否得当也将直接影响后续旅游突发事件是否被诱发，因此应对该阶段的工作给予足够重视。

应急善后是恢复重建的重要工作，它主要包括两个方面：一方面是对受伤人员进行后续医疗救治及旅游保险赔付，当中包括游客、旅游从业人员以及当地居民等；另一方面是就突发事件原因进行调查分析，由区域旅游应急管理机构派遣突发事件调查小组，在统一的评价标准下，对事件等级、事件触发机制、事件影响、事件损失、事件责任进等行评估总结，从而确定过失主体的赔偿责任，并对损失主体进行经济赔偿及精神安慰。

恢复重建合作应由区域旅游应急管理机构牵头，对灾后旅游重建项目进行评估、规划及监督，涉及的项目包括短期的修复性重建，如对保证当地旅游市场正常运营的公共基础设施进行重建，以确保游客正常食宿、出行，也满足当地居民及旅游从业者的日常所需；还包括长期的转型性恢复重建，如重建当地旅游业项目，以重新恢复和开发旅游市场，从而恢复旅游地的形象。最后还应对受灾旅游地做总体安全评估，对整改落实情况跟进监督。

二　区域旅游应急合作体系的管理架构

旅游应急合作的体制、机制、法制和预案是旅游应急合作体系的管理架构，是形成旅游应急合作功能的基础要素，是开展旅游应急合作业务的基础前提。

（一）区域旅游应急合作体制

区域旅游应急合作不仅有利于旅游市场的可持续发展，也有利于实现保障社会公共安全的利益诉求，不仅要政府旅游部门的积极努力，还需要企业组织和民间组织的共同投入。因此，一个完整并且完善的区域旅游应急合作体制不仅要有区域间政府部门之间的合作，也需要旅游部门与其他部门的合作，公共部门与私人部门的合作，同时还需要旅游企业、民间行业组织、旅游应急专家、游客、旅游从业人员以及当地居民等的配合。换言之，就是应该建立包括政府、企业及民间组织等主体在内的组织体系，从而构建起应急主体多元化的体制架构。

旅游应急合作的组织体系包括三个纵向层次。第一个层次是旅游应急合作管理委员会，它由区域旅游应急工作的主管机构来推动成立，是旅游应急合作工作的最高管理机构。旅游应急合作管理委员会的委员由区域旅游应急工作的主管负责人来担任，并可吸纳相关行业协会的代表、专家学者代表等作为委员会的顾问来参与决策工作。第二层次是旅游应急合作管理办公室，它在旅游应急合作管理委员会下面从事旅游应急合作的具体工作，是旅游应急合作平台的运营管理机构。第三层次是各地旅游应急管理办公室，作为进行区域旅游突发事件管理的事务性机构，负责履行本地区的旅游应急管理职能。[①] 在这三个纵向管理层次之外，相关的政府部门、企业组织、民间组织等在横向层次、依托旅游应急合作平台从事旅游应急合作的相关业务。如气象、地质、环保及卫生等部门拥有专业的风险监测信息，它们可传递给合作平台供旅游应急管理办公机构来使用。区域旅游应急合作管理机构还应该积极协调消防、武警、公安、卫生等专业的应急处置和救援部门负责具体的旅游应急工作。[②]

（二）区域旅游应急合作机制

区域旅游应急合作机制是指区域旅游主体对共同开展旅游应急合作工作的内容、程序、标准、行为等进行的制度性安排。区域间旅游应急合作的相关利益主体通常具有共同的旅游应急任务和挑战，并且具有共同的旅

---

① 汪伟全. 突发事件区域应急联动机制研究 [J]. 探索与争鸣，2012（3）：47 - 49.
② 陈海涛，毕新华，韩田田. 基于多主体的应急管理协调研究 [J]. 学习与探索，2011（6）：56 - 58.

游安全诉求，因此应秉着"求同化异、以人为本、依法规范、预防为主、属地负责、及时通报"等原则，通过采取合作、协调及沟通等方式实现在应急预防与预备、应急监测与预警、应急处置与救援、应急恢复与重建等主要应急管理环节的联动配合。旅游应急合作机制应依托区域旅游应急合作组织体制，并通过旅游应急合作平台来发挥作用。旅游应急合作机制在建构时应充分融入信息支撑平台、决策支持平台、应急指挥平台及应急资源平台等的支撑作用，依托人力资源、设施物资、应急资金及应急技术等方面的保障作用。区域旅游应急合作机制的作用在于有效整合利用区域间的应急资源及管理平台，充分发挥区域间多元主体的整体优势，从而提高整体防范旅游风险的能力，加快对旅游突发事件响应速度，并提升整体应急救援能力及灾后恢复重建能力，最终达到最大限度降低旅游损失的目的。

（三）区域旅游应急合作法制

区域旅游突发事件的应急处置是区域旅游安全管理的重要任务。为建立健全跨区域旅游应急合作体系，提高应对突发事件的整体水平，保障游客、旅游从业者及旅游经营企业的财产安全，有效降低各种损失，必须在法律的框架下实现区域旅游业应急合作，促进应急合作行为的规范化、法制化。我国在法律层面已有关于跨区域应急管理原则、处置过程及法律责任的总体规定，但是关于平行行政主体之间应急合作的具体条款暂时缺失，在旅游业应急合作方面的相关法制基础较为薄弱。因此，加强旅游应急合作的法规制度建设尤为重要。

各行政单位应根据国家相关法律法规的总体要求，制定可操作性较强的地方规章或规章制度，充分发挥法律法规引导、教育及强制的作用，通过这些法律规章解决区域旅游应急合作的诸多问题。当中包括协调区域内外各行政主体之间的利益和权利，以法律法规力量明确各主体的责任，以保障旅游应急合作的顺利开展。除了解决利益与权利问题外，法律规章还能在缓和、解决区域文化制度冲突方面起到作用。不同区域在发展旅游业的过程中，可能已形成具有地方特征的旅游应急管理文化。在实现区域应急合作过程中，地域与地域之间的差别也将成为阻碍合作实现的因素。因此，借助相关法律法规有助于在思想观念之外找到旅游应急合作的平衡点，达到即使差异还未完全消除，各合作主体也能够共同遵守应急合作契约的目的。

（四）区域旅游应急合作预案

我国已经陆续颁布了突发事件应对的总体预案、部门预案和各种专业预案、地区预案。但是总体而言，我国的应急预案体系较为宏观，还需要进一步深入细化。在旅游领域，国家旅游局也专门颁布过《旅游突发公共事件应急预案（简本）》和《中国公民出境旅游突发事件应急预案（简本）》等预案文件，这些预案文件虽然提及过区域间、国家间的旅游应急合作，但是对于如何开展旅游应急合作还缺乏专门的规定。目前的旅游应急预案难以满足旅游业的现实需求。

区域旅游应急合作预案是对区域间旅游突发事件提前制定的合作处置计划，是区域间各级应急主体制定应急处置协议的重要依据。主管机构应该从全局角度制定区域旅游应急预案框架，明确应急合作的目标、范围、参与的主体及各自的职责，并制定应急合作的一般程序，作为各个区域旅游应急合作的行动纲领。其中，应首先制定区域旅游应急合作的总体预案，规定区域间旅游应急主体的总体职责范围，并作为统一的行动标准；其次，应完善区域旅游应急专项预案的编制，将主要的旅游突发事件作为处置对象，编制较为全面细致、可操作性较强的专项预案；再次，还应加强对应急预案的联合演练，通过演练及时发现预案存在的不足并及时修缮提升，不断提高区域旅游应急预案的可操作性。

第三节 区域旅游业应急合作体系的建设流程

一 区域旅游业应急合作体系建设的流程框架

旅游应急合作体系是区域之间开展旅游应急合作的基础，是旅游应急合作的功能机制、技术平台和资源要素的总和。旅游应急合作体系的建设是一个庞大的系统工程，它包括基础背景与风险挑战分析、顶层框架设计、合作体系方案设计、建设方案设计、合作体系建设成形、绩效反馈与优化等流程（见图8-2）。

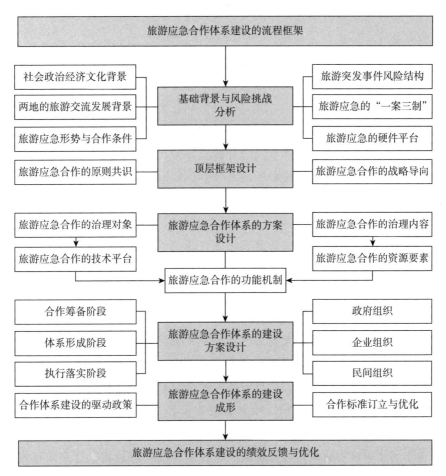

图 8 - 2　旅游应急合作体系建设的流程框架

（一）区域旅游业应急合作的基础背景与风险挑战分析

旅游应急合作体系建设的首要环节是进行基础背景与风险挑战分析，以明确旅游应急合作面临的基础背景及困难挑战，它主要回答两个问题："为什么要合作？""合作要解决哪些问题？"旅游应急合作的基础背景主要包括三个层面的因素：第一，两地的社会、政治、经济、文化背景，这是影响旅游应急合作的宏观背景因素；第二，两地的旅游交流发展背景，这是影响旅游应急合作的中观产业因素；第三，两地的旅游应急形势与合作条件，这是具体开展旅游应急合作的体制、机制、法制和预案等微观因素。这些宏观、中观和微观背景因素决定了两地开展旅游应急合作的基础条件，也决定了旅游应急合作的目的和形式，这是两地开展旅游应急合作的起点条件。

旅游应急合作面临的风险挑战主要指两地的旅游突发事件风险以及治理旅游突发事件风险所面临的过程挑战。旅游突发事件风险主要包括自然灾害风险、事故灾难风险、公共卫生风险和社会安全风险，其风险的成因来源主要包括环境因素、人员因素、设施设备因素和管理因素。也有人将所有风险因素概括为自然环境风险和社会环境风险两大类。旅游突发事件是旅游应急的治理对象，旅游地的突发事件风险结构决定了旅游应急工作的难度，风险成因越复杂、伤害规模越大，越容易造成重大突发事件，治理的困难程度也就越高。

旅游应急合作面临的挑战可能还来自旅游应急合作的"一案三制"和硬件平台存在的问题。诸如当前区域之间仍然缺乏政府、企业、行业组织及游客等全员参与的应急合作网络系统。而在实际的应急处置中，旅游企业、行业组织及游客等既是旅游危机的直接受众，也是非常重要的管理者，因此仍然需要花费较大的力气动员全社会力量参与。此外，针对跨区域的旅游突发事件，其处置需要动员多方面人力、调配各种资源，需要强大而快速的综合协调能力。而目前的实际情况是区域之间尚缺乏专业性的旅游应急合作协调机构，难以顺利突破政府各部门之间、政府与企业间、行业组织间等存在的合作壁垒，难以有效整合各方力量和资源等。旅游应急合作的体制机制缺陷和过程缺陷所造成的挑战不容忽视，这是构建旅游应急合作体系所需要解决的重要议题。

（二）区域旅游业应急合作的顶层框架设计

顶层框架设计是指在战略与宏观上确立旅游应急合作的基础观念和战略导向，它解决"旅游应急合作往哪里走"的问题。从海峡两岸暨港澳地区共同应对旅游突发事件的应急合作实践来看，区域之间的政治体制、应急管理观念、区域文化等方面的差异都是阻碍区域旅游应急合作开展的重要因素。因此，要克服以上挑战，顺利推进区域旅游业应急合作体系的建设，应先设定旅游应急合作体系的顶层框架，以把握区域旅游应急合作发展的总体方向，实现自上而下的良好推进。

第一，形成旅游应急合作的原则共识。区域间旅游应急主管部门应在共同协商的基础上，统一区域旅游应急合作的观念意识及目标，明确合作发展的意向，树立合作共赢的愿景。对于政府部门，要培养旅游应急合作的行政意识。要在观念上实现从行政区划的单一行政主体到跨区域的多元行政主体的转变，打破区域之间的壁垒。要实现从以行政区划切割为出发点到以公共问题和公共事务为价值导向的转变[①]，当然还要推动行业企业组织和民间组织共同树立和接受旅游应急合作观念。

第二，明确旅游应急合作的战略导向。旅游应急合作是一个战略工程，需要协调政府组织、企业组织和民间组织等众多的应急主体。要推动旅游应急合作的顺利进行，首先必须明确各类应急主体的战略定位。政府组织通常在初期承担先导角色，是旅游应急合作体系的倡议者和主导力量。企业组织是旅游应急合作体系的支撑力量，是旅游应急工作的参与者、配合者。民间组织是旅游应急合作体系的辅助力量，是公共力量和企业力量之外的第三力量。从战略导向来看，中远期各应急主体的角色应该实现转变，政府应该从主导角色向引导角色转变，企业从支撑角色向主导角色转变，民间公益组织则应从辅助力量向支撑力量转变，以逐步推动旅游应急合作的战略转型。

（三）区域旅游业应急合作体系的具体方案设计

区域旅游业应急合作体系的具体方案是在顶层共识和战略框架下制定的落地方案，它解决旅游应急合作体系"建什么"的问题。具体方案设计是旅游应急合作体系建设的关键阶段，其主要任务是设定旅游应急合作的治理对象、治理内容，同时明确旅游应急合作的功能机制、技术平台和物资资源平台。旅游应急合作体系的具体方案设计需要依托合作区域的战略意图，需要综合考虑合作区域所具有的应急条件和应急基础。其具体的设计任务包括以下内容。

第一，明确旅游业应急合作体系的治理对象与合作内容。旅游应急合作的治理对象也就是区域间的各类旅游突发事件，主要包括涉旅自然灾害、事故灾难、公共卫生事件和社会安全事件。合作双方需要明确何种级别、何种类型的旅游突发事件应该列入应急合作的治理对象。旅游应急合作的主要内容是指合作过程中具体执行的业务内容。从旅游突发事件处置

---

① 李素艳. 积极构建东北地区应急管理协作机制［C］. "领导科学发展 30 年"理论研讨会，中国黑龙江哈尔滨，2011.

的过程机制来看，旅游应急合作的内容通常包括应急沟通与保障合作、应急预防与预备合作、应急监测与预警合作、应急处置与救援合作和事后恢复与重建等领域的合作，每一类合作业务包含丰富的业务工作内容。

第二，确立旅游业应急合作体系的主体框架。旅游应急合作体系的主体框架包括功能机制体系、技术平台体系和物资资源体系。旅游应急合作的功能机制体系主要由旅游应急合作的体制、机制、法制和预案等"一案三制"具体构成，这是旅游应急合作体系开展的软件平台。旅游应急合作的技术平台是支撑旅游应急合作体系开展的综合信息管理平台，它是一个集通信、指挥与调度于一体的应急工作平台，承担信息沟通、风险监测、预警发布、联动响应、救援协调、联合决策、指挥调度、资源共享、交流学习等功能。旅游应急合作的物资资源平台是指融合政府组织、企业组织、民间组织等组织机构资源和各种应急物资的综合平台，它应该是一个既分散又协作、既多元又统一的资源平台。如果能从软件上形成旅游应急合作的"一案三制"，硬件上形成旅游应急合作的技术平台，资源上形成多元化的物资资源体系，旅游应急合作体系的主体框架也就建构完成。

例如，针对单一行政单位或个别部门难以独立应对的重大旅游突发事件，应该建立区域间的旅游应急合作联动机制，以打破行政地域的限制。其目标首先是构建应急合作联动体系，以实现区域间统一的应急管理和调度，提高应急处置的效率。通过建立应急指挥中心及战略协调小组，形成包括财政、公安、消防、急救、交警、公共事业、卫生、武警等部门在内的统一调度系统，通过协调指挥及时提供救助服务。同时，依托各省区应急办的现有资源，由旅游应急主管部门牵头，组建跨区域的旅游应急合作管理机构，积极探索、补充和完善机构的职能，明确区域旅游应急合作的重点和发展方向，并制定不同阶段的工作规划。此外，还可根据不同旅游突发事件类型，建立区域旅游应急合作专项小组，以集中力量解决重点难点问题。

（四）区域旅游业应急合作体系的建设方案确立

旅游应急合作体系是对旅游应急合作要素及其运营管理的系统安排，其建设工程就是要把旅游应急合作体系的概念设想变成现实的运作系统。旅游应急合作体系的建设方案则是对建设主体和建设阶段任务的具体安排，它主要解决旅游应急合作体系"谁来建"的问题。

　　第一，确立旅游应急合作体系的建设主体。旅游应急合作体系的建设主体主要包括政府组织、企业组织和民间组织，在不同的战略定位下，各组织承担的建设任务是存在差异的。如果是政府主导型的旅游应急合作，政府旅游部门当然要承担主导角色，要在旅游应急体系要素的建设和功能的形成过程中发挥主导作用，具体承担旅游应急合作体系的设计、体系安排、硬件建设、成员招徕、资源筹集等核心建设任务。企业组织是旅游应急合作体系参与者和受益者，它在体系建设中发挥对接平台体系、共建合作机制、共享应急资源等支撑作用，以使企业具备与平台联动的能力。民间组织是旅游应急合作体系的配合者，是旅游应急机构中的辅助力量，它在体系建设中承担筹集应急资源、贡献专业力量等任务，以充实旅游应急合作体系的资源实力。

　　第二，确立旅游应急合作体系的建设阶段与任务。通常，旅游应急合作体系的建设可以分为合作筹备阶段、体系形成阶段和执行落实阶段等三个阶段，通过对三个阶段的具体建设任务进行明确安排，为实际的建设工作提供具体的工作方案。对此，各类应急主体应该就具体的建设方案进行交流协商，形成一致的建设意见，并通过签署合作协议来启动体系建设工程。区域旅游应急合作协议对协议主体权利和义务作出规定，对协议主体行为具有约束力。可以根据实际需要由区域间互不隶属的省（市）级政府部门在充分协商的基础上，基于自愿参与、开放合作、互利共赢、资源共享的原则，推动区域旅游应急合作协议的签订。通过签订协议，明确共促区域旅游安全的诉求，详细地说明建设的过程阶段和方案，对各自职责作出明确规定。还可通过细化协议的内容，对区域旅游应急合作主体构成、工作任务内容、应急资源调配、合作成本分担及补偿、责任和义务等作出明确的界定。①

（五）区域旅游业应急合作体系的建设成形

　　旅游应急合作体系的建设成形是通过具体的建设过程，实现旅游应急合作体系硬件、软件和资源的成形到位，具备旅游应急合作功能的状态，它主要解决旅游应急合作体系"如何建"的问题。通常，政府旅游部门需

---

　　① 向良云. 地方政府区域应急协作的制度框架：美国的经验与启示 ［J］. 社会主义研究，2009（5）：113－116.

要通过强制、激励、引导和保障等驱动性政策来推动旅游应急主体进行体系建设工作，并通过旅游应急合作标准的订立和执行来推动应急合作工作的具体开展。旅游应急合作体系的建设过程是一个庞杂的体系，它涉及旅游应急合作"一案三制"的建设，涉及技术平台的成形，涉及应急资源的筹集等工作。需要重视的建设工作包括以下几个部分。

第一，重视旅游应急合作理论与技术的研究。旅游应急理论是旅游应急实践工作的坚强保障。旅游应急合作的开展也需要理论的支撑和引导，需要理论语言的宣传和推广。当前区域旅游应急合作的基础理论研究较为薄弱，应通过加强理论研究逐步建立相应的理论和话语体系。要加强区域旅游应急合作标准、旅游应急资源战略、旅游应急能力评估、旅游应急救援绩效评估等议题的研究。要推进旅游应急科技的创新研发，提升旅游风险监测预警及预防的科技水平，提升旅游全程应急的科技保障能力，提高旅游应急合作的科技保障水平。

第二，重视旅游应急工作机制与预案的建设。区域旅游应急合作特别强调合作双方的协同、沟通、共享和联动等合作行为，这些工作过程需要具体的工作机制予以支撑，因此合作双方应该重视工作机制、交流机制的设计与安排。同时，通过应急预案对旅游应急合作的体制和机制予以反映，明确规定旅游突发事件合作处置中的机构与人员职责、流程与任务安排、物质调配与使用，有利于实现旅游突发事件处置的规范化、标准化、清晰化，有助于提升旅游应急合作的整体水平。

第三，重视旅游应急合作信息平台的建设。要保障旅游应急响应与救援行动快速有效，确保信息传递的及时性、准确性及对称性，因此应建立旅游应急合作信息平台，以克服因跨区域造成的信息传递有误、信息量不足及传递延误等问题，有效帮助应急救援队伍在信息充足有效的前提下获得良好的沟通效果，取得良好的应急成效。区域间的旅游应急合作信息平台，应与各层级的应急平台实现互联互通，要建立相应的专家数据库、救援队伍数据库、应急物资储备数据库等，提高资源利用率，最大限度实现区间信息和资源共享等。

第四，重视旅游应急资源的筹集调配。旅游应急资源是开展应急工作的物质基础，单一区域的旅游应急资源难以迅速有效地满足跨区域旅游突发事件的应急需求，因此建立区域旅游应急资源保障体系势在必行。相比单一区域，跨区域的人力、物资及资金等各种应急资源的储备、调度及配置等的难度相对较高。因此，旅游应急合作平台应该具有区域资源调度功能，能作为资源整合中心，根据旅游突发事件的发展动态及时调配周边区域的应急资源，以提高应急资源的响应能力及效率。

在物资保障方面，应综合考虑本区域及跨区域物品储备及调配的便捷性，同时在储备地点上也要根据旅游突发事件的发生规律及分布范围合理设点；在储备量的设定上，要兼顾种类和数量，确保本区域及跨区域应急物资充足。在应急资金方面，应预留一定比例的资金作为应急物资的补充，以防应急物资供给不足。在人力资源保障方面，要加强区域旅游应急处置和救援队伍的建设，同时做好人员培训与教育工作，提升人力资源在旅游应急合作中的保障力度。

第五，重视旅游应急资金的安排。应急资金是区域旅游应急合作资源的组成部分，是开展应急工作的重要经济基础，它在应急救援中具有不可替代的作用。为保障区域旅游应急合作能够顺利开展，应设置应急合作的专项资金，同时建立健全和落实区域旅游应急合作专项资金管理制度。其中，从旅游应急资金的来源来看，应以政府投入为主，以社会投入为辅，并加大政府财政在防范、处置重大旅游突发事件方面的投入和支持力度；从旅游应急资金的类型来看，可以从政府应急准备金、旅游商业保险基金、旅游企业应急准备金以及社会公益应急基金等几个角度进行设置，充分利用多元化的市场渠道进行融资和筹资，并广泛引入社会资金，积极利用民间资本的力量，扩大社会捐助的比例；从旅游应急资金的使用管理来看，应建立配套的资金审计监管机制，严格按规定和程序使用资金，并定期向社会公众公布资金使用情况。

（六）区域旅游业应急合作体系的绩效反馈与优化

旅游应急合作体系的绩效反馈与优化主要是通过将应急合作成效与不足反馈给旅游应急合作主体，并通过合作主体的修正来实现。它主要解决旅游应急合作体系"如何提升"的问题。相关的任务包括以下内容。

第一，要建立包括绩效考核和责任追究在内的综合考核体系。科学的绩效考核与管理有助于强化旅游应急合作主体的责任意识。针对旅游应急机构及其负责人进行定期的绩效考核，有助于减少不作为、乱作为现象的出现。可以将旅游应急合作的任务量与具体成效作为考核指标，纳入旅游经济发展的绩效考核体系中。

第二，应重点奖励具有突出贡献的责任主体。对于在法律框架下积极推进区域旅游应急合作，合理有效地完成旅游应急合作任务，在重大旅游突发事件应对中具有积极贡献，成功救援受灾游客或从业人员，使得大量财产免于受损等情形，应给予精神和物质上的奖励。要注意推广旅游应急合作的模范人物和典范事例。

第三，应建立旅游应急合作的跨区域领导责任制和责任追究制。要建立以旅游突发事件发生地为主、涉及地区为辅的跨区域责任追究制，明确责任追究的范围及程序。① 对于违反旅游应急合作规定，未有效开展旅游风险监测预警等应急工作，导致重大旅游突发事件发生，或未及时开展旅游应急救援工作而导致伤亡加剧，或不按规定及时进行信息披露、沟通及共享，或因瞒报、谎报等造成严重后果等情形，都应按相关法律法规的规定进行责任追究。

---

① 李素艳. 积极构建东北地区应急管理协作机制 [C]. "领导科学发展30年" 理论研讨会，中国黑龙江哈尔滨，2011.

参考文献

[1] Bentley, T. A. , Cater, C. , Page, S. J. . Adventure and ecotourism safety in Queensland: Operator experiences and practice [J]. *Tourism Management*, 2010, 31 (5): 563 – 571.

[2] Bentley, T. , Page, S. , Meyer, D. , et al. . How safe is adventure tourism in New Zealand? An exploratory analysis [J]. *Applied Ergonomics*, 2001, 32 (4): 327 – 338.

[3] Fotheringham, A. S. , Brunsdon, C. , Charlton, M. E. *Geographically Weighted Regression: The Analysis of Spatially Varying Relationships* [M]. San Francisco: John Wiley & Sons Ltd. , 2002. 95.

[4] Haberman, S. J. . The analysis of residuals in cross-classicfied tables [J]. *Biometrics*, 1973, 29 (1): 205 – 220.

[5] Heinrich, H. W. . *Industrial Accident Prevention* [M]. New York & London: McGraw-Hill, 1931. 1 – 366.

[6] Petersen, D. , *Safety by Objectives: What Gets Measured and Rewarded Gets Done* [M]. Aloray: River Vale, 1978. 1 – 221.

[7] Tu, Jun, Xia, Zongguo. Examining spatially varying relationships between land use and water quality using geographically weighted regression I: Model design and evaluation [J]. *Science of The Total Environment*, 2008, 407 (1): 358 – 378.

[8] 陈海涛, 毕新华, 韩田田. 基于多主体的应急管理协调研究 [J]. 学习与探索, 2011 (6): 56 – 58.

[9] 陈天祥. 善治之道: 政府怎样与第三方组织合作 [J]. 人民论坛·学

术前沿，2013 (17).

[10] 丁丁. 我国民间应急力量的政府组织机制研究 [D]. 上海交通大学硕士学位论文，2012.

[11] 付金梅，刘超. 两岸大三通背景下澳门的挑战与对策 [J]. 华东经济管理，2014 (4): 40 - 41.

[12] 郝建臻. 港澳政治生态比较研究 [J]. 中国政法大学学报，2013 (5): 95 - 103.

[13] 何小东. 区域旅游合作的行为主体研究 [J]. 乐山师范学院学报，2009 (8): 46 - 49.

[14] 李敢. 如何化解香港规模性社会运动难题：国家与社会关系的分析视角 [J]. 华侨大学学报 (哲学社会科学版)，2014 (3): 126 - 128

[15] 李素艳. 积极构建东北地区应急管理协作机制 [C]. "领导科学发展30年"理论研讨会，中国黑龙江哈尔滨，2011.

[16] 陆林. 国内外海岛旅游研究进展及启示 [J]. 地理科学，2007 (4): 579 - 585.

[17] 林伟. 澳门社团政治功能研究 [J]. 岭南学刊，2012 (4): 121 - 124.

[18] 孟庆顺. 内地、香港民众冲突与"一国两制"实施中的问题 [J]. 当代港澳研究，2013 (10).

[19] 邱皓政. 量化研究与统计分析——SPSS (PASW) 数据分析范例解析 [M]. 重庆：重庆大学出版社，2013.

[20] 沈荣华. 非政府组织在应急管理中的作用 [J]. 当代中国政治研究报告。2007: 357 - 369.

[21] 施济津等. 2017，香港沦为"二线城市"？[J]. 产业，2014 (9): 52.

[22] 苏大林，周巍，申永丰. 走向良性互动：政府与非政府组织合作关系探讨 [J]. 甘肃社会科学，2006 (4): 107 - 109.

[23] 汤庆园，徐伟，艾福利. 基于地理加权回归的上海市房价空间分异及其影响因子研究 [J]. 经济地理，2012，32 (2): 52 - 58.

[24] 唐苏南，张玮. 跨区域突发公共事件应急处置体系研究 [J]. 三峡大学学报 (人文社会科学版)，2008 (S2): 27 - 30.

[25] 汪伟全. 论区域应急联动的协同能力 [J]. 探索与争鸣，2013 (5): 50 - 53.

［26］汪伟全.突发事件区域应急联动机制研究［J］.探索与争鸣，2012
（3）：47-49.

［27］王鸿志.台湾开放大陆居民赴台旅游政策演变评析［J］.两岸关系，
2008（4）.12-16

［28］韦保新.提高救灾物资储备应急保障能力的思考［J］.中国减灾，
2006（12）：38-39.

［29］吴军.中国区域旅游合作时空演化特征分析吴军.中国区域旅游合
作时空演化特征分析［J］.旅游学刊，2007，22（8）：35-41.旅游
学刊，2007，22（8）：35-41.

［30］吴慧群.澳门危机管理机制与对策研究［D］.华中科技大学硕士论
文，2013.

［31］向良云.地方政府区域应急协作的制度框架：美国的经验与启示
［J］.社会主义研究，2009（5）：113-116.

［32］向良云.我国区域应急联动体系的组织框架与现实构建［J］.长白学
刊，2015（1）：72-77.

［33］谢朝武，杨松华.大陆居民赴台旅游的安全挑战及两岸的合作机制
研究［J］.华侨大学学报，2014（4）：38-47.

［34］谢朝武，张俊.我国旅游突发事件伤亡规模空间特征及其影响因素
［J］.旅游学刊，2015（1）：83-91.

［35］谢朝武.旅游应急管理［M］.北京：中国旅游出版社，2013.

［36］谢朝武.我国旅游救援体系发展及推进策略研究［J］.西南民族大学
学报，2010（11）：164-168.

［37］谢楠.台湾经济在政党恶斗中踟躇——评台湾当局"经贸国是会议"
［J］.两岸关系，2014（9）：15-16.

［38］严安林.台湾"太阳花学运"：性质、根源及其影响探析［J］.台海
研究，2014（2）：1-8.

［39］杨骏，查方勇，陈志钢.澳门旅游业适度多元化发展途径探析［J］.
乐山师范学院学报，2011（1）：78.

［40］杨松华.客流规模急剧增长背景下的赴台旅游安全管理研究［D］.
华侨大学硕士学位论文，2013.

［41］俞可平.中国公民社会研究的若干问题［J］.中共中央党校学报，

2007（12）：14 - 22.

[42] 湛孔星，陈国华．跨城域突发事故灾害应急管理体系及关键问题探讨 [J]．中国安全科学学报，2009（9）：172 - 177.

[43] 张西林．旅游安全事故成因机制初探 [J]．经济地理，2003，23（4）：542 - 546.

[44] 张俊．基于游客认知视角的旅游地安全风险评价研究 [D]．华侨大学硕士学位论文，2014.

[45] 赵尚梅，杨雪美．突发公共事件应急资金保障机制研究 [J]．中国行政管理，2012（12）：44 - 47.

[46] 朱世海．香港社会中民粹主义的影响、成因及消解 [J]．中国社会主义学院学报，2011（3）：62 - 66.

[47] 邹巧柔．区域旅游应急合作研究 [D]．华侨大学硕士学位论文，2014.

[48] 邹统钎，高舜礼等．探险旅游发展与管理 [M]．北京：旅游教育出版社，2010：86.

┃ 后　记 ┃

　　中国游客正在成为影响全球旅游版图的力量，中国出境旅游的发展正在重塑全球旅游发展格局。中国经济的稳定发展和"一带一路"倡议的稳步推进，将为中国出境旅游的持续繁荣提供长久而强劲的动力。长期以来，中国内地与港澳地区、祖国大陆与台湾地区互为对方最主要的入境旅游客源市场。但在当前，海峡两岸暨港澳地区的社会经济体系、旅游产业体系、应急治理体系都面临结构层面的战略转型，在转型发展期继续推动海峡两岸暨港澳地区的交流发展，推动旅游安全应急层面的治理合作，是一个惠及海峡两岸暨港澳地区游客的重要民生议题和理论课题，也是促进海峡两岸暨港澳地区旅游经济一体化、推动两岸和平发展、促进祖国统一进程的重要工程。

　　正是在这一背景下，本人申报的国家社科基金项目"两岸四地旅游应急合作体系建设研究"（项目编号：12CGL060）获得立项资助，从而为本课题的成型和成果的取得打下了基础。在课题的执行过程中，海峡两岸暨港澳地区旅游业的关系结构发生了微妙的转型和变化，香港个别民众针对中国内地游客制造了一系列矛盾和冲突，台湾地区则发生了执政权更迭，新的执政主体持续推行"去中国化"政策，这些新形势、新问题给海峡两岸暨港澳地区的旅游交流合作带来新的障碍和矛盾，这也进一步凸显了本课题开展的时代意义。经过三年多的研究，本人在《旅游学刊》《经济管理》《中国安全科学学报》等 CSSCI 和 CSCD 期刊上发表了 10 余篇系列论文。最终，课题组于 2015 年提交结题成果，并于 2016 年以良好等级批准结项。

　　本课题的执行过程得到课题组团队成员的大力支持。其中，国家旅游局政策法规司郭志平主任、港澳台司周鹏主任给予了大量政策建议与指导，海峡两岸旅游交流协会高雄办事处主任助理张祖城提供了大量的政策资讯。集美大学陈岩英老师，华侨大学旅游学院侯志强、王新建、陈秋萍等老师参与了课题的调研和论证工作。在课题研究和书稿的写作过程中，我的硕士研究生杨松华、邹巧柔、张俊、吴真松、邹雅真、沈阳、李月调等参与了课题的研究工作，在问卷调研，课题案例资料的筛选、编码、分析和法规文献资料的搜集、整理和归纳分析等方面付出了大量辛勤的劳动。此外，本课题的开展还得到华侨大学旅游安全研究院院长郑向敏教授的热情指导。对于他们的贡献与付出，在此一并表示感谢！

本研究是一个时代性较强的课题，也是一个反映区域旅游应急合作的重要实体案例。在执行过程中，课题研究对象的宏观背景在持续发生剧烈变化，这给课题研究提供了有趣的理论视角与研究环境，但也加大了理论描述和政策建构的难度。本研究主要基于"应为"和"可为"的视角，基于学者的理性和理想，对海峡两岸暨港澳地区的旅游应急合作进行完整论述，部分论述的实际建构需要突破立法、行政和观念层面的重重阻碍。同时，由于本人所学有限，书中必然存在疏漏与缺失，敬请各位专家、同人和读者朋友批评指正。我的电子邮箱地址是：xiecwu@126.com。

谢朝武

2017 年 9 月于华侨大学

图书在版编目（CIP）数据

海峡两岸暨港澳地区旅游应急合作研究／谢朝武著

. -- 北京：社会科学文献出版社，2017.12

ISBN 978 - 7 - 5201 - 1917 - 7

Ⅰ.①海…　Ⅱ.①谢…　Ⅲ.①旅游业 - 突发事件 - 应

急对策 - 研究 - 中国　Ⅳ.①F592

中国版本图书馆 CIP 数据核字（2017）第 297630 号

海峡两岸暨港澳地区旅游应急合作研究

著　　者／谢朝武

出 版 人／谢寿光
项目统筹／王　绯　单远举
责任编辑／孙燕生　单远举

出　　版／社会科学文献出版社·社会政法分社（010）59367156
　　　　　地址：北京市北三环中路甲 29 号院华龙大厦　邮编：100029
　　　　　网址：www.ssap.com.cn
发　　行／市场营销中心（010）59367081　59367018
印　　装／三河市尚艺印装有限公司

规　　格／开　本：787mm × 1092mm　1/16
　　　　　印　张：17　字　数：276 千字
版　　次／2017 年 12 月第 1 版　2017 年 12 月第 1 次印刷
书　　号／ISBN 978 - 7 - 5201 - 1917 - 7
定　　价／78.00 元